A RESEARCH ON SCIENCE AND
TECHNOLOGY INNOVATION STRATEGY AND
REGIONAL INNOVATION PRACTICE IN CHINA

中国科技创新战略
与区域创新实践研究

林赛燕　著

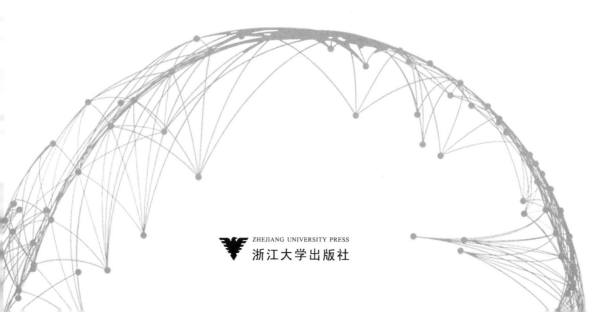

ZHEJIANG UNIVERSITY PRESS
浙江大学出版社

图书在版编目（CIP）数据

中国科技创新战略与区域创新实践研究 / 林赛燕著
. —杭州：浙江大学出版社，2021.6
ISBN 978-7-308-21555-8

Ⅰ.①中… Ⅱ.①林… Ⅲ.①技术革新—研究—中国
Ⅳ.①F124.3

中国版本图书馆 CIP 数据核字（2021）第 126457 号

中国科技创新战略与区域创新实践研究

林赛燕　著

责任编辑	陈佩钰
责任校对	许艺涛
文字编辑	周　靓
封面设计	周　灵
出版发行	浙江大学出版社
	（杭州市天目山路 148 号　邮政编码 310007）
	（网址：http://www.zjupress.com）
排　　版	杭州青翊图文设计有限公司
印　　刷	杭州高腾印务有限公司
开　　本	710mm×1000mm　1/16
印　　张	16.75
字　　数	320 千
版 印 次	2021 年 6 月第 1 版　2021 年 6 月第 1 次印刷
书　　号	ISBN 978-7-308-21555-8
定　　价	78.00 元

前　言

党的十九届五中全会明确提出："坚持创新在我国现代化建设全局中的核心地位,把科技自立自强作为国家发展的战略支撑。"科学技术从来没有像今天这样深刻影响着国家前途命运和人民生活福祉。世界面临百年未有之大变局,特别是进入 21 世纪以来,全球科技创新进入空前密集活跃的时期,新一轮科技革命和产业变革正在重构全球创新版图、重塑全球经济结构。中国要强盛、要复兴,就一定要大力发展科学技术,努力成为世界主要科学中心和创新高地。

科技创新战略不仅是推进现代经济可持续增长的奥秘,也是大国崛起的重要支撑。国家创新体系理论已成为世界主要科技强国与国际组织制定创新战略和进行创新研究的重要基础,而不同国家的国家创新体系在创新效率方面确实存在着重大差别。在科技创新战略实施中,自主创新与国际化应是相辅相成的,国家创新体系建设必须以增强自主创新能力为目标,以市场机制为主导,并增强自主创新体系国际化战略的适应性。

长期以来,我国为了加快实现现代化,充分发挥科技创新对国民经济、工业化与社会发展的重要作用,积极实施科技创新战略,探索科学技术跨越式发展以及支撑经济可持续发展的新道路。党的十八大以来,面对复杂严峻的外部形势和国内高质量发展对科技创新提出的迫切需求,我国积极落实新发展理念,坚持走科技自立自强之路,深入实施创新驱动发展战略,面向世界科技前沿、面向经济主战场、面向国家重大需求、面向人民生命健康,不断强化国家战略科技力量建设,系统推进科技体制改革,扩大科技开放合作。创新驱动发展战略实施效果显著,创新体系更加健全,创新环境不断优化,创新能力显著增强,创新驱动发展战略在构建新发展格局、促进高质量发展中凸显了支撑引领作用。

我国各省区市结合区域经济和产业发展的不同阶段与特点,积极实施创新驱动发展战略,推进经济发展动能转换,加强区域创新体系与科技基础设施建设,加快国家高新区创新发展大平台建设,构建促进创新创业生态体系,积极培育高新技术产业集群,加强国际科技创新合作,以高水平科技创新推动经济高质量发展的趋势已经形成。

浙江作为我国改革开放的探索者,一直以来积极实施科技创新战略,深化科技体制改革。2003年以来,浙江深入实施"八八战略",加快创新型省份和科技强省建设,推进经济转型升级,成效突出。高新技术产业已经开始成为浙江产业发展的主导力量,杭州、宁波等城市加快区域创新体系建设,积极参与长三角协同创新,走上了创新驱动经济高质量发展的道路。今后,浙江将坚持创新在现代化建设全局中的核心地位,联动推进科技创新、产业创新和制度创新,打造"互联网+"、生命健康、新材料三大科创高地,构建具有全球影响力、全国一流水平和浙江特色的全域创新体系。

目　录

第一章　创新经济学的理论体系

科技创新不仅是实现经济中长期增长的重要驱动力,而且还引领了世界各国经济社会发展模式的变迁,这是工业文明以来现代经济发展的重要规律。因此,在研究科技创新战略以及创新驱动经济发展的模式和案例之前,需要梳理有关创新经济学的理论体系,厘清创新理论的发展脉络,为更深入理解科技创新战略实践提供理论支撑。本章对创新经济学理论的发展进行探讨,即从传统创新理论、创新理论的演进到创新理论与其他学科的融合交叉,以期通过对创新理论演变的研究,为我国实施科技创新战略、加快科技制度创新提供理论依据。

第一节　传统创新理论

"创新"的概念是在经济发展和生产组织方式的演进中逐渐产生的,一开始并没有严格而统一的定义。随着经济理论的不断发展与完善,经济学家们或间接或直接地提出了创新在生产体系和组织方式中的重要性。本节从马克思、熊彼特等经济学家代表性理论入手,梳理和总结"创新"在经典传统经济理论中的定义与阐述。

一、马克思关于创新的观点

虽然马克思并没有系统地阐述创新理论,但在其著作中多次涉及关于"创新"的描述。早在 19 世纪 40 年代,马克思在研究统计英国劳动人口与生产能力的关系时,依据"1840 年的生产人口仅为 600 万,但技术成就的生产率却可达到 6.5 亿"等实证研究,提出了"新的生产力主要来源于科学技术"这一重要论断。随着对经济社会发展的研究不断深入,马克思再次强调"社会生产力应包含科学技术"。这一理论深入阐明了科学技术的进步可以极大地提高社会劳动生产率,因此在生产方式的重构上应重视技术的推动力作用。马克思的创新思想是马克思理论不可或缺的一部分。从宏观上看,创新是推动经济社会发展的内在机制,改变生产关系,推动历史变革。从微观上看,人类的整个劳动过程会不断产生新技术,不断创新生产方式,以此提高劳动生产率,由量变推动质变,改变整个生产组织模式。具体而言,可以从创新的产生过程、创新的作用等方面来理解。

(一)创新的产生过程

第一,劳动过程中科学知识的运用产生创新。马克思在不同著作、不同场合所涉及的用词,如生产方式、机器改良、技术变革,正是对创新的具象化描述。具体而言,科学知识运用于实际生产过程转化为生产力。在马克思看来,生产力也包括科学知识,马克思在肯定科学知识是潜在生产力的同时,也认为只有运用于实践生产才能将科学知识转化为真实的推动力。约翰·伊特韦尔(1996)曾总结过马克思关于此观点的论述,"马克思恐怕领先于任何一名经济学家把技术创新看作经济社会进步和变革的重要推动力"。

第二,新的生产组织形式和制度变革推动创新。"这些制度对国民经济的迅速增长的推动力再怎么描述也不为过,它们是现代社会生产力变革的强大杠杆"。比如,一是资本主义工厂制度的建立推动创新。随着资本主义生产力和经济的快速发展,资本主义生产方式得到不断的巩固和完善,以机器为主体的工厂制度逐步代替以手工技术为主的手工工场。在资本主义工厂中,资本家为了榨取更多超额剩余价值,不断推进新机器和新技术的发明应用,这个推进过程包含着一定的创新内涵。二是合作分工制度的发展也推动创新的产生。这方面论述与亚当·斯密古典分工理论有异曲同工之处。马克思(1972)认为,"许多人在相同或不同类型的生产过程中,有计划地一起协作劳动,这种生产劳动形式使得小而散的劳动过程向大生产转变,具备规模的社会化大生产不断成型和崛起",而这种新的社会化大生产即使没有增加劳动力和生产资料,生产效率也会大幅提高,因为分工推动原料节约、劳动集约,由此产生资本主义竞争推动新技术、新机器的产生,即创新的产生过程。三是社会制度变革也推动创新。马克思和恩格斯均认为,如果社会制度变革产生技术需要,将会产生巨大的动力,推动创新产生。

（二）创新的作用

在经济层面上，马克思通过对生产力和生产关系的动态观察，得出创新对于经济的推动作用。创新推动新的生产方式应用于劳动过程，即通过机器的更新采用、新的生产组织方式运用使得劳动的效率和生产力大大提高，推动了经济的飞速发展。马克思关于创新的思想中更为超前和具备引领性的是运用唯物辩证法的思想，不囿于经济视野，把技术的创新和社会的进步变革结合在了一起。马克思在资本主义制度下对于创新作用的论述，特别是在创新对资本主义社会发展的推动作用和对资本主义生产关系变革的促进作用等方面的前沿研究，深入揭示了社会发展的一般规律。具体体现在，马克思提出，技术创新决定制度创新，但技术创新又受到制度创新的影响和制约，两者相依相存，缺一不可。随着生产技术的不断进步，推动社会生产力不断提高，生产关系也逐步发生变革，促使社会制度不断变迁与重构。马克思充分肯定创新对社会发展的重要推动作用，他认为创新贯穿于生产力与生产关系、经济基础与上层建筑的矛盾运动中，是推动人类社会历史发展的动力。马克思在创新对于社会生产力与生产关系演进规律的研究成果，是极具开创性的。

二、熊彼特创新理论

熊彼特在 1912 年于《经济发展理论》一文中首次明确提出"创新"一词，他认为"创新"就是建立一种新的生产函数，也就是说，把一种从来没有的关于生产要素和生产条件的"新组合"引入生产体系（傅家骥，2003）。熊彼特的创新理论在西方经济学史上占有重要地位。他的创新理论包括三个方面：一是创新的特定内涵；二是创新与发明的关系；三是创新与企业、企业家的关系。

（一）创新的特定内涵

熊彼特（2009）认为"创新"是"一种生产函数的建立"，或者是"生产要素和生产条件的一种重新组合"并"引入生产体系使其技术体系发生变革"，以获得"企业家利润"或"潜在的超额利润"的过程。他对"创新"的特定内涵进行了深入的阐述。

第一，关于创新概念的界定。熊彼特认为"创新"是"一种生产函数的建立"，或者是"生产要素和生产条件的一种重新组合"并"引入生产体系使其技术体系发生变革",以获得"企业家利润"或"潜在的超额利润"的过程。

第二,创新的形式。熊彼特指出,"创新""新组合""经济发展"都是资本主义的本质特征,"资本主义在本质上是经济变动的一种形式或方法,它从来不是静止的",而是"不断地从内部革新经济结构,即不断地破坏旧的、不断地创造新的结构"的过程,这被称为"产业突变",他强调"这种创造性的破坏过程是关于资本主义本质性的事实"(薛光明,2017)。这种新的生产组合包括以下五种情况:一是研究一种新产品或产品的一种新特性;二是采用一种新的生产方法,这种方法无需建立在科学的新发现基础之上;三是开辟一个新的市场,即有关国家的某一制造部门不曾进入的市场;四是掠夺或控制原材料或半制成品的一种新的供应来源;五是实现任何一种工业的新组织,或打破一种垄断地位。简而言之,这五类创新情形可以总结为:创生新产品、采用新技术和新的生产方法、开辟新的市场、掌控原材料的新供应来源以及实现企业的组织创新。

第三,创新的产生过程。熊彼特认为,创新内生于生产过程,经济增长会伴随着劳动力投入数量和资本投入总量的变化而变化,但并非决定性条件,在经济运行系统的内部,创新至关重要。熊彼特给出了三点基于观察的假设:一是重大创新以及很多小的创新都促使了新工厂的建立(或旧厂重建)或新设备的产生,且会花费较多的时间和费用;二是任何一个这里所定义的创新,都会有一家新的公司成立;三是创新都会引致新人领导力的提升。在这三种比较具有现实基础的假设之上,可以预见的是:新的机器、新的工厂、新的管理方式或是新的组织形式都会降低生产成本、节约管理成本、获得更高的利润、使得旧问题迎刃而解等,这便是熊彼特所言新的生产要素组合。在利润的激励动机之下,便会引起追随和效仿,而这一系列经济活动都会导致生产成本曲线的移动,并在经济体内引起竞相跟随的趋势,经济繁荣便出现了(孙梁,韦森,2020)。同时,创新意味着"毁灭",创新推动新的产品生成与壮大的同时导致了旧产品的灭亡和消失,这便是创新促使的淘汰过程,他指出,"这个创新的毁灭过程就是资本主义的本质"。

(二)创新与发明的关系

熊彼特认为,发明是新工具或新方法的发现,创新是新工具或新方法的应用。在熊彼特看来,发明的表现形式为:由于灵光一闪或精密构思得出一个思想模型,经过反复试验后,最终制造出某种东西,实现了某种功能,或以一种新的工艺方法更有效率地制作某种已经存在的产品。但在熊彼特看来,这与他所阐述的创新在根本上是不同的。创新中可能涉及新产品与新工艺，但这些都要在有利于消费和满足需求的前提下，才能进入经济学家的视野。"更多的是靠意志，而不是智力；更多的是运用权威，而不是原创性的想法"，他明确提出，创新这种经济中的组合，与发明是两回事，"发明本身不对经济生活产生任何影响"，"发明用于实践之前在经济上是不起作用的"。进而，熊彼特指出，"只要发明还没有得到实际应用，它就起不到经济上的作用"（Carland，2009），能够创造出新的价值才是创新。发明在前，创新在后，创新是将发明的工具、方法进行组合应用，是发明普及化的手段。

总而言之，熊彼特提出的创新就是发明和开发的综合体。仅仅是从经济学角度理解的创新理论，主要研究了包括技术产品的引入对经济活动产生的影响等。但作为一种经济运行系统中的创新理论，其本身并不包括任何技术的内容，更不是工艺学上的研发指导。创新的目的是"利"，"发明"的目的则是"新"，在"能获利"与"发明新事物"之间并不能直接画上等号，即两者之间并不能找出任何内在的联系，它们是两个相互独立的概念。在熊彼特这里，只是模糊地认为创新与发明、技术生产等并不是一回事，需要对它们进行区分，但为什么要进行这种区分，熊彼特并没有继续深入的论述（计海庆，2008）。

（三）创新与企业、企业家的关系

熊彼特将发展视为执行新的组合即创新，能实现新组合的组织即为"企业"，"企业家"在实现过程中发挥了举重若轻的作用。"企业家"是一个动态概念，企业家不是一出生就注定是企业家，不是一直不变的，在企业家完成创新组合后不再创新，固化于现有组织安排就会转变成企业组织的"经理"。而"经理"作为一个静态概念，只是由创新组织形成后按部就班行动，但如果他能组织新的组合，那他就成为"企业家"。在熊彼特看来，企业是创新的主体，而组建企业的是企业家。企业家具备一种寻找"私人王国"的梦想和意志，现代文明社会使企业主能够通过工商业成功也可获得近乎中世纪封建贵族领主的地位。这样一种愿望，使得拥有资本或技术的企业家蜂拥向前。而企业家身上流淌的首创性、成功欲、冒险精神就促使企业家尝试各种不可能，以证明自己比别人优越，并且企业家能从这一过程中享受创造的愉悦。这种精神（企业家精神）使企业家能够承担创新的重担——打破旧的传统并创造新的传统（邱爱华，2020）。熊彼特从经济学的范畴界定创新，认为创新离不开企业。企业和企业家的基本职能就是创新。创新是企业和企业家的特定行为。

通过创新使企业的总收入超过总支出的差额就是利润,这种利润就是创新所带来的价值(王聪,何爱平,2016)。

三、创新驱动发展理论

20世纪40年代之后,在熊彼特等学者的研究基础上,学术界更加关注到科技创新和技术进步对于经济持续增长的作用,并且先后出现了以索洛(Solow)为代表的新古典增长理论和以罗默(Romer)为代表的新增长理论。目前,新古典增长理论和新增长理论已经成为研究创新驱动发展战略的核心问题"技术进步(或技术创新)对经济增长(或发展)作用"的主要理论基础。

(一)外生增长理论

20世纪40年代以后,索洛等人提出了外生经济增长模型,认为经济增长率由资本和劳动增长率及其边际生产力决定,人们可以通过调节生产要素投入的边际生产力,调节"资本-产出"比率,从而实现理想的均衡增长,这一理论被称为新古典经济理论。索洛在1956—1957年发表的几篇文章中阐述了他对经济增长问题的认识,他认为从长期来看技术进步才是经济增长的源泉而不是投资或储蓄。在他的一篇论文里,他计算出在20世纪上半叶美国工人的人均产出增长率中,有87.5%要归因于技术进步(索洛,1991)。索洛的主要贡献在于他在解释经济增长时引入了资本(K)与劳动(L)两个关键变量,并基于柯布-道格拉斯生产函数对其在增长中的作用及相互关系进行了论述。该理论的两个基本前提是:第一,规模收益不变,但资本或劳动的边际生产力递减;第二,全部产品由资本和劳动生产出来,技术这一变量暂时不予考虑。

$$Y = A(K, L) = AK^{\alpha}L^{\beta} \quad (\alpha + \beta = 1, \text{表示规模收益不变})$$

其中,Y代表经济产出,A表示资本K与劳动L之外的影响经济产出的所有因素,被称为"索洛余值",也被称为全要素生产率(Total Factor Productivity,简称TFP)。索洛模型(或索洛余值法)是当前经济学界在开展技术进步(技术创新)与经济增长关系实证性研究时经常被采用的基础模型和主要方法(陆静超,2004)。

(二)内生增长理论

在索洛的观点基础上,斯旺、萨缪尔森和托宾等人对模型进行了补充和扩展,由此形成了新古典经济增长模型。新古典经济增长理论对于技术进步的来源没有做进一步的解释。1986年以来,阿罗、罗默、卢卡斯和巴罗等人不断地对之前的经济增长理论进行深刻地思考,在完全竞争假设条件下研究是什么决定长期经济增长率,这些学者对于长期经济增长率的见解被概括为新经济增长理论。该理论认为,知识积累不仅是经济增长的原因而且是经济增长的结果,二者相互作用、相互影响(石景云,2001)。

罗默在1986年发表的《收益递增与长期增长》中认为,企业通过投资增加资本存量的行为提高了知识水平,而知识的外部效应不仅使其自身实现收益递增,而且也使物质资本和劳动等其他投资要素具有收益递增的特性,正是这种收益递增带来了经济的长期增长(张元钊,2021)。罗默在其后来的《内生的技术变化》一文中,进一步将"知识"要素微观化和具象化,提出了"专业化投入"(即R&D)这一概念,指出R&D不是企业投资的附加产品,而是一种需要特别付酬的活动。他认为,技术进步与创新应归结为企业有意识的旨在获取垄断利益的活动,技术的非竞争性与排他性决定了生产的规模收益递增,从事R&D的企业因此会从中获取收益(王维国,杜修立,2003)。由此,以R&D为基础的增长模型可以分为两种类型:一种是新产品的发明和创造,即产品种类的增加与产品体系的丰富(如新产业的出现);另一种是旧产品的升级和改造,即对原有产品性能和构造的改进(如同类产品的升级换代)。两者之间的区别在于,后者引入了"创造性破坏"的概念,即新产品的出现往往意味着旧产品的淘汰。

第二节　创新理论的演进

传统经济理论对"创新"进行了阐述和论证,但工业技术创新的研究者把注意力主要集中在企业基础创新的行为和动力以及技术创新的管理上,致力于技术创新与企业规模、市场结构之间的相互关系,有意无意地忽视了从制度角度对技术创新进行更为全面系统的研究(盛世豪,1995)。由此,制度创新学派对技术创新提出了质疑,该学派认为经济增长的关键因素是制度,当现存的技术难以推动经济增长时,应该考虑进行制度的重组和变革,创新理论也不断演进,逐步更加注重创新与国家的经济体制之间和工业组织之间的相关性。

一、国家创新体系理论

国家创新体系（National Innovation System，NIS）通常是指由参加新技术发展和扩散的企业、大学、研究机构及中介组成，是一个为为创造、储备及转让知识、技能和新产品的相互作用的网络系统（OECD，1999）。随着相关研究逐渐受到国际学者的广泛关注，NIS已成为世界主要科技强国与国际组织制定创新战略和进行创新研究的重要基础（Cirillo et al.，2019）。

NIS的概念产生于20世纪80年代末至90年代初，起因是许多经济学家针对新古典主义经济理论中关于技术、知识和创新在经济发展中的作用解释不足提出质疑（Sharif，2006）。现有研究通常将NIS研究的起源追溯到最初使用这一概念的三位学者：英国学者弗里曼（Freeman）、丹麦学者伦德瓦尔（Lundvall）和美国学者纳尔逊（Nelson）。弗里曼和纳尔逊主要从制度设计的宏观视角分别对日本和美国NIS进行了分析，弗里曼指出NIS是提高国家竞争力的源泉，是制度、组织、技术创新综合作用的结果（弗里曼，1992），纳尔逊认为制度设计会在国家范围内联结并平衡各创新环节，而对制度结构的适应是影响国家企业创新绩效的重要因素（纳尔逊，1992）。伦德瓦尔则着重从微观角度对国家创新体系的构成进行分析，强调NIS构成要素间的网络形成和互动反馈（伦德瓦尔，1992）（见表1.1）。

表 1.1　国家创新体系概念的不同界定

提出者	国家创新体系概念界定
弗里曼 （1992）	提出广义和狭义两种不同理解。从广义上说，国家创新体系包括国民经济中所设计的引入和扩散新产品，以及与此有关的过程和系统的所有结构；从狭义上说，国家创新系统仅包括与科学技术活动直接相关的机构
伦德瓦尔 （1992）	国家创新体系是由一些要素及其相互联系作用构成的复合体，这些要素在生产、扩散和使用新的、经济上有用的知识的过程中相互作用，形成一个网络系统
斯科特（Scott）（1995）	国家创新体系是一个以国家为单位的创新系统，由一群在新兴科技的发展上互相有关联的机构组织所组成，从事有关知识的创造、储存、应用与转移

提出者	国家创新体系概念界定
OECD	国家创新体系是由参加新技术发展和扩散的企业、大学和研究机构组成,是一个为创造、储备和转让知识、技能和新产品的相关机构
中国科学院	国家创新体系是在政府和社会部门的共同作用下,为促进发展技术创新而形成的机构和制度网络。各创新链间的彼此作用和联系形成了整个创新网络体系
路甬祥	国家创新体系是指由科研机构、大学、企业及政府等组成的网络,它能够更加有效地提升创新能力和创新效率,使得科学技术与社会经济融为一体,协调发展

注:选自薛晓光、宋旭超:《国家创新体系文献评述》,《产业经济评论》2016 年第 18 期。

第一,国家创新体系的构成。弗里曼认为,国家创新体系包括政府政策、教育与培训、非工业研究机构、企业的研究开发能力、产业机构状况五个方面。中国科学院中科院把国家创新体系构成分为技术创新体系、知识创新体系、国防科技创新体系、区域创新体系和科技中介服务体系。

第二,国家创新体系是一种有关科技知识流动和应用的制度安排。一般来说,国家创新体系方法强调技术和信息在人们、企业以及机构之间的流动是创新过程的关键所在,创新和技术发展是该系统中的各个主体一整套复杂关系的结果,这个系统包括企业、大学和政府研究机构。在这个过程中,企业、大学和科研机构、教育部门、创新支撑服务机构(中介)、政策制定部门(政府)、金融部门、法律、文化等都参与并影响着创新活动的进行。

第三,企业的主体地位不断被明确。从本质上看,国家创新体系是由企业、政府、科研机构等多主体间的互动与交流所构成的,其基本模式是产学研合作(丁厚德,1998),而企业作为产学研合作的核心,在国家创新体系中的核心地位不言而喻。根据熊彼特创新理论,创新是对生产要素的重新组合,这种组合主要由企业通过市场机制实现,尤其是在基础研究向商业成果转化的阶段中,企业可以融合特定的工程知识、产业知识、市场知识,从而最终获得创新收益。而对于国家创新体系中的其他主体,研究所和大学主要为企业提供技术,中介机构及政府主要为企业营造环境,总体而言都是为企业服务的(邓楠,1999)。然而,并非所有企业都可作为创新的主体,作为创新主体的企业是指现代企业制度意义上的企业,它们具有创新的动力和能力,是创新投入、活动和收益的主体。

关于我国目前的创新国家体系理论重点,首先,聚焦创新能力。提升我国创新能力不仅是创新驱动发展战略的主要目标,也是实施创新驱动发展战略的根本途径。基于此,部分研究就围绕提升国家创新能力展开了一系列的思考。一是要提升创新能力,需要对其进行客观合理的评价,国内外关于创新能力测度的相关研究主要分为建模计量法、综合指标法和 DEA 效率评价法三类。例如:穆荣平(2019)全面构建了创新发展指数和创新能力指数,对中国在全球竞争格局中的地位进行了详尽分析。二是对于如何提升创新能力,学者们从不同角度展开讨论。王德华和刘戒骄(2015)聚焦于企业,对为提升企业创新能力的政府职能与作用进行了剖析。王凯和邹晓东(2016)则聚焦于区域,指出在区域创新生态系统的背景下,区域化、网络化的产学研协同创新对提升创新能力起到十分重要的作用。其次,注重自主创新。自主创新能力不强是制约我国国家创新体系发展的重要因素。雷家骕(2007)指出我国目前缺少自主创新的根本原因在于我国的国家创新体系是以模仿创新为导向的,因此,他呼吁要建设自主创新导向的国家创新体系。我国自主创新战略的出台是以全球化为背景的,只有建设具有自主创新能力的国家创新体系,才能进一步提高我国在国际市场上的竞争力。然而,关于自主创新,仍存在一些错误的理解,即将自主创新等同于闭关自守,这显然是扭曲了自主创新的真正内涵。自主创新与国际化应是相辅相成的,我国国家创新体系国际化必须以增强自主创新能力为目标,以市场机制为主导,增强自主创新体系国际化战略的适应性(郑长江,谢富纪,2017)。

二、区域创新体系理论

区域创新体系理论的出现与区域创新体系(RIS)概念的提出稍晚于国家创新体系,由英国学者库克(Cooke)于 1992 年提出,他认为区域创新体系是通过"后福特主义""产业群""区域的崛起"等经济的实践和理论展开的,以系统的、动态演化的观点将区域科学中的制度、文化、组织等因素和新马克思主义、新熊彼特主义的创新研究在市场机制起主导作用的背景下结合起来,以解释区域进行系统化创新的能力和潜力以及对制度、组织等环境条件的要求,从而建立区域学习创新、地方环境和区域增长之间的有机联系,组成了一个分析区域创新和区域经济发展的有效理论(雷茜,唐菲,2009)。

　　第一,关于 RIS 的概念。较早提出 RIS 的库克(1992)指出,RIS 主要是由在地理上相互分工与关联的生产企业、研究机构和高等教育机构等构成的区域性组织系统,该系统支持并产生创新。此后,国内外不少学者都对区域创新体系的概念或内涵进行了界定,但并没有形成统一认识。比较有代表性的是,加拿大学者多各勒(Doloreux)认为,区域创新体系是相互作用的私人与公共利益体、正规机构和其他组织的集合,其功能是按照组织和制度的安排以及人际关系促进知识的生产、利用和传播(Doloreux,2002)。我国学者陈德定(2004)认为,区域创新系统是指,在特定的经济区域内,各种与创新相联系的主体要素(创新的机构和组织)、非主体要素(创新所需要的物质条件)以及协调各要素之间关系的制度和政策网络。

　　第二,关于区域创新体系的内在结构。奥蒂奥(Autio)通过对系统结构的研究提出,区域创新体系主要是由区域社会经济及文化环境中的两个子系统构成:一是知识生产和开发子系统。契约方和客户围绕企业组成垂直网络,竞争者和合作者组成企业间的水平网络,知识在这些网络系统中得到充分的利用和彼此的相互融合。二是知识生产和扩散子系统。主要在公共研究机构和教育机构中产生,通过技术中介组织、劳动中介组织得以扩散和传播。这两个子系统之间通过知识、资源和人力资本等要素相互串联。并且,区域创新系统是开放的,与国家创新系统组织、政策机构以及国际政策机构等外部环境保持着密切的联系(Autio,1998)。卡尔松(Karlsson)和安德森(Andersson)指出,在区域创新系统中集群模式正处于极其重要的地位,并提出了一种以集群为中心的区域创新系统结构图,将集群内的企业分为互补企业和支撑企业,同时,两种企业的发展又受到基础设施、技术水平、知识力量、投资风险、政府财政支持、社会资本、参与者、区域政策等八大因素影响和制约(Karlsson and Andensson,2002)。

　　第三,关于区域创新体系的运行机制。对于学者们而言,阐释区域创新体系的概念与分析区域创新体系的构成,其最终目的是为了在此基础上揭示区域创新体系的运行机制,进而解释区域创新内在机理及其带来的影响。虽然不同学者从不同研究视角提出的运行机制模式存在差异,但都认为区域创新体系的运行是在一定的内外环境背景因素影响下,体系内部各要素之间互动的结果。

　　第四,关于 RIS 的类型。Doloreux(2002)根据布拉奇克(Braczyk)、Cooke等技术转移的管制类型(Blaczyk et al.,1998;Cooke et al.,2004),归纳了三类区域创新体系,即草根类、网络类和管制类(见表 1.2)。

表 1.2　三种区域创新体系及其特点

内涵特征	草根类	网络类	管制类
技术转移	主要在当地的管制机构和组织中进行并得到推动	在区域根植组织及国家支持组织之间综合进行,受到多层次的管制	由中央政府倡导
区域合作	区域合作程度高但正式协调程度低,非正式协调特别广泛,系统主要由当地倡导和推动	区域和国家倡导是混合的,系统运作高度依赖于各层次之间的协调机制	当地的相互作用程度低,很少由当地倡导,合作系统主要由中央政府或国家金融机构资助和倡导
案例	意大利工业区	德国的巴符州、日本部分区域	法国部分区域
发展模式	自下而上	介于自下而上、自上而下两者之间	自上而下

注:陈广胜等:《区域创新体系的内涵特征与主要类型》,《浙江社会科学》2006 年第 3 期。

第三节　交叉学科下的创新理论研究新进展

如何更加全面深入地解构和分析创新的运行机制和作用,学术界的研究从未停止。实际上,前面我们已经提及区域创新体系理论是多学科理论研究应用的综合性成果,学者们也一直试图运用其他学科理论来探索新的研究范式和研究视角。这其中比较具有代表性的是创新经济地理理论、创新政策(治理)理论、创新生态系统理论等。

一、创新经济地理理论

放眼全球,知识生产、传播、应用对区域经济增长的贡献越来越大,对创新活动关注的人文与经济地理学者越来越多。从学术思想演变来看,经济地理学研究主要经历了从区位分析(space of places)向现代流空间(space of flows),从成本因素(cost analysis)向创新因素(innovation connection)的转变(曾刚,王秋玉,曹贤忠,2018)。2003 年,英国学者 Polenske 教授在麻省理工学院主持的创新地理学研讨会上提出了创新经济地理学的概念,并于 2007 年牵头出版了《创新经济地理》(*The Economic Geography of Innovation*)。此后,制度经济学者、演化经济学者也认识到了"地理"对创新活动的重要影响(贺灿飞等,2014)《牛津创新手册》(*The Oxford Handbook of Innovation*)、《区域创新与增长手册》(*Handbook of Regional Innovation And Growth*)等陆续出版,创新经济地理研究成果越来越丰富。

(一)创新经济地理的集聚形态

创新集聚是创新经济地理研究中的重要内容,这一方面的论述可以追溯到熊彼特。他认为创新具有在时间和空间上成群出现的特征,创新的集群和增长的非周期性是经济波动的主要原因,创新活动不是孤立事件,而是趋向于集群。哈特(Hart)和西米(Simmie)进一步探讨了创新型公司的空间关系,认为成功的集群能够以专业化和分工为基础,集群内的相关企业通过地理位置上的集中或靠近形成长期稳定的科技合作关系而产生创新集聚,进而形成具有创新优势的一种平等开放的创新网络组织实现集群创新,并在此基础上进一步形成创新集群(Hart 和 Simmie,1997)。

在对创新集聚绩效影响的研究中,本特松(Bengtssona)和斯维尔(Slvell)使用 LISREL(线性结构方程模型)对竞争方式与产业集群的创新绩效关系进行了检验,发现竞争结构、竞争方式以及集群内部的合作关系对于集群创新有着显著影响(Bengtssona 和 Slvell,204)。福尔塔等人以生物医药产业为例研究了集群规模与绩效的关系,发现集群内部的企业能够通过联盟创新等形式获得规模效应,但是随着集群地理边界的扩大,由规模引致的企业边际收益会逐渐降低(Folta et al.,2006)。吉尔伯特(Gilbert)等人对企业区位、知识溢出和企业绩效的关系进行了检验,发现集群内部企业更容易从周围环境中吸收知识以创造更高的经济效益和创新绩效,而技术溢出对于集群中的新企业却贡献很小(Gilbert et al.)。

(二)创新经济地理的集聚机制

在对创新经济地理集聚机制的研究中,奥坦特伯纳德(Autantbernard)对研发机构空间定位中的决策因素进行了研究,发现广阔的市场范围、丰富的思想和低水平竞争对建立研发机构是有益的。研发机构位置的选择不仅由目标区域和临近区域的特征决定,而且还由区域内企业本身的特征决定(Aueantbernard,2006)。莫雷诺(Moreno)等人发现专业化创新集群主要存在于欧洲区域,并且随着时间的推移变得越来越强大;专业化比创新的高差异性对创新产出更有益(Moreno et al.,2006)。近年来,复杂网络理论成为研究创新经济地理集聚机制的重要视角,汪涛等(2011)使用合著论文作者信息统计数据研究了省级层面知识网络的空间结构特征及其演化规律,发现我国生物技术知识网络经历了由萌芽向扩张和成熟转变的过程,知识的扩散方式开始由接触扩散向等级扩散转变,网络节点间地理临近和组织临近的相互作用共同推动着网络空间结构的演化。

(三)创新活动知识源

创新的关键在于不同的知识源及相关知识的交流、整合与转化,不同属性的知识及其交流方式直接影响了知识生产、企业创新绩效(魏旭,张艳,2006)。知识流动促进创新,维持和提高了地方集群内企业的竞争力,但不同类型、不同渠道知识流动对创新活动的影响不完全相同。

德国基尔大学博德(Bode)教授对1990年德国西部地区发展研究后指出,外部知识对区域创新发展的贡献较低(Bode,2004);华东师范大学曾刚等(2004)发现,发展中国家企业创造新知识能力不足,技术进步动力主要来自区外,本土企业对国外技术的吸收与模仿是其主要表现形式;但英国拉夫堡大学巴克(Buck)教授则指出,本土企业的技术扩散对邻近企业创新绩效具有正向影响,而跨国企业对本土企业创新的促进作用并不显著(Buck,2007)。加拿大学者巴特尔特(Bathelt)则提出了全球集群网络(global cluster network)概念(Bathelt,2004)。他指出,从空间尺度上看,全球知识管道包含以下三种形式:从地方层面上看,区域间知识联系是企业家空间迁移的结果。受过高等教育的移民企业家成为"新的英雄(new argonaut)",他们利用与自己独特身份和背景有关的、存在于母国和客居国之间的潜在商业机会,发挥边界扳手(boundary spanners)作用,促进了世界上相距较远的多个集群之间的市场、产品、技术信息的交流。从区域层面看,区域内企业通过与全球领先企业的垂直合作,来谋求自身发展。通过全球范围内不同区域之间编码化而不是隐性知识的传播,通过垂直联系,提升本地企业的技术水平、知识能力和竞争力。从全球层面看,产业集群是全球创新网络的组成部分。在经济全球化时代,跨国公司看重的区域不是行业低成本要素集聚区,而是行业隐性知识集聚地,跨国公司更愿意在具备类似母国集群环境的地区寻找合作伙伴和新投资地。企业创新水平的高低取决于知识存量的多少,创新主体可从区域内部的知识溢出中获益,同时也需要通过与区域外部

"通道"来获取自身匮乏的知识。

(四)创新活动组织方式

20世纪80年代以来,全球化和信息化快速发展,全球劳动分工日益深化,除了全球范围内的垂直产业分工之外,还出现了外包等新生产组织方式,发达国家跨国公司将低附加值的生产环节外包给发展中国家,将高附加值的核心环节留在发达国家,世界各地的产业中心通过产业链联系在一起(Broekel,2012)。

20世纪80年代,中小企业创新积极性逐渐增强,其在区域创新和经济发展中的地位大幅上升,意大利艾米利亚-罗马涅大区、德国巴登-符腾堡地区活跃的创新活动引起了经济地理学者的关注,新产业区的概念应运而生。斯科特(Scott)和斯托佩尔(Storper)指出,区域创新活动是多个创新主体相互作用的结果,形成了由在一定空间范围内相互分工与关联的生产企业、研究机构、高等学校、地方政府等构成,且有利于创新活动的区域组织系统(Scott 和 Storper,1987)。

20世纪90年代冷战结束以来,经济全球化快速发展,跨国公司对世界经济发展的影响大幅提升。一方面,以跨国公司为核心的全球商品链形成和发展极大地强化了跨国联系,国家政府在国际产业分工中的影响力下降;另一方面,跨国公司之间的竞争重塑了全球生产格局,出现了地方性产业集群和生产中心,形成了治理范围较大的诸多超国家集团。科(Coe)等学者指出,在龙头公司协调下,由企业和国家、国际组织、劳工组织、消费者、公民社会组织等主体围绕全球生产和服务,建立了全球生产网络,而最优成本、能力比、市场需求、金融规则、风险控制是全球生产网络形成与发展的重要推力(Coe et al.,2002)。

二、创新治理理论

创新治理(政策)含义宽泛,包含了科学政策、研发政策、技术政策和创新政策,虽然这些政策都针对"知识链"的特定部分而制定实施,但这些政策之间却没有明确的边界,政策重叠区域也会随时间发生变化。科技创新治理取决于对科技创新活动的理解,既包括对科技创新规律的认识,也涉及对科技创新目的和影响的判断。自19世纪科学与技术紧密联系以来,科技创新治理大致经历了四次重大转型。

（一）第一次转型（20 世纪 40—70 年代）

二战前，政府对科技创新的干预很少，二战彻底改变了政府对待科技的态度（杨洋，2021）。由于从战争中看到科技的力量，加之严峻的冷战形势，注重基础研究的线性创新理念［以 Bush Vannevar 的《科学：无尽的前沿》（*Science：The Endless Frontier*）为代表，线性模型是指从知识到产品遵循"基础研究—应用研究—技术开发—商业化"的线性流程］主导了战后 20 年的科技创新治理。其基本观点是：基础研究需要政府支持和投资，而基础研究产生的成果受市场力量驱动将自动进入商业化流程，进而提高军事实力和国家竞争力。

（二）第二次转型（20 世纪 70—80 年代）

20 世纪 60 年代开始，美国以新技术为基础的小型企业（new-technology-based small firms，简称 NTBFs）大量兴起，风险投资规模不断壮大，大学衍生企业涌现。这虽然印证了政府战时投资基础研究产生了经济效益，但越来越多的研究发现，知识往往不会自动转化为商品。由此出现了创新的"链式模型"，该模型认为在知识生产和价值实现的关键节点上，需要公共部门、私人部门和用户密切互动，以促进知识扩散、吸收和转化。

（三）第三次转型（20 世纪 80 年代至 2010 年左右）

随着 20 世纪 80 年代国家间经济竞争加剧，工业创新的绩效差异引发关注。研究发现，成功的创新依赖于多种不同资源（如知识、技能、资金、需求、基础设施、法规等），如果不能系统性地提供这些资源（尤其是互补性资源），就会产生"短板效应"，甚至阻碍创新。后续区域创新系统、产业创新系统等概念相继提出。创新系统作为分析框架，被用于发现并处理"系统性故障"，以提升创新效率。基于创新系统的政策工具主要是"桥梁"类政策（实际上，"桥梁"类政策工具很早就已经在实践，例如 1980 年在美国启动的"合作研究协议"和在德国 1954 年建立的"中小企业合作研究系统"AIF 系统，但基于创新系统理念的政策工具更加具有互动性），用于"修复"创新系统组件间的互动关系。此外，随着演化经济学在 80 年代的发展，将科技创新作为经济增长核心的系列研究也进一步支持和丰富了技术预见、战略规划、产业政策等政策工具。

(四)第四次转型(2010年至今)

创新系统关注如何提高创新能力和经济竞争力,但对处理技术和经济增长带来的消极后果指导性不足。近十年来,疾病、环境污染、气候变化、贫富差距等问题愈发凸显,以"负责任的创新""变革性创新政策"为代表,致力于推动经济社会实现可持续、包容性发展的治理理念开始进入科技创新政策语言。不同于开发新的技术解决方案,第四次转型超越了科技与经济范畴,是更大范围的系统性变革,具有长期性和根本性。它不仅包括了知识、技术和产品的生产方式,也包括了消费方式和生活方式,涵盖了知识、技能、基础设施、产业结构、产品、法规、用户偏好和文化价值观等众多方面。

在第四次转型理念驱动下,科技创新治理呈现"使命性""整体性""一致性""自反性""开放性"和"广泛参与"等特征。随着新一轮技术革命和产业变革兴起,"战略情报"地位进一步提升,选择战略新兴领域进行重点支持成为多国政策重点。为适应治理需求,扁平化、高层级的科技创新治理机构出现,例如芬兰的研究与创新委员会(2009年)、瑞典的国家创新委员会(2015年)等都由国家首相或总理等最高级官员直接领导,政策协调能力与推进能力远高于原有治理架构。此外,原有政策工具也发生新变化,如以激发创新为理念的功能性政府采购的出现。

三、创新生态系统理论

目前对于创新生态系统尚未形成统一的界定,学者们从微观、中观和宏观等不同层次及结构、要素、功能等不同角度理解了创新生态系统。扬西蒂(Iansiti)和莱温(Levien)认为,生态是由供应商、分销商和外包商、相关产品与服务的制造者、相关技术的提供者及其他对企业提供产品的创造和传递产生影响或被其影响的组织所构成的松散网络(扬西蒂和莱温,2004)。Wang(2009)认为,在创新生态系统中,由人和组织构成的不同群落相互作用,共同参与创新网络的生产和使用。李万等(2014)认为,创新生态系统是指一个区间内各种创新群落之间及创新环境之间,通过物质流、能量流、信息流的联结传导,形成共生竞合、动态演化的开放复杂系统。柳卸林等(2015)认为,创新生态系统是指在促进创新实现的环境下,创新主体基于共同愿景和目标,通过协同和整合生态中的创新资源,搭建通道和平台,共同构建以"共赢"为目的的创新网络。综合而言,创新生态系统是指围绕在一个或多个核心企业或平台周围,包含生产方和需求方在内的多方主体与外部环境相互联系、共同进化,实现价值共创和利益共享的创新网络。

在创新生态系统中,核心企业通过协调和影响各成员间的经济行为和社会关系实现对生态系统的治理。陈健等(2016)以治理中心特性为分类标准,将创新生态系统划分为技术标准型、承包商型、集群型和平台型四大类(见表1.3),并结合各理论的生态学含义分析不同生态系统的治理重点。

表 1.3　四类创新生态系统的架构核心与治理重点

创新生态系统类型	架构核心	治理重点
技术标准型	技术标准的制定者	基于专有技术资产的架构和界面设计以及技术合作关系中搭便车、敲竹杠、技术泄露、知识产权纠纷等风险的治理
承包商型	供应链上的核心企业	基于复杂创新系统的系统风险评估、资源整合与协同、权责关系与价值分配以及并行项目的柔性与敏捷性建设的治理
集群型	特定区域内核心企业	基于地理集聚性的技术扩散、知识共享与溢出、学习机制、信任与关系契约、合作网络以及锁定风险的治理
平台型	平台搭建者	基于双边市场的网络交叉外部性、价格不对称性和多属行为等特点的补贴方式、网络效应激发、用户黏性和平台开放程度的治理

创新生态系统研究将从以往的关注要素构成和资源配置的静态结构性分析,演变为强调各创新主体之间作用机制的动态演化分析。总体而言,创新生态系统具有以下三种主要特征。

一是多样性共生。创新物种的多样性是一个创新生态系统保持旺盛生命力的重要基础,是创新持续迸发的基本前提。创新物种通过知识、技术、人才、资本为主要纽带形成了复杂的价值网络,在竞争性合作共生中不断演化发展。当一个系统中这种价值网络或共生关系被打破,系统的平衡性、稳定性就受到了破坏,系统就必须进行调整,以达到新的平衡。多样性共生的特征意味着创新主体与创新环境之间进行着频繁的试错与应答,多样性要求创新生态系统应容纳尽可能多的"创新基因库",而竞争性合作共生则在一定程度上实现系统达到最适宜的多样性程度。

二是自组织演化。良性的创新生态系统不断向前进化发展,持续接近动态最优目标。系统内部要素、物种、种群、群落等都是在相互作用、相互适应中不断发展变化,甚至是相互转化。该特征意味着市场对创新资源配置的决定性作用得到充分发挥,促进着系统的良性变异、创新的优化选择、知识的学习扩散,"遗传—变异—选择"在这个过程中交替着发挥作用。政府对创新生态系统的演化至关重要,在相当程度上决定着系统的进化或退化;政府创新治理对推动制度创新、保持技术创新活力尤为重要。

三是开放式协同。全球化背景下,一个国家或地区的创新生态系统不再是孤立封闭的"生态圈",而是广泛联系起来的。开放环境中,外来创新物种的不断移入,促使创新生态系统不断发生着物种竞争、群落演替,甚至系统的整体涨落。在一个开放式的创新生态系统中,研究群落、开发群落、应用群落、服务群落保持着与外界的密切关联。企业逐渐突破地理边界,依赖整个创新链、产业链和价值链进行根本性创新。

现有理论为创新生态系统研究提供了可供参考的视角。例如,演化经济学的动态性特征为创新生态系统研究体系的建立和发展提供了新思路,而"有限理性"假设则强调人和组织的行为及情境因素的重要作用;创新网络研究中的网络嵌入、网络管理和价值网络流派阐述了网络结构的形成、核心企业和网络参与者的作用机制以及价值创造和分配等核心问题;创新系统的生态化要素体现在系统组织的"结构—功能—过程"与环境的互动共演以及对用户和市场机制的重视;创新生态系统强调外部效应及不同利益相关者之间的竞合关系,打破了组织边界,使生态系统主体的动态能力能够围绕共享平台共同进化,从而改变了传统竞争优势的思考框架。基于不同理论的生态学内涵,在不同架构类型的生态系统中,应围绕技术群落的匹配协调、供应链网络的配套集成、区域创新体系的地理邻近性和双边市场平台的网络外部性等核心问题进行治理机制布局(刘雪芹,张贵,2016)。

第二章 我国科技创新战略 与科技自立自强

党的十九届五中全会提出："坚持创新在我国现代化建设全局中的核心地位,把科技自立自强作为国家发展的战略支撑。"面对复杂严峻的外部形势和国内高质量发展对科技创新提出的迫切需求,在以习近平同志为核心的党中央坚强领导下,全国各界落实新发展理念,坚持走科技自立自强之路,深入实施创新驱动发展战略,面向世界科技前沿、面向经济主战场、面向国家重大需求、面向人民生命健康,坚持加强基础研究、应用基础研究和关键核心技术攻关,坚持强化国家战略科技力量建设,坚持系统推进科技体制改革,坚持扩大科技开放合作。创新体系更加健全,创新环境不断优化,创新能力显著增强,在构建新发展格局、促进高质量发展中进一步凸显了支撑引领作用。

第一节 新时代我国科技创新战略

党的十八大以来,我国从全局出发,高度重视科技创新,对于科技创新的投资力度大幅加强,加快推动创新驱动发展战略的实施,将科技创新的自立自强放在国家发展的战略支撑地位。国家发展的战略支撑,推进我国科技事业实现了历史性变革,有效提升了我国科技创新国际竞争力,推动了经济高质量发展。

一、新时代科技创新战略部署

在进入中国特色社会主义新时代以来,我国的科技创新从党的十八大将其放在国家发展全局的核心位置到党的十九大指出科技创新是引领发展的第一动力,再到党的十九届五中全会进一步强调要坚持我国现代化建设全局中创新的核心地位,从历史发展的新视角和国家发展的全局观统筹谋划新时代科技创新战略部署,推动我国科技事业实现了历史性变革、取得了历史性成就。

(一)实施创新驱动发展战略

2012年,党的十八大正式提出创新驱动发展战略。2013年,中央政治局到中关村进行集体学习时,习近平总书记提出要做好创新驱动发展战略的顶层设计。2015年,我国发布《关于深化体制机制改革 加快实施创新驱动发展战略的若干意见》。

2016年发布的《国家创新驱动发展战略纲要》中提出,到2020年我国要进入全球创新型国家的行列,到2030年我国要跻身全球创新型国家前列,再到2050年要将我国建设成为世界科技创新强国的"三步走"目标,并部署了八大战略任务:一是推动产业技术体系创新,创造发展新优势;二是强化原始创新,增强源头供给;三是优化区域创新布局,打造区域经济增长极;四是深化军民融合,促进创新互动;五是壮大创新主体,引领创新发展;六是实施重大科技项目和工程,实现重点跨越;七是建设高水平人才队伍,筑牢创新根基;八是推动创新创业,激发全社会创造活力。同年,习近平总书记发表《为建设世界科技强国而奋斗》历史性重要讲话,提出"要深入贯彻新发展理念,深入实施人才强国战略和科教兴国战略,深入实施创新驱动发展战略,加强组织,统筹谋划,优化我国科技事业发展总体布局"。

(二)创新是引领发展的第一动力

2017年,党的十九大报告提出了"加快建设创新型国家",明确"创新是引领发展的第一动力,是建设现代化经济体系的战略支撑"。习近平总书记强调,我国在面向国家重大需求、面向经济主战场、面向世界科技前沿时必须要坚定不移地走中国特色的自主创新道路,抢占全球科技竞争的先机,加快各个科技创新领域的全面发展。提出要进一步加强前瞻性基础研究、引领性原创基础研究和应用基础研究。"基础研究是创新的源头,我们正站在新一轮科技革命的风口上,要抓住这一战略机遇期,健全基础研究的支撑体系,瞄准世界科技前沿,植根于我国创新发展的战略需求,提出更多原创理论,做出更多原创发现,力争在重要科技领域实现跨越发展,实现我国在全球科技创新潮流中从追随者到领导者的角色转变。"

2018年5月,习近平总书记在中国科学院第十九次院士大会上作《努力成为世界主要科学中心和创新高地》的重要讲话,指出"我们比历史上任何时期都更接近中华民族伟大复兴的目标,我们比历史上任何时期都更需要建设世界科技强国",鼓励科研人员要增强"四个自信",以关键共性技术、前沿引领技术、现代工程技术、颠覆性技术创新为突破口,敢于走前人没走过的路,努力实现关键核心技术自主可控,把创新主动权、发展主动权牢牢掌握在自己手中。

(三)明确创新的核心地位

2020年,党的十九届五中全会在《中共中央关于制定国民经济和社会发展第十四个五年规划和二○三五年远景目标的建议》中提出要把科技自立自强作为我国发展的战略支撑、坚持我国现代化建设全局中创新的核心地位;在面向人民生命健康、经济主战场、世界科技前沿、国家重大需求等方面深入实施人才强国战略、科教兴国战略、创新驱动发展战略,加快建设科技强国,完善国家创新体系;要大力激发人才创新活力,提升企业技术创新能力,完善科技创新体制机制,强化国家战略科技力量。

进入新发展阶段,面对国内外新形势,我国更需要坚持创新驱动发展战略,以推动科技自立自强,从而推动经济社会发展质量变革、效率变革、动力变革。中国特色社会主义在进入新时代之后,科技创新的实力正在实现从量变到质变的转变,从原先的点状突破发展为系统化的全面提升。2020年,科技进步对我国经济增长的贡献率达到60%以上,研发投入强度达到2.23%,超过欧盟15个发达经济体平均水平。根据世界知识产权组织发布的全球创新指数,我国的创新能力综合排名已经从2015年的全球第29位跃升至2020年的全球第14位,我国是全球创新能力综合排名前30位中唯一的中等收入经济体。

但同时也应看到,我国的科技创新在体制政策、资源配置、创新能力、站位布局等方面还存在一些亟待解决的突出问题:一是企业对于基础研究的不够重视,导致原创性的技术创新成果缺乏,底层的基础工艺能力和基础技术不足,基础元器件、基础软硬件、基础材料、高端芯片、工业母机等领域的发展遭遇瓶颈,核心技术受制于人的局面仍然没有发生根本性的改变,华为的芯片断供就是极为典型的案例。二是我国以全球视野的角度来谋划科技创新的开放合作力度还有所欠缺,科技创新的成果转化能力有明显不足,导致我国科技研发的产业集聚程度不足,高新技术产业发展面面临需求不足、遭遇发展瓶颈。三是目前我国的科技创新管理体制机制明显滞后于世界科技强国的建设,尚未形成科技体制改革诸多重大决策的合力,科技创新政策、经济发展、产业培育之间的统筹契合程度还有所欠缺,社会包容创新、鼓励创新的环境和机制需要优化。四是顶尖的创新型人才和创新团队较为匮乏,发展创新型人才的体制机制有待完善,需要健全激发创新活力的人才激励机制。当前,世界正面临百年未有之大变局,我国在面对全球新一轮的产业变革和科技革命时必须加快构建新发展格局,必须牢牢抓住科技创新这个关键,发挥新型举国体制优势,全面促使科技自立自强。

二、新时代我国科技创新战略的关键是科技自立自强

目前,我国面临前所未有的机遇和挑战,必须加快实现科技自立自强,为国家安全保障和经济社会发展提供更多强有力科技支撑和高质量科技供给,必须要在变局中开新局、在危机中育先机。

(一)科技自立自强是紧紧抓住重大创新机遇的需要

当前,新一轮的产业革命和科技革命正在发生更加深层的变革,不断涌现出很多颠覆性创新,前沿科技创新不断刷新人类的认知极限,重要领域的产业变革正在从导入期转变至拓展期,科技创新已经成为彰显大国国力的重要因素,发达国家都已开始对重大科技创新的前沿领域部署和投入。我国作为最大的发展中国家必须紧紧抓住新一轮产业革命和科技革命所带来的竞争优势,高度重视科技自立自强。

1.前沿科技领域存在主导设计的"机会窗口"

在新一轮科技革命和产业变革中,量子科技、人工智能、新能源智能网联汽车、区块链、生命健康等很多领域,都还未形成主导设计(即技术标准)。根据产业技术创新的 A-U 模型,我国在前沿科技领域存在主导设计的"机会窗口"。

20 世纪 70 年代,厄特巴克(Utterback)和艾伯纳西(Abernathy)在对以产品创新为主的持续创新过程的研究中,提出了著名的描述产业技术创新分布形式的 A-U 创新过程模型。他们认为,产业和企业的成长阶段决定了产业和企业的创新程度类型和创新类型。产品创新、工艺创新及产业组织的演化可以划分为三个阶段,分别为流动阶段、转移阶段和专业化阶段,并与产品生命周期联系起来,提出了以产品创新为中心的产业创新分布规律(姚志,坚程军,吴翰,1999)。

在 A-U 创新过程模型中,产业创新竞争的关键是产品创新与工艺创新的分界点——主导设计,也就是产业技术标准。在主导设计和技术标准形成之前,是以产品创新为特征的科技基础研究、原始创新研究。实际上当前主要创新型国家和科技领军企业都在参与前沿科技领域的技术标准竞争,技术标准是产业创新竞争的"天王山",赢得技术标准就可以产业"赢者通吃"(见图 2.1)。

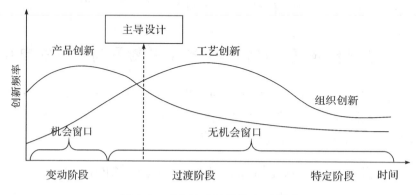

图 2.1 产业技术创新的 A-U 模型

2.我国有可能通过技术标准竞争实现"弯道超车"

新科技革命和产业变革为我国提供了突破经典技术极限的新路径,提供了从根本上打破技术讹诈和恶意封锁的新的"机会窗口",提供了更多技术领域向并跑、领跑转变赶超跨越的"新赛道"。目前,我国在 5G、量子科技、受控核聚变等领域开始技术领跑和标准引领,在干细胞、合成生物学、铁基超导等方面取得一批重大原创成果。2019 年底,中国对 5G 标准贡献达到 32103 个,参加 3GPP 会议的工程师数量累计 6512 人,均位列世界第一的水平。当前,我国的 5G 建设在全球已经处于领先水平,基站数量相较美国也领先一个数量级。

下一步,我国将通过健全社会主义市场经济条件下新型举国体制,打好关键技术核心的攻坚战,持续增加基础研究投入,强化技术标准的必要专利积累,抢占产业主导设计控制权,加快实现科技自立自强,努力掌握国际科技竞争的主导权,推动我国科技创新的主动权。

(二)科技自立自强是应对重大风险挑战的必然选择

强化科技安全,加强自主创新,为塑造和维护国家安全提供强大的科学技术支撑,成为新时代科技工作的重大任务。科技安全是国家安全的重要组成部分,是支撑和保障其他领域安全的力量源泉和逻辑起点,是塑造中国特色国家安全的物质技术基础。

1.科技安全已经成为国家安全的重要组成部分

习近平总书记提出总体国家安全观,其内涵十分丰富,包括政治、国土、军事、经济、文化、社会、科技、信息、生态、资源、核等重点领域安全,以及太空、深海、极地、生物等新兴领域安全。科技安全是国家安全的重要组成部分。历史证明,科技兴则国家兴,科技强则国家强。近代我国错过几次科技革命、工业革命的发展机会,科技落后、国力羸弱、被动挨打。中华人民共和国成立后,我国科技创新在支撑发展和维护国家安全中发挥了至关重要的作用。当前,科技对于国家的战略安全和竞争力的作用越发重要,在维护相关领域安全当中的作用也更加凸显。加强科技安全,一方面要加快提升自主创新能力,壮大科技实力,维护科技自身安全;另一方面要充分应用科技实力,为保障国家主权、安全、发展利益提供强大的科技支撑。

2.只有科技自立自强才能更好赢得国际科技竞争

当前,我国发展的内部和外部的环境正在发生深刻的变化,经济全球化和科技全球化遭遇逆潮流,科技创新外部环境的不确定性和不稳定性明显增加,全球化的技术创新合作和科学人文交流遭受到严重的不利影响。国际科技竞争、经济竞争不断加剧,全球科技活动环境有恶化风险,核心关键技术"卡脖子"的现象高发、频发,使得我国产业向高端跃升遭受到严重阻碍,对我国经济社会发展构成巨大威胁。

目前,光刻机、操作系统、核心算法、核心工业软件、扫描电镜等诸多领域都面临核心关键技术"卡脖子"的情况,严重危害了我国产业链安全。目前我国与世界差距大的产业有十类,如飞机、航空机载设备及系统、高档数控机床与基础制造装备;与世界差距巨大的产业有五类,如集成电路及专用设备、操作系统与工业软件等(见表2.1)。我国在核心零部件、基础软件、高端装备等领域对外技术依存度在50%以上,尤其是最为薄弱的集成电路领域的产业规模仅占全球的7%,但每年的消费量却占到了世界的约33%,导致我国有80%以上的集成电路来自进口,对进口的依赖度很高,处于被动位置。同时,由于美国对我国实施了科技上的封锁策略,使得我国的全球化合作与科技交流遭受到严重阻碍,因此,在当前实施科技自立自强战略已然成为我国的必然选择。

表 2.1　我国产业链安全性比较

产业链安全性	产业名录
世界领先（五类）	通信设备、先进轨道交通装备、输变电装备、纺织、家电
世界先进（六类）	航天装备、新能源汽车、发电装备、钢铁、石化、建材
与世界差距大（十类）	飞机、航空机载设备及系统、高档数控机床与基础制造装备、机器人、高技术船舶与海洋工程装备、节能汽车、高性能医疗器械、新材料、生物医药、食品
与世界差距巨大（五类）	集成电路及专用设备、操作系统与工业软件、智能制造核心信息设备、航空发动机、农业装备

实际上，关键核心技术是发达国家的看家本领，是要不来、买不来、讨不来的，是要靠每个国家的最优秀人才用血和汗、用智慧打拼出来的，就像"两弹一星""曼哈顿工程"一样。没有锲而不舍的努力，就没有科技自立自强，就会被锁定在创新链和产业链低端，在国际竞争中就会挺不起腰杆。长期以来，受经济发展阶段的影响，我国基础研究投入少、原始创新能力薄弱，限制了我国产业创新能力的提升。基础研究是科技创新的源头。现在只有把中国的科技创新建立在自立自强的坚实基础上，加强长期科技投入特别是基础研究投入，才能形成对科技规律、技术诀窍的系统认知，才能形成有效应对风险挑战的抗压能力、反制能力和对冲能力，才能有效维护国家战略利益和安全。

从国内看，我国社会主要矛盾已经发生变化，发展不平衡、不充分问题仍然突出，构建新发展格局、推动高质量发展、发展国际国内双循环对加快我国科技创新的迫切性更加突出，更加需要运用科学的技术解决方案解决我国经济社会发展和民生改善。想要为我国经济高质量发展提供源源不断地内生动力，就必须要加快实现我国科技自立自强，为构建新发展格局、融通国内国际双循环提供更加广阔的成长空间、主要支撑体系和关键着力点。

（三）科技自立自强需要良好的制度优势保障

中国特色社会主义进入新时代以来，我国在科技自立自强的制度层面开始逐步完善，以习近平总书记为核心的党中央对科技创新的自立自强谋划部署与时俱进、一脉相承。从党的十八大实施创新驱动发展战略，到党的十九大提出创新是引领发展的第一动力，再到党的十九届五中全会提出坚持创新在我国现代化建设全局中的核心地位，历史和实践都充分证明，党的坚强领导是我国科技创新的最大政治优势，是建设科技强国的根本保证。

1. 重大科技创新活动需要统筹协调的科技资源配置模式

重大科技创新活动通常具有高度复杂性和系统性,必须具备高效的组织动员体系和统筹协调的科技资源配置模式。由于重大科技创新活动投资大、风险高,具有很强的平台功能和社会带动性,具有市场失灵的特征,需要政府制定积极的科技创新战略,加强重大科技基础设施和基础研究的公共投入,才能在大国崛起和全球竞争中保持领先。

我国要实现科技自立自强,必须坚持"四个面向"的战略方向,充分发挥社会主义集中力量办大事的制度优势,统筹运用国家规划体系和新型举国体制的优势;破除制约科技创新的制度障碍,充分发挥市场在资源配置中的决定性作用,激发各类创新主体的创造性,提高科技创新的主观能动性,让科技自立自强成为全社会的共同行动和普遍共识。

2. 支持科技自立自强的制度体系不断完善

创新驱动发展战略提出以来,我国不断推出的一系列政策措施、改革方案日臻完善,针对科技发展中的发展内在需要和瓶颈问题,不断深化科技体制机制改革,这从顶层设计层面为实现科技自立自强提供了坚实的制度基础。

从党的十八大正式提出要实施创新驱动发展战略开始,我国相继出台了《国家创新驱动发展战略纲要》《深化科技体制改革实施方案》,在实施方案中部署了143项科技改革的措施,十九届五中全会提出"把科技自立自强作为国家发展的战略支撑"。我国"十四五"规划明确提出:"深入推进科技体制改革,完善国家科技治理体系,优化国家运行机制和科技计划体系,推动重点领域基地、人才、项目、资金一体化配置。"

我国采取了一系列科技体制改革措施:扩大科研机构自主权,促进人才合理流动;提倡科研机构与生产企业横向联系,推动科学技术的开发和利用;改革国家拨款的单一计划调节,按科技活动不同类型实行分类管理,实行技术商品化,建立和开发技术市场,促使科研成果转化为生产力;促进研究机构、设计机构与高等院校、企业之间的协作和联合;实行技术职务聘任制,提倡人员流动。

不断深化的科技体制改革,使创新生态进一步优化。推进国家科技管理机构改革,完成创新驱动发展的顶层设计,基本建立科技体制改革的主体架构,资源共享、评价奖励、计划管理、成果转化、收入分配等改革取得实质性进展;深化"放管服"改革,实施科研人员减负七项行动,大力推动了作风学风转变;科创板、成果转化引导基金、众创空间等为创新创业营造了良好环境。习近平总书记2020年在科学家座谈会上指出"我国科技队伍蕴藏着巨大创新潜能,关键是要通过深化科技体制改革把这种潜能有效释放出来",再一次强调了科技体制改革的重要性。这些举措让创新在制度上得以固化,为科技自强自立的推进提供了坚实的制度基础。

三、我国科技创新战略的实施成效

从党的十八大提出创新驱动发展战略到现在,我国创新发展已取得瞩目成就。多年的战略引领,为落实科技自立自强提供了经济基础、制度基础、创新主体、人才支撑以及开放合作的国际环境。

(一)科技创新成为经济高质量发展的新发动机

创新驱动发展战略的推进有效改变了中国经济结构,提高了经济发展的质量,大幅度提高了科技投入水平,不断涌现重大科技成果,有力推动经济高质量发展,也为实现科技自立自强奠定了良好的经济基础。

1.科技创新投入强度超过欧盟

2012—2020 年,R&D 经费支出从 1.03 万亿元增加到 2.44 万亿元,R&D 经费占 GDP 比重从 1.91％增加至 2.4％,科技创新投入强度已经超过欧盟。2020 年我国基础研究占全社会研发总经费的比重首次超过 6％,"十三五"期间,中央财政对基础研究经费投入增长了一倍;"十四五"期间将健全稳定支持机制,大幅增加投入,中央本级基础研究支出保持高增长。技术市场合同成交额翻了一番,2020 年创新研发经费支出接近 2.5 万亿元(见图 2.2)。

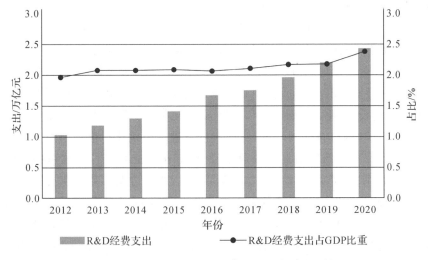

图 2.2 2012—2020 年我国 R&D 经费支出增长情况

根据世界知识产权组织发布的全球创新指数显示,我国排名从 2015 年的第 29 位跃升至 2020 年的第 14 位。

2.重大原创成果不断涌现

我国不断加强基础研究和关键核心技术攻关,首次建设了 13 个应用数学中心,在物质科学、干细胞、合成生物学、纳米科学、量子信息、铁基超导等方面都取得了一批重大原创成果,科技实力进一步增强。北斗导航全球组网、嫦娥四号首登月背、C919 首飞成功、墨子、悟空等系列科学实验卫星成功发射。磁约束核聚变、散裂中子源等设施建设取得突破,国家实验室加快布局,对高水平科研的支撑作用进一步增强。我国的国际 PCT 专利申请量从 2015 年的 3 万件,增加到 2019 年的 5.9 万件,跃居世界第一。正是多年来的创新驱动发展战略积累的力量才让我国有能力投资到科技研发中来,为以后的科技自立自强征途提供源源不竭的动力。

3.科技创新推动经济高质量发展

创新驱动发展战略释放了巨大的红利,在中高端消费、创新引领、绿色低碳、共享经济、现代供应链、人力资本服务等领域实现新旧动能转换,新旧动能转换覆盖了第一产业、第二产业、第三产业。2016—2020 年,我国国内生产总值从不到 70 万亿元增加到超过 100 万亿元,人均 GDP 已经超过 1 万美元,"十四五"时期我国即将跨越"中等收入陷阱"。5575 万农村贫困人口实现脱贫,完成了消除绝对贫困的艰巨任务。我国消费占世界消费的比重迅速增长,以美元作为计量单位,从 1980 年仅占世界消费的 2% 提高到 2018 年的 12%,若用购买力计价则占到世界消费的 14%。这些成绩的取得,离不开创新驱动发展战略的支撑。

数字化转型在全新发展格局中扮演着加速器和助推器的角色。近年来,我国数字经济的发展势头迅猛,已然成为我国经济增长的新动力、新引擎。2019 年,我国数字经济的增加值为 35.8 万亿元,占国内生产总值的 36.2%;全国实物商品网上零售额占社会商品零售总额的比重达到 20.7%;移动支付的使用比例达到 86%,普及率居全球第一位。

(三)以企业为核心的技术创新体系不断完善

创新驱动发展战略的重点便是要建立以企业为核心的技术创新体系,众多科技创新力和综合实力强大的优秀企业相继涌现,企业成为实现科技自立自强的强竞争力主体。我国"十四五"规划指出,完善以技术创新市场为导向机制,强化企业作为创新的主体地位,促进各类创新要素向企业集聚,形成以市场为导向、企业为主体、"产学研用"深度融合的技术创新体系。

1.支持企业创新的政策不断完善

我国创新驱动发展战略实施过程中,对企业创新发展进行战略扶持,通过税收政策、投入政策、立法等渠道,逐步引导企业走向市场前沿,把握技术创新的最新趋势。激励引导创新资源向企业集聚,深入实施国家技术创新工程,同时加强对企业政策支持引导,充分发挥市场对资源配置的决定性作用,积极营造机会公平、权利公平、规则公平的良好氛围,在公平竞争中激发提升企业创新能力和水平。推出"科技型中小企业创新基金计划",以无偿资助和贷款贴息方式扶持企业项目。近年来,我国重点关注高科技企业的创新,打造一批具有中国特色的自主创新能力的创新型企业,倡导"产学研"合作,推进科技成果转化,不断强化企业在技术创新体系中的作用。2020年企业研发费用加计扣除兑现减免税额超过3500亿元,同比增长约25%。

企业的成长也离不开科技与金融的结合,科技金融快速发展,创立科创板,推进注册制,多层次资本市场为科技创新成果转化提供了强大的外部资源,资本市场与科技企业形成了良性互动和相互支持。同时加强创新服务,强化科技资源开放共享,为创新创业提供技术转移、投融资、知识产权等服务。

2.企业创新能力持续增强

我国一批具有国际竞争力的创新型企业加快发展壮大。2019年507家中国企业入围国际组织认定的全球研发投入2500强,主要集中在无人机、电子商务、云计算、人工智能、移动通信等现代高新技术领域。到2020年底,科创板上市公司达到225家。

2020年底,全国高新技术企业和科技型中小企业的数量分别达到27.5万家和22.3万家。高新技术企业数量同比增长24%实现营业收入51.3万亿元,同比增长13.8%;工业总产值37.8万亿元,同比增长16.6%;利润总额3.8万亿元,同比增长20.1%。从图2.3、图2.4可以看出近十年我国高新技术企业数量和主要经营指标平均增速在20%,快速增长趋势明显。私营企业、民营企业已成为我国高新技术企业发展的重要主体。2019年,我国高新技术企业数量中,私营企业为10.7万家,占高新技术企业总量的48.97%;其次是有限责任公司,数量达7.46万家,占比约34.12%。

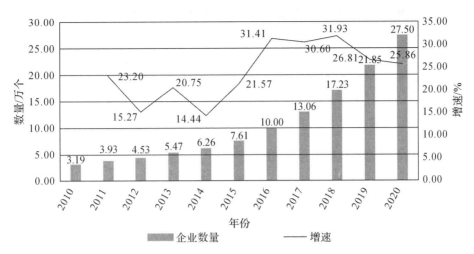

图 2.3 2010—2020 年我国高新技术企业数量增长趋势

资料来源:科技部火炬中心。

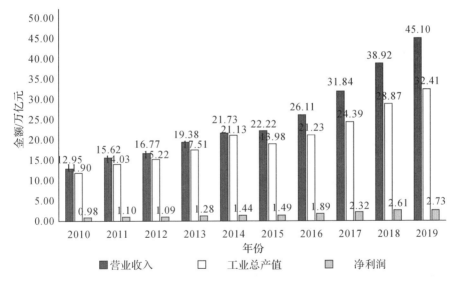

图 2.4 2010—2019 年我国高新技术企业主要经营指标增长情况

资料来源:科技部火炬中心。

3.高技术产业快速发展

2020 年,高技术产业投资的增速为 10.6%,高于全部投资 7.7 个百分点,其中高技术服务业和高技术制造业的投资增速分别为 11.5% 和 9.1%。高端技术制造业中医药制造业、计算机及办公设备制造业的投资增速分别为

28.4％和22.4％;高技术服务业中电子商务服务业、信息服务业投资增速分别为20.2％和15.2％。

在高新技术企业中,2019年高技术产业制造业企业数量达3.13万个,共实现营业收入7.77万亿元。分行业类别来看,电子及通信设备制造业的企业数量和营收规模均名列前茅,1.53万家企业共实现营收4.92万亿元;医药制造业的营收规模位列第二,4643家企业共实现1.29万亿元。

(四)高层次人才体系不断完善

人才是第一资源,人才是实现科技自强自立的首要前提。我国自创新驱动发展战略提出以来,就注重加强科技人才队伍建设,人才政策体系不断完善,人才数量猛增,人才结构明显优化,这为进一步实现科技自强自立提供了人才支撑。

1.人才政策体系不断完善

我国"十四五"规划指出,贯彻"尊重人才、尊重知识、尊重劳动、尊重创造"方针,全方位培养、引进、用好人才,深化人才发展的体制机制改革,充分发挥人才作为第一资源的优势。近年来,我国在人才培养方面的力度持续加强,不断完善人才政策体系:建立以质量贡献和创新能力为导向的人才评价体系,探索引入国际同行的评价机制;推动建立人才签证、永久居留、工作许可等方面的转换衔接机制,开展外国高端人才服务一卡通试点;深入实施国家重大科技创新人才计划,在重大科技任务攻关过程中培养造就高层次创新人才梯队;加强对青年人才的培养,专门在国家重大科技任务和计划项目中,设立35岁以下青年科学家项目。

2.领军人才和创新团队加快涌现

人才政策取得了显著效果,一批领军人才和创新团队呈现井喷状态,青年科技人才已经逐渐成为科研的主力军。"十三五"期间,我国研发人员总量增加了100万人年,研发人员的整体人数从2015年的376万人年增长到2019年的480万人年,增长速度达到27.6％。每万就业人员中研发人员数量由2015年的48.5人年提高到2019年的62.0人年。国际组织数据显示,中国入选世界高被引科学家从2015年的168人次,增长到2019年的735人次,增加了3.4倍。一批优秀科学家荣获地理学维加奖、物理学菲列兹奖,以及化学领域的亚瑟·科普学者奖等国际重要奖项。

3.科研成果的国际社会影响力显著提升

根据中国科学技术信息研究所的统计,2019年我国发表高质量国际论文

59867篇,占全世界总量的31.4%,位列世界第二位,与排在第一位的美国发文量差距并不明显,美国在2019年的发文量为62717篇,占32.9%,仅高出我国1.5个百分点(佘惠敏,2020)。清华大学、浙江大学、上海交通大学和北京大学等四所大学进入论文数量最多的世界高校前十,清华大学以发表2420篇居第2位,发表的论文占世界的1.3%。五所机构进入研究机构类前十,中国科学院生态环境研究中心以发表492篇发文量位列研究机构类第1位,美国疾病预防控制中心以396篇发文量排在第2位,中国科学院化学研究所以377篇发文量排在第3位。

我国八个学科领域论文数量在学科排名中列世界首位,分别是:工程技术、化学、环境与生态学、计算机科学、材料科学、农业科学、物理学和数学,工程技术领域占本学科世界份额40.5%。另有四个学科领域排名世界第2位,分别是生物学、地学、药学和综合交叉学科。

(五)国际开放合作关系不断加强

改革开放40多年以来,我国既是科技开放合作的受益者和参与者,也是国际科技进步和造福人类的贡献者和推动者。"十三五"期间,我国坚持以全球视野谋划和推动创新,主动融入全球创新网络,推动我国科技界和世界各国科学家在基础研究、全球性问题等多个领域开展科技交流合作,共同增加人类社会的公共知识和集体智慧。

1.打造全方位、深层次、广领域的科技开放合作格局

加强政府间双边和多边的科技交流合作,与多个国家建立创新对话机制,广泛参与和推动多边机制的科技创新议题磋商和务实合作。目前,与我国建立科技合作关系的已有161个国家和地区,签订政府间科技合作协定的有114个,并且这种协定都有相应的机制来保证,也参与了涉及科技的200多个国际组织和多边机制。

2.积极参与并牵头组织实施国际大科学计划和工程

在国际热核聚变实验堆、国际大洋发现、平方公里阵列射电望远镜等国际大科学计划和大科学工程中,我国深度参与运行管理,积极承担项目任务,在解决重大技术和工程难题中主动作为,发挥了越来越重要的作用。我国聚焦事关全球可持续发展的重大问题,加快启动由中国牵头的国际大科学工程和大科学计划,支持各国科学家共同开展研究,实现了从最初的少量参与到重要参与再到主动发起的角色转变。

3.深入实施"一带一路"科技创新行动计划

我国多次在"一带一路"国际合作高峰论坛中提出"科技创新行动计划"，内容包括科技人文交流、共建联合实验室、科技园区合作、技术转移转化四个方面。支持来华工作的各国青年科学家已经累计达 8300 多名，培训学员 18 万人次，启动建设"一带一路"联合实验室 33 家，建立了官方的科技园区合作关系的有 8 个国家，建设国家级的技术转移平台 5 个，启动了中非科技创新合作中心，在联合国"南南合作"框架下，建立了技术转移南南合作中心，基本形成"一带一路"技术转移网络。

第二节　我国科技创新战略的发展阶段

"历史是最好的教科书"，对我国科技创新战略演进的发展规律的研究能为我国科技创新发展提供借鉴。以下将结合我国科技发展战略的历史阶段分析，分析我国科技事业如何从几乎零起点起步逐渐开始"向科学进军"，并不断进行科技体制机制改革，实施科教兴国战略、自主创新战略和创新驱动发展战略，为建设科技强国而奋斗，进而明确我国科技创新战略制定实施的规律机制，形成对我国科技发展战略发展史的理论研究。总的来说，我国科技创新发展战略阶段大致可以分为自主体系建设阶段、改革探索阶段、科教兴国战略阶段、创新型国家建设阶段、创新驱动发展战略阶段。

一、自主体系建设阶段(1949—1977 年)

中华人民共和国成立后，党中央高度重视科学技术发展的重要性，建立了适应计划经济体制的集中型科技体制，自力更生与引进学习相结合，并发出了"向科学进军"的号召，将现代科学技术作为"四个现代化"的重要组成部分。通过自主科技体系的建设，更积极高效地实施国家科技发展战略，不仅解决了国家发展急需解决的科技难题，也在重点领域追赶世界科技水平，产生一批重大科技成果，有力保障了国防安全和工业体系建设。

(一)新中国成立初期科技发展的困难

1.工业农业和国防建设对科学技术的迫切需要

中华人民共和国成立后，我国工业化建设和国防对科技发展提出了迫切的要求。首先,1949年党的七届二中全会上,毛泽东提出革命胜利后党的总任务是:"迅速恢复和发展生产,对付国外的帝国主义,使中国稳步地由农业国转变为工业国,把中国建设成为一个伟大的社会主义国家。(《毛泽东选集》,1991)"同时,《共同纲领》明确指出,"努力发展自然科学,以服务于工业、农业和国防建设。奖励科学的发现和发明,普及科学知识",成为新中国成立初期的科技工作总方针(吴家睿,1989)。

与此同时,我国各行业、各领域处于百废待兴的状态,再加上国际政治、经济、科技等方面的重压,强敌环伺又倒逼我国必须加快科技发展,尽快改变科技发展极度落后的困境,加快引进学习,加强自主创新复兴产业、发展经济刻不容缓。

2.发展基础薄弱而建设任务很重

当时我国工业发展水平很低,科学技术基础接近空白,科技发展的体系机制尚未建立。毛泽东曾经指出:"现在我们能造什么? 能造桌子椅子,能造茶碗茶壶,能种粮食,还能磨成面粉,还能造纸,但是,一辆汽车、一架飞机、一辆坦克、一辆拖拉机都不能造。"(《毛泽东文集》,1999)

同时,支撑工业的科学技术工作基础极为落后,新中国科技研究事业和发展体系机制还处于初始阶段。一是科技事业几乎从零开始起步,科技事业机构残缺、人员不足。1949年,全国仅有187个科研机构,且都设置在高等学校和工业部门,科技人员不足5万人,学科和门类的空白点很多,科研仪器和经费极端缺乏,整体科技水平比发达国家大约落后半个多世纪。二是科技人才队伍不能满足大规模经济建设的要求。1952年底全国总人口近5.75亿人,全民所有制单位职工1580万人,其中科技人员仅42.5万人,全国平均每万人口中只有不到7.5个科技人员,每万名职工中也只有269个科技人员(洪冰冰,张晓丽,2010)。

(二)科技创新战略的思路与主要举措

1.明确提出"向科学进军"

新中国成立以后,党中央高度重视科学技术发展的重要性。毛泽东在总结历史经验的基础上,指出"科学技术这一仗,一定要打好,而且必须打好,不搞科学技术,生产力就无法提高"(《毛泽东文集》,1999)。1956年在全国知识分子会议上发出了"向科学进军"的号召,初步确立科学技术指导思想并建立创新体制。国家科学规划委员会成立,并制定了以"提升国防尖端技术"为首要任务的新中国第一个长期科技发展规划《1956—1967年全国科学技术发展远景规划》。

同时,在以自力更生为主的基础上,积极引进世界先进的科学技术来提高中国的科技水平和科技能力,以缩小与发达国家之间的差距。我国"一五"计划期间,争取了苏联对新中国工业领域的156个援助项目,奠定了新中国的工业基础。1959年6月20日,苏联单方面撕毁中苏国防新技术协定,更加坚定了我国走独立自主、自力更生的道路。

2.建立适应计划经济体制的集中型科技体制

我国根据科技发展和计划经济体制需要,逐步建立了集中型科技体制,主要包括科研组织体系、科技管理体系和科技计划体系,自主科技体系不断完善,科技资源配置与科技创新能力大幅度提升。

一是由中国科学院、高等院校和各产业部门的国立科研机构主导的科研组织体系。1949年11月,成立了中国科学院,20世纪50年代中期研究机构迅速增长到40多个,为科学家提供科学研究基础条件。同期,以钱学森、邓稼先、华罗庚、李四光等为代表的3000多名科学家回国,占了中华人民共和国成立前海外留学人数的50%以上,他们为新中国的科技发展做出了奉献,奋力拓展了我国尖端科技领域,不断填补科技发展空白。与此同时,我国大力发展高等学校和产业部门的科研机构,1958年底全国县以上地方科研机构1743个,其中农业研究所660个,逐步形成比较完整的科研体系。

二是以中央和地方各级科委为主管部门的政府科技管理体系。1956年成立国务院科学规划委员会和国家技术委员会,1959年国防部航空委员会、第五部和总参装备计划部科研处正式合并为国防部国防科学技术委员会,形成了以国家科委、国防科委和中国科学院为主的国家科技管理体系。此后,全国开始普遍建立省、地、县三级科委以及专业厅、局的科技管理部门(马名杰,张鑫,2019)。

三是以科技计划为核心开展国家主导的科研活动的科技计划体系。1956年,科学规划委员会制定了《1956—1967年全国科学技术发展远景规划》,明确了中国重大科学技术任务和中心问题、科技发展方向、科研体制机制、科技人才管理、紧急措施及国际合作等事项。1962年该规划提前五年完成,我国科技事业"大体上达到了国际上20世纪40年代的水平"。1963年,国家科委组织制定了《1963—1972年科学技术规划》,但"文革"十年,《1963—1972年科学技术规划》和许多重要的科研项目难以执行,中国科技水平与国外的差距扩大。

（三）自主科技体系机制与科技发展战略的成效

中华人民共和国成立以来,通过建设自主科技体系机制,实施积极的科技发展战略,我国科技管理体制机制的健全发挥了很高的资源配置效率,发挥了集中力量办大事的优势,科技事业取得巨大的发展成就,开始成为在世界上有一定科技影响力的国家。

1.产生一批追赶世界水平的重大科技成果

随着我国科技体系的逐步完整,大批优秀科技人才为经济社会发展和国防建设解决了一系列重大科技问题。成功试制电子管计算机,创立"陆相生油"理论,在世界上首次人工合成牛胰岛素,取得了"两弹一星"等重大科技突破,发展了原子能、电子学、半导体、自动化、计算技术、喷气和火箭技术等一批新兴科学技术,对国家经济和国防建设做出了巨大的贡献。

2.加快了科技在经济社会的推广应用

科技发展有力支持了重大项目建设、工业发展和社会进步,国内工业体系建设不断加快。1957年底,第一批国产汽车出厂,第一架国产飞机试飞;1965年,我国第一艘万吨货轮下水;1970年建成成昆铁路。1971—1975年,2579个大中型项目开工建设,1975年底大庆年产达4625.9万吨。高产量的籼型杂交水稻在南方13省推广。

1957—1980年,工业产值在工农业产值中的比重从56%增加到75%。机器制造、汽车、造船、飞机、电子、石化、化纤、合成橡胶等工业已经建立。电子计算机、自动控制、原子能、激光等科学技术已在一些部门使用。粮食产量从1949年的2264亿斤上升到1978年的6095亿斤(李娣,任宇,2020)。

二、改革探索阶段（1978—1995 年）

党的十一届三中全会开启了我国经济、科技发展的新征程,我国的科学技术发展迎来了新的春天。我国制定了一系列科学技术发展规划,加快科技体制机制改革,培育高新技术产业,不断诠释"科学技术是第一生产力"的深刻内涵。科技创新在我国国民经济、综合国力发展中发挥了重要作用,使我国加快"富起来"。

（一）"科学技术是第一生产力"的提出

改革开放以来,邓小平同志非常重视科学技术发展在实现现代化中的重要性。1977 年,邓小平提出:"要实现现代化,关键是科学技术要能上去",而"发展科学技术,不抓教育不行",因此必须要"尊重知识、尊重人才"(《邓小平文选》,1994)。1978 年,邓小平在全国科学大会上提出"科学技术是生产力"的著名论断,重申"四个现代化,关键是科学技术的现代化",明确了科技发展的重要地位。

20 世纪 80 年代中后期,科学技术进步推动社会经济发展的作用愈加显著,以科技发展进步为主要支柱和主要动力的经济、军事、国家实力的竞争更趋激烈。1988 年 9 月,邓小平在会见捷克斯洛伐克总统古斯塔夫·胡萨克时,谈到科学技术发展时说:"马克思说过,科学技术是生产力,事实证明这话讲得很对。依我看,科学技术是第一生产力。"邓小平关于"科学技术是第一生产力"的重要思想,对改革开放以来加快实施科技创新战略,促进科学技术进步,推动我国改革开放和社会发展起了十分重要的推动作用。

(二)实施科技与经济相结合的科技发展战略

党的十一届三中全会以后,随着我国以"经济建设"为中心、努力实现"四个现代化",科学技术对发展的重要作用受到中央高度重视。我国有计划地推进科学技术发展规划的制定和实施,积极实施"国家高技术研究发展计划"计划等科技创新战略计划。国家科学技术委员会的重建和《1978—1985 年全国科学技术发展规划纲要》的实施,意味着我国科技创新发展迎来了新的春天。

1.明确"科学技术工作必须面向经济建设,经济建设必须依靠科学技术"的战略方针

1980 年底,国家科学技术委员会召开全国科技工作会议,着重讨论并形成了《关于我国科学技术发展方针的汇报提纲》,提出将"科学技术与经济、社会应当协调发展,并把促进经济发展作为首要任务"作为今后一个时期科学技术发展的方针之一。1982 年,党的十二大报告首次把发展科学技术列为国家经济发展的战略重点,10 月召开的全国科技奖励大会上提出了"科学技术工作必须面向经济建设,经济建设必须依靠科学技术"的战略指导方针。

2.加强科技创新战略计划实施和法律制度建设

20 世纪 80 年代以来,在新一轮科技革命的推动下,全球科技竞争日趋激烈,随着美国的"星球大战计划"、法国及西欧的"尤里卡计划"等相继出台,邓小平同志也敏锐地发现了高科技发展的重大意义,提出"下个世纪是高科技发展的世纪"(《邓小平文选》,1993),决定实施高科技发展计划,紧跟世界发

达国家的高科技发展步伐,争取在下个世纪的世界高科技领域占领一定的位置。

1986 年,我国首次发布《高技术研究发展计划纲要》("863 计划"),"863 计划"重点加强我国在生物、航天、信息、自动化、能源、新材料、海洋等高技术领域的研究。此后,陆续出台了"星火计划"、国家自然科学基金等科技计划,分主次、分重点为科技创新活动的开展提供计划指引。1988 年,国务院批准建立北京市高新技术产业开发实验区,同年 8 月,支持高新技术产业发展的"火炬计划"正式启动。

1992 年,制定了《国家中长期科学技术发展纲领》。1993 年,颁布了新中国成立以来的第一部关于科学技术的法律《中华人民共和国科学技术进步法》,我国科技发展进入快速持续发展的轨道。

3.加快推进科技体制改革

为了破解"科技经济两张皮"问题,推进科研机构改革,1985 年《中共中央关于科技体制改革的决定》明确指出将科技体制改革与拨款制度、组织结构和人事制度的改革同步。改革试点从地方开始,包括试行科研责任制和课题承包制,尝试成果有偿转让,探索转变政府科技管理职能,改革科研人员管理制度。

加快科技成果转化的制度创新,强调科技政策的走向是"放活科研机构,放活科技人员",不断建立和完善相关制度和政策体系(见表 2.2),建立和形成与科技成果转化有关的机构与载体。

表 2.2　我国促进科技成果转化的制度创新

年份	制度创新	主要内容
1984	国务院发布《科学技术进步奖励条例》	对在开发新技术、新工艺、新产品和推广应用已有科技成果等工作中做出重大贡献的单位和个人进行奖励
1984	国务院常务会议提出"技术也是商品,可以流通,可以买卖"	促进技术商品化买卖
1985	中共中央《关于科学技术体制改革的决定》	开拓技术市场,改变过多的研究机构与企业相分离的状况,促进相互之间的协作与联合

续表

年份	制度创新	主要内容
1987	《技术合同法》	科技成果的商品性质和交换关系法制化，技术合同法律制度基本健全
1988	国务院《关于科技体制改革若干问题的决定》	鼓励科研机构和科技人员通过为社会创造财富以及对科技进步做出贡献，来改善自身的工作条件和物质待遇
1988	科技部"火炬计划"	发展高新技术产业，促进高新技术成果商品化、高新技术商品产业化和高新技术产业国际化

三、科教兴国阶段（1995—2005 年）

在中央明确提出"建立社会主义市场经济体制"，改革开放步伐加快的背景下，我国加快实施科教兴国战略，深化科技改革，加快国家创新体系布局建设，全面推进技术创新和科技成果产业化。

（一）实施科教兴国战略

1995 年中共中央、国务院颁布了《关于加速科学技术进步的决定》（以下简称《决定》），首次提出在全国实施科教兴国战略，这是继 1956 年党中央号召"向科学进军"、1978 年全国科学大会召开之后，我国科技创新战略的又一重要里程碑，标志着我国科技发展进入了新阶段。

1995 年《中华人民共和国国民经济和社会发展"九五"计划和 2010 年远景目标规划》中再次强调将"科教兴国"列为中国首要发展战略。1997 年，江泽民总书记在党十五大上提出："科技进步是经济发展的决定性条件，把可持续发展战略和科教兴国战略作为新阶段的国家发展战略。"

科教兴国战略实施从根本上保障科技创新的落实，激励各领域科技创新发展，并在重要领域取得核心技术，准确把握科技变革的方向，同时加强高水平教育，既可以为科技创新提供人才资源和学科支撑，也可以用科技知识、科技创新精神教育祖国的下一代。

(二)建设国家创新体系

1995 年《决定》提出"建立以企业为主体,产学研相结合的技术开发体系和以科研机构、高等学校为主的科学研究体系,以及社会化的科技服务体系",这是首次从体系构建的角度确立科技体制改革的思路和目标。1996 年《关于"九五"期间深化科学技术体制改革的决定》提出产学研合作模式,并明确以企业为主的技术创新战略,为形成国家创新体系构架提供政策指引和具体思路。

1.实施知识创新工程

1998 年,中国科学院提交了《关于开展"知识创新工程"试点的汇报提纲》,首次提出"建设国家创新体系,提高国家创新能力,大力发展高新技术产业"是我国实施科教兴国战略的重大举措。党中央、国务院高度重视,批准由中国科学院率先实施知识创新工程,由此拉开了我国国家创新体系建设的序幕。以基础性研究为核心,提高新知识和新科学的原创能力为目标的国家知识创新试点工作逐步展开,力求形成高效运行的国家知识创新系统及运行机制,建设一批国际知名的国家知识创新基地。

同时,高等教育成为国家创新体系的重要组成部分,旨在建设若干所具有世界先进水平大学的"985"工程等得以实施。同时,实施 873 计划、攀登计划等一系列科技计划,为科技创新活动提供战略方向引导和有效保障。

2.加强企业创新主体培育

积极发挥经济和科技政策的导向作用,激励和引导企业真正成为研究开发投入的主体、技术创新活动的主体和创新成果应用的主体。为了鼓励企业加强研发投入,1996 年我国全面实施企业研发费用加计扣除政策。1999 年我国又出台了一系列鼓励企业创新的政策,鼓励大型国有企业建立研发中心,并设立科技型中小企业技术创新基金支持科技型中小企业发展。

3.行业性科研机构转为企业

国家科研体系出现重大调整,行业性科研机构转为企业。《"九五"期间深化科技体制改革的决定》将科研院所继续推向市场,以解决"科研机构与市场脱节"问题。1999 年,原国家经贸委十个国家局所属的 242 家科研院所率先转制为企业。这次改革使得市场上出现了一批科技型企业,但也对我国产业共性技术供给能力和技术扩散产生了不利影响。自此,科研机构改革在科技体制改革中的地位明显下降(马名杰,张鑫,2019)。

四、创新型国家建设阶段（2005—2012 年）

2005 年,党的十六届五中全会上明确提出建设创新型国家。建设创新型国家是落实科学发展观、开创社会主义现代化建设新局面的重大举措,强调了将科技创新作为国家的基本战略,通过提升创新能力形成国家竞争优势。同时,实施自主创新战略,加强科技重大专项研究,修订通过《中华人民共和国科学技术进步法》,为建设创新型国家提供了法律保障。2012 年 9 月,中共中央、国务院印发《关于深化科技体制改革加快国家创新体系建设的意见》。

（一）建设创新型国家与实施自主创新战略

进入 21 世纪,我国科技实力获得了较大提升,但发展国民经济的"两个根本转变"仍未实现,经济发展仍以粗放型发展方式为主,科技投入整体不足,发明专利少,自主创新能力弱,难以对增长方式转变形成有效支撑。因此,加快提升自主创新能力,建设创新型国家成为重要战略目标。

2005 年,党的十六届五中全会上明确提出增强自主创新能力,全面推进国家创新体系建设,并提出 2020 年将我国建设成为创新型国家的目标。同年,国务院发布《国家中长期科学和技术发展规划纲要（2006—2020 年）》（以下简称《规划纲要》）,这是我国进入 21 世纪以来对科学技术发展所做的第一次全面规划,也是社会主义市场经济条件下制定的第一个中长期科技发展规划。

2006 年,胡锦涛在全国科学技术大会上明确指出,要坚持走中国特色自主创新道路,用 15 年左右的时间把我国建设成为创新型国家。建设创新型国家是落实科学发展观、开创社会主义现代化建设新局面的重大举措,强调了将科技创新作为国家的基本战略,通过提升创新能力形成国家竞争优势。

（二）建设创新型国家的政策举措

《国家中长期科学和技术发展规划纲要（2006—2020 年）》公布后,相关配套政策出台,从重大科技项目攻关、科技投入、税收激励等十个方面推动创新型国家建设。

1.重大科技项目攻关

立足于我国国情和需求,确定若干重点领域,突破一批重大关键技术,全面提升科技支撑能力。确定 11 个国民经济和社会发展的重点领域,并从中选择任务明确、有可能在近期获得技术突破的 68 项优先主题进行重点安排。

《规划纲要》确定了核心电子器件、高端通用芯片及基础软件,极大规模集成电路制造技术及成套工艺,新一代宽带无线移动通信,高档数控机床与基础制造技术,大型油气田及煤层气开发,大型先进压水堆及高温气冷堆核电站,水体污染控制与治理,转基因生物新品种培育,重大新药创制,艾滋病和病毒性肝炎等重大传染病防治,大型飞机,高分辨率对地观测系统,载人航天与探月工程等 16 个重大专项,涉及信息、生物等战略产业领域,能源资源环境和人民健康等重大紧迫问题,以及军民两用技术和国防技术。

2.法律保障与政策支持

2007 年修订通过《中华人民共和国科学技术进步法》,以法律形式明确了新时期国家发展科学技术的目标、方针和战略,强化了自主创新战略的激励措施,为建设创新型国家提供了法律保障。

2008 年,科技部、财政部、国家税务总局联合颁布的《高新技术企业认定管理办法》及《国家重点支持的高新技术领域》,高新技术企业可以依照有关规定申请享受减至 15% 的税率征收企业所得税优惠政策。

2009 年,我国开展国家自主创新示范区建设,建设成为世界一流的高科技园区,相继出台中关村"1＋6"试点政策,此后武汉东湖、上海、深圳张江等成为国家自主创新示范区。国家自主创新示范区享受开展股权激励试点、深化科技金融改革创新试点、国家科技重大专项项目经费中按规定核定间接费用、支持新型产业组织参与国家重大科技项目等政策支持。

五、创新驱动发展战略阶段(2012 年至今)

十八大以来,我国一直将创新摆在国家发展全局的核心位置,从党的十八大实施创新驱动发展战略,到党的十九大提出创新是引领发展的第一动力,再到党的十九届五中全会提出坚持创新在我国现代化建设全局中的核心地位。为了更好发挥科技创新在高质量发展和全面现代化建设中的重要作用,我国已经全面实施创新驱动发展战略,明确建设世界科技强国战略目标,加快实现科技自立自强,为经济社会发展和国家安全保障提供更多高质量科技供给和强有力科技支撑。

(一)我国科技发展进入科技自立自强转型期

迎来了世界新一轮科技革命和产业变革同我国转变发展方式的历史性

交汇期,既面临着千载难逢的历史机遇,又面临着差距拉大的严峻挑战(习近平,2021)。科学技术从来没有像今天这样深刻影响着国家前途命运,从来没有像今天这样深刻影响着人民生活福祉。中国要强盛、要复兴,就一定要大力发展科学技术,努力成为世界主要科学中心和创新高地。目前,我国科技发展进入科技自立自强转型期。

1.美中科技博弈倒逼科技自立自强

随着我国经济社会快速发展,美国为了维护自身科技垄断和霸权地位,遏制中国发展,一再泛化国家安全概念,滥用国家力量,滥用"实体清单",不择手段地恶意打压我国高科技企业。近年来,美国显著加强了对中美科技合作与人员往来的限制,同时运用"实体清单"打压限制我国相关主体。从2019年5月开始,华为等企业陆续被列入为"实体清单",至2020年底77家实体被列入实体清单。

目前,美国在中美科技博弈方面,已经开始形成更加体系化、结构化、精细化的战略框架。围绕中美科技战,美国智库纷纷出谋划策。如在谷歌前任CEO埃里克·施密特(Eric Eemerson Schnidt)领导的智库"中国战略组"(CSG)题为《非对称竞争:应对中国科技竞争的战略》的报告中,建议华盛顿在科技领域针对中国开展"非对称竞争",在科技领域实施选择性脱钩的"分岔"(bifurcation)战略,有分有合、有拉有打,其中将美元结算、社交媒体、搜索、移动应用商店和移动即时信息等作为其谋求战略与价值双重利益的重点。

特别值得关注的是,美中经济与安全评估委员会每年发布报告,在2020年报告中,美国对中国科技创新研判的四个阶段:吸引外国直接投资、国家主导的重商式创新政策、创新文化导向的产业政策、国家主导的科技创新政策,认为近年来中国加大科技创新战略实施力度,使中国不仅威胁到美国的军事安全,也给美国的技术安全造成威胁(见表2.3)。

表 2.3　美国对中国科技创新的研判

年份	美国对中国科技创新政策研判	美国对中国科技创新能力研判	美国认为中国科技创新对美国造成的影响
2002—2005	吸引外国直接投资	世界制造中心,造成全球制造业产业链重组	对美国制造业安全造成威胁

年份	美国对中国科技创新政策研判	美国对中国科技创新能力研判	美国认为中国科技创新对美国造成的影响
2006—2011	国家主导的重商式创新政策	全球最大制造强国,融入全球经济体	不仅威胁到美国制造业安全,而且威胁到美国经济安全
2012—2016	创新文化导向的产业政策	中国的高科技制造业和国防领域技术能力明显提高	不仅威胁到美国经济安全,而且威胁到军事安全
2017—2019	国家主导的科技创新政策	中国高科技领域创新能力可以匹敌美国	不仅威胁到美国的军事安全,而且给技术安全也造成威胁

2.实施创新驱动发展战略助推科技自立自强

进入新发展阶段,面对国内外新形势,我国更需要坚持创新驱动发展战略,提升科技自立自强能力,从而推动经济社会发展质量变革、效率变革、动力变革。党的十八大以来,我国一直将创新摆在国家发展全局的核心位置。从党的十八大实施创新驱动发展战略,到党的十九大提出创新是引领发展的第一动力,再到党的十九届五中全会提出坚持创新在我国现代化建设全局中的核心地位,我国提出到2020年进入创新型国家行列、2030年跻身创新型国家前列、到2050年建成世界科技创新强国"三步走"目标,推动我国科技事业实现了历史性变革。

目前,我国科技实力正在从量的积累迈向质的飞跃,从点的突破迈向系统能力提升。2020年,科技进步对我国经济增长的贡献率达到60%以上,研发投入强度达到2.23%,超过欧盟15个发达经济体平均水平。世界知识产权组织发布的全球创新指数显示,我国创新能力综合排名从2015年的第29位跃升至2020年的第14位,是前30位中唯一的中等收入经济体。

但目前,我国科技领域在视野格局、创新能力、资源配置、体制政策等方面存在一些亟待解决的突出问题,因此还不能适应科技自立自强的发展要求。一是我国基础科学研究短板依然突出,企业对基础研究重视不够,重大原创性成果缺乏,底层基础技术、基础工艺能力不足,工业母机、高端芯片、基础软硬件、开发平台、基本算法、基础元器件、基础材料等瓶颈仍然突出,关键核心技术受制于人的局面没有得到根本性改变。二是我国科技管理体制还不能完全适应建设世界科技强国的需要,科技体制改革许多重大决策落实还没有形成合力,科技创新政策与经济、产业政策的统筹衔接还不够。三是我国人才发展体制机制还不完善,激发人才创新创造活力的激励机制还不健全,顶尖人才和团队比较缺乏。面对全球新一轮科技革命和产业变革,我国加快构建新发展格局,就必须牢牢抓住科技创新这个关键,发挥新型举国体制优势,全面促使科技自立自强(习近平,2021)。

(二)实施创新驱动发展战略的主要内容

党的十八大以来,我国一直将创新摆在国家发展全局的核心位置。从党的十八大实施创新驱动发展战略,到党的十九大提出创新是引领发展的第一动力,再到党的十九届五中全会提出坚持创新在我国现代化建设全局中的核心地位,推动我国科技事业实现了历史性变革、取得了历史性成就。我国全面实施创新驱动发展战略,以改革促创新,以创新促发展,推动经济高质量发展,提升国际竞争力。

1.坚持科技自立自强道路

2020 年,党的十九届五中全会提出"坚持创新在我国现代化建设全局中的核心地位,把科技自立自强作为国家发展的战略支撑",同时科技创新要面向世界科技前沿、面向经济主战场、面向国家重大需求、面向人民生命健康,深入实施科教兴国战略、人才强国战略、创新驱动发展战略,完善国家创新体系,加快建设科技强国,同时"要强化国家战略科技力量,提升企业技术创新能力,激发人才创新活力,完善科技创新体制机制"。

自力更生、自主创新是新中国成立以来的一贯传统。在新中国成立初期一穷二白的基础上,经过几代人的接续奋斗,我国发展成为全球第二大经济体,建成了完整的工业体系和学科体系。正如习近平总书记在总结深圳等经济特区 40 年改革开放的十条宝贵经验中的第五条指出"必须坚持创新是第一动力,在全球科技革命和产业变革中赢得主动权"。党中央也多次明确指出,"企业要发展,产业要升级,经济要高质量发展,都要靠自主创新。现在我国正经历百年未有之大变局,难免遇到竞争和种种挑战压力,这种情况下我们更要走更高水平的自力更生之路"。

坚持科技自立自强道路,需要在加强顶层设计的同时,持续推进科技创新领域的补齐短板、跟踪发展和超前布局工作。需要健全社会主义市场经济条件下新型举国体制,打好关键核心技术攻坚战,提高创新链整体效能,促进创新引领从量的积累变为质的飞跃、从点上突破变为系统提升。我国必须尽快在关系国计民生的重要产业领域具备自主发展能力,摆脱国际技术依赖,实现我国整体科技水平从跟跑向并跑和领跑的根本性转变,为新发展格局提供强大科技动力。

为此,一是对战略性、基础性重大科学技术攻关实行新型举国体制,尽快解决核心技术"卡脖子"问题;二是对基础研究组建若干"国家队",夯实科学发现和技术发明的基础;三是对重大应用技术实行以企业为主体,"揭榜挂帅",解决产学研脱节问题;四是支持民间资本、民营企业进行新兴技术研发,国家采用"购买成果"政策予以鼓励,形成百花齐放的局面。同时,要把科技人员从跑课题、填表格、搞发票等琐事中解放出来,能够心无旁骛地搞科技。

2. 创新是引领发展的第一动力

由于"创新是引领发展的第一动力",我国将实施创新驱动发展战略作为加快高质量发展,加强供给侧结构性改革,加强科技创新战略布局的重大战略举措。2012年党的十八大正式提出创新驱动发展战略,2016年《国家创新驱动发展战略纲要》发布,提出到2020年进入创新型国家行列、2030年跻身创新型国家前列、到2050年建成世界科技创新强国"三步走"目标,并部署了八大战略任务。2017年,党的十九大提出"加快建设创新型国家",明确"创新是引领发展的第一动力,是建设现代化经济体系的战略支撑"。

实现"创新是引领发展的第一动力",就必须"面向世界科技前沿、面向经济主战场、面向国家重大需求、面向人民生命健康",加快各领域科技创新,掌握全球科技竞争先机,有针对性地发挥现代科技对经济社会的引领力量。基础研究是创新的源头,因此要进一步加强前瞻性基础研究、引领性原创基础研究和应用基础研究。基础研究是创新的源头,我国必须紧抓新一轮科技革命的战略机遇期,健全基础研究的支撑体系,瞄准世界科技前沿,扎根中国创新发展的战略需求,提出更多原创理论,做出更多原创发现,力争在重要科技领域实现跨越发展,实现从跟踪到引领的转变。

3. 深化科技体制改革

改革促创新,创新促发展。只有科技创新和体制机制创新两个轮子共同转动,才有利于推动经济发展方式根本转变。体制机制改革必须扬长避短,把市场和政府在配置创新资源中的优势都发挥出来,构建良好的创新生态,把创新驱动的新引擎全速发动起来。

经过40多年的改革开放,现在科技体制改革已进入到深水区和攻坚期。因此,习近平总书记强调科技体制改革要紧紧扭住"硬骨头"攻坚克难,深入推进科技体制改革,完善国家科技治理体系,优化国家科技计划体系和运行机制,推动重点领域项目、基地、人才、资金一体化配置。一是加快科技管理职能转变,强化规划政策引导和创新环境营造,减少分钱分物定项目等直接干预。整合财政科研投入体制,重点投向战略性关键性领域,改变部门分割、小而散的状态。二是改革重大科技项目立项和组织管理方式,给予科研单位和科研人员更多自主权,推行技术总师负责制,实行"揭榜挂帅""赛马"等制度,健全奖补结合的资金支持机制。三是建立健全科研机构现代院所制度,支持科研事业单位试行更灵活的编制、岗位、薪酬等管理制度,建立健全高等院校、科研机构、企业间创新资源自由有序流动机制。

4.激发人才创新活力

科技创新的竞争本质上就是人才的竞争。习近平总书记明确指出"人是科技创新最关键的因素","走创新发展之路,首先要重视集聚创新人才","要把人才资源开发放在科技创新最优先的位置"。

近年来,我国人才培养力度持续加强,人才政策体系不断完善。建立以创新能力、质量贡献为导向的人才评价体系,探索引入国际同行评价;推动建立工作许可、人才签证、永久居留转换衔接机制,开展外国高端人才服务一卡通试点;深入实施国家重大科技人才计划,强化在重大科技任务攻关中培养造就高层次创新人才团队;加强对青年人才培养,专门在国家重大科技任务和计划项目中,设立 35 岁以下青年科学家项目。人才政策取得了显著效果,"十三五"期间,我国研发人员总量增加了 100 万人年,研发人员全时当量从 2015 年的 376 万人年增长到 2019 年的 480 万人年。我国入选世界高被引科学家从 2015 年的 168 人次,增长到 2019 年的 735 人次,增加了 3.4 倍(王志刚,2020)。

"十四五"期间,将遵循人才成长规律和科研活动规律,培养造就更多国际一流的战略科技人才、科技领军人才和创新团队,培养具有国际竞争力的青年科技人才后备军。一是实行更加开放的人才政策,完善外籍高端人才和专业人才来华工作、科研、交流的停居留政策,健全薪酬福利、子女教育、社会保障、税收优惠等制度,为海外科学家在华工作提供具有国际竞争力和吸引力的环境。二是完善人才评价和激励机制,健全以创新能力、质量、实效、贡献为导向的科技人才评价体系,构建充分体现知识、技术等创新要素价值的收益分配机制。三是优化创新创业创造生态,大力弘扬新时代科学家精神,强化科研诚信建设,依法保护企业家的财产权和创新收益,推进创新创业创造向纵深发展。

第三节　我国重要科技战略举措

党的十九届五中全会提出"坚持创新在我国现代化建设全局中的核心地位,把科技自立自强作为国家发展的战略支撑",明确"面向世界科技前沿、面向经济主战场、面向国家重大需求、面向人民生命健康"的目标导向,提出"要强化国家战略科技力量,提升企业技术创新能力,激发人才创新活力,完善科技创新体制机制"等战略任务。

为此,我国科技创新战略将围绕科技自立自强、"四个面向"等战略要求,进一步在构建社会主义市场经济条件下关键核心技术攻关新型举国体制、综合性国家科学中心、战略新兴产业的产业创新体系等方面探索科技自立自强的体系机制。

一、社会主义市场经济条件下关键核心技术攻关新型举国体制

党的十九届五中全会提出把科技自立自强作为国家发展的战略支撑,对科技创新进行专章部署,并提出"健全社会主义市场经济条件下新型举国体制,强化国家战略科技力量,制定科技强国行动纲要,打好关键核心技术攻坚战,提高创新链整体效能"。至此,构建社会主义市场经济条件下关键核心技术攻关新型举国体制正式上升为国家战略的重要组成部分,并成为全国各地推进产业关键核心技术与装备自主研发及提升科技自立自强能力的重要方式。

(一)新型举国体制的内涵与特征

1.新型举国体制的产生背景

举国体制具备着社会主义独特政治优势和制度优势,最突出的就是能够集中力量办大事,是我国"两弹一星"研究的关键所在,也是中国特色社会主义取得举世瞩目成就的秘诀之一。举国体制在我国发展的不同阶段中发挥出不同的历史作用,呈现出不同的形式,在当前中国特色社会主义市场经济条件下,需要探索建立关键核心技术攻关的"新型举国体制"。

实际上,改革开放以来的实践证明,关键核心技术攻关由于其战略性、基

础性、外部性,存在"市场失灵",在我国科技强国建设中,探索建立社会主义市场经济条件下关键核心技术攻关的新型举国体制越来越重要,是我国建设世界科技强国的重要制度创新。

2011年7月,《国家"十二五"科学和技术发展规划》发布,这是首次在规划文件中正式明确提出"新型举国体制",文件指出要加快建立和完善社会主义市场经济条件下"政产学研用"相结合的新型举国体制。2012年9月,中共中央、国务院在印发的《关于深化科技体制改革加快国家创新体系建设的意见》中明确了新型举国体制在科技创新中作用的范围,强调了要注重发挥新型举国体制在实施国家科技重大专项中的作用。随后,在《"十三五"国家科技创新规划》《中华人民共和国国民经济和社会发展第十三个五年规划纲要》中再次明确提出"要在重大关键项目上发挥新型举国体制的制度优势进一步探索社会主义市场经济条件下科技创新的新型举国体制"。2019年2月,习近平总书记在庆祝探月工程嫦娥四号任务圆满成功时指出"嫦娥探月工程是探索建立新型举国体制的又一生动实践"。

2019年10月,党的十九届四中全会提出"要构建社会主义市场经济条件下关键核心技术攻关新型举国体制。"2020年3月,习近平总书记在北京考察新冠肺炎防控科研攻关工作时强调要完善关键核心技术攻关的新型举国体制。2020年10月,党的十九届五中全会进一步指出要健全社会主义市场经济条件下新型举国体制,打好关键核心技术攻坚战,提高创新链整体效能(李振,2020)。

2.新型举国体制的内涵

举国体制的最高目标就是要以国家利益为重,利用社会主义集中力量办大事的制度优势,举一国之力达到攻克国家级特别重大项目和世界尖端科技领域的工作体系和运行机制(刘红玉,彭福扬,2013)。其本质是一种资源配置和组织的模式,重点是要发挥好社会主义集中力量办大事的制度优势。中华人民共和国成立以来,两弹一星、人工牛胰岛素的合成、"北斗"组网、"蛟龙"入海、"嫦娥"探月等都是关键核心技术攻关举国体制成功应用的典范。

改革开放之后,我国的经济发展方式开始调整和转变,逐渐由原先计划经济转向社会主义市场经济,举国体制的应用范围和领域也不断拓展。一方面,科技体制改革中培育了一批高水平的市场主体;另一方面,高水平的国际竞争需要关键核心技术攻关的举国体制保障。新时代自立自强的科技创新战略赋予了新型举国体制新的内涵和使命,探索构建新型举国体制科研模式、提升科技自主创新能力也成为我国科技事业发展中的重要时代命题。

3.新型举国体制的特征

发展新型举国体制要从现有的发展阶段出发,立足于发展阶段的变化,克服传统举国体制的矛盾与局限,探索举国体制如何在新时代背景下发挥出更强大的创新效能,如何集中凸显出新型举国体制的"新"。与传统举国体制相比,新型举国体制的主要特征体现在以下几个方面,详见表2.4(林建华,李攀,2019)。

表 2.4 新型举国体制与传统举国体制的区别

区别项目	传统举国体制	新型举国体制
资源配置方式	行政配置资源:政府财政投入	市场配置资源:国家利用科技产业政策或其他手段引导市场,企业成为科技创新主体,运用市场方式、经济手段解决国家科技创新工程立项、决策、预算投入、利益分配等问题
目标导向	产品导向:更注重技术链,相对忽视价值链;更注重科技成果和工程的产出,相对忽视市场和价格表现及相关方的利益分配	商品导向:既看技术链也看价值链,既看产品也看市场表现,并兼顾利益分配
注重实现内容	注重目标实现:目标相对单一,更看重科技目标实现,较少考虑经济效益	注重目标实现与注重效益并重:既要考虑实现科技目标,也要考虑投入产出效益

一是市场在资源配置中起决定性作用。构建社会主义市场经济条件下的新型举国体制,政府的角色必须发生转变,从原先的行政型政府转变为服务型政府,转变政府在市场资源配置中的职能,改变只有用行政力量配置资源才能实现集中力量办大事的理念,政府要做好顶层设计,统筹引导各方力量以形成合力。充分发挥市场机制在资源配置中的决定性作用,激发企业作为市场主体的创新活力,发挥企业在突破关键核心领域中的重要作用(王皓田,2020)。如国家集成电路产业投资基金就是运用市场机制,根据产业创新发展规律和中长期投资规律,对我国集成电路产业进行市场化战略投资,系统支持我国自主产业链体系发展,已经初见成效。

二是核心环节在于集中力量办大事。新型举国体制的核心,通过跨央地、跨部门、跨学科、跨军民的方式,整合国家资源,集中力量突破关键核心技术"卡脖子"难点。"两弹一星"是我国科技举国体制的成功典范,下一步我国将传承和沿用新型举国体制的法宝,加强科研工程化,实施重大专项和重大工程,组织全社会力量来实现重大科技成果的突破。如我国已经组建重型燃气轮机国家队中国重燃集团,推动重型燃气轮机自主创新和国产化。具体组织方式:①由国务院组织专家论证并决策部署,由工业和信息化部规划引领;②由央企国家电投、哈尔滨电气、东方电气、上海电气共同出资入股,组建联合创新主体(见图2.5);③中国重燃肩负牵头和抓总的任务职责,举全国、全行业、全产业链之力推动专项实施。

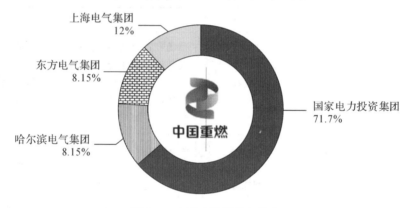

图 2.5 中国重燃的股权结构

三是"政产学研用"相结合作为重要方向。构建新型举国体制要紧密结合经济社会发展的重大需求,通过推动"政产学研用"相结合作为实施新型举国体制的重要方向。"政产学研用"相结合来实现科技创新对新型举国体制提出了更高的要求,既要注重技术端的目的取向与技术链,也要注重价值端的应用性和利益诉求,充分调动人才的积极性、创造性与主动性,在技术、研发、产业、市场之间保持动态平衡。目前,新型研发机构已经成为将产学研金内部一体化的新兴市场形态,交易成本低、合作成功率高,产业链、创新链、人才链、金融链有机融合,焕发出强大生命力,目前中科院深圳先进制造院、浙江清华长三角研究院等成效显著。

四是以关键核心技术和科技重大专项为主。由于关键核心技术和科技重大专项领域存在"市场失灵"情况,对于关键核心技术和科技重大专项单纯依靠市场机制的自发力量是难以成功的,正如习近平总书记明确指出"真正的核心技术是买不来的"。因此,要充分发挥新型举国体制的制度优势,必须明确新型举国体制作用领域是事关国家安全、长远目标的关键核心技术领域和科技重大专项,而不是取代那些适宜分散式资源配置的科技创新项目,才能从根本上保障国家经济安全、国防安全和其他安全。

(二)新型举国体制是科技强国建设的重要部署

新型举国体制通过集中力量和资源在最大程度上发挥产业政策和科技政策优势,从而达到科技创新的目标。一方面,新型举国体制超越了以往举国体制以政府行政性配置资源为主的情况,坚持技术与市场经济效益并重,政府发挥统筹协调各方的主导作用,"政产学研用"相结合,形成部门、地方、全社会参与的格局,最大程度上调动、激发各方主体的创新积极性。另一方面,在经济全球化背景下,美国、欧洲、日本、韩国等国家或地区都通过产业和科技发展的国家战略,实行高科技领域的领先地位。而我国的新型举国体制正是通过集中力量和资源在最大程度上发挥产业政策和科技政策优势,从而能够更好地应对全球化挑战,达到科技创新的目标。

新型举国体制在强化国家战略科技力量、引导科技创新重点突破、实现跨越式创新发展方面,具有一般市场经济下政府所不具备的能力(武力,2020)。一是具有依托中国特色社会主义制度的政治优势;二是具有兼顾市场决定作用和更好发挥政府作用的经济优势;三是具有能够实现"政产学研用"相结合的统筹协调攻关优势;四是具有能够发挥凝神聚力于科技创新的战略优势。党的十八大以来,以习近平同志为核心的党中央围绕国家重大战略需求,明确国家目标和紧迫战略需求的重大领域,着力攻破关键核心技术,强化攻坚克难的战略科技力量,引领未来发展的战略制高点。

(三)新型举国体制的案例分析

1.广东新型举国体制科研模式

(1)新型举国体制科研模式

新型举国体制的最高目标是以实现国家发展和国家安全,作为一种制度创新和组织安排,其基本方针围绕着集中力量、优化机制、科学统筹、协同攻关而展开,战略抓手是现代化重大创新工程,核心实质是创新发展的制度安排(何虎生,2019)。新型举国体制科研模式是面向经济发展主战场、面向国家科技创新需求、面向社会民生重大工程领域,在科技创新领域的应用中形成的科技项目的组织管理与运行机制,通过发挥社会主义体制集中力量办大事的制度优势,统筹协调和配置科技创新资源,组织动员政府、科研院所、高校、企业等社会力量,聚焦经济社会领域前沿技术、关键核心技术及重大装备等开展协同攻关,高质量实施重大科技创新项目,形成一批原创性、引领性重大科研成果,更好地发挥科技创新对经济社会发展和提升综合国力的战略支撑作用(拓晓瑞,曹银华,徐久香,2021)。

(2)新型举国体制的特点

浙江、江苏、上海、广东等省市在国家政策的引导下,已经利用新型举国体制模式探索关键核心技术的科技项目新组织方式,加大对生物医药产业支持力度。其中广东省在实践新型举国体制科研模式方面力度更大更具影响力(见表2.5),其特点有:①广东重点领域研发计划项目申报突破了以往的地域限制,面向全国开放项目申请,接受全国范围内科研机构及团队的申报项目,属于全国首创;②广东投入巨额资金在重点领域核心技术攻关,计划三年内(2018—2020年)拟投入100亿元用于省重点领域进行项目研发,投入力度在国内其他省市是少有的;③广东重点领域研发计划对港澳科研团队也具有很强吸引力,成功实现科研资金出境,对深化粤港澳科技合作具有里程碑的意义(拓晓瑞,曹银华,徐久香,2021)。

表 2.5 各省市医药研发计划政策比较

省市	专项名称	项目申报单位要求	资助额度
上海	2020年度"科技创新行动计划"生物医药科技支撑专项项目	上海市注册的独立法人单位	中药创新与传承专题每项财政资助经费80万~150万元
北京	2020年北京市中医药科技发展资金项目	北京地区机构;北京地区注册具备独立法人资格的中医药企业,中方控股的中外合资合作企业;中央在京单位	每项财政资助经费3万~30万元
江苏	2020年度省重点研发计划(产业前瞻与关键核心技术)项目	省内注册的独立法人单位	每项财政资助经费不超过200万元
浙江	2021年度省重点研发计划项目	省内注册的独立法人单位	药物研发专题每项财政资助经费300万元以内

省市	专项名称	项目申报单位要求	资助额度
广东	2019 年度广东省重点领域研发计划"岭南中医药现代化"重点专项	省内、省外和港澳地区单位	中医优势病种防治研究专题每项资助经费为 500 万～800 万元

（3）新型举国体制推进策略

广东在利用新型举国体制科研模式推进关键核心技术攻关过程中，主要采取了三个方面的战略举措。第一，强化科研制度顶层设计，围绕攻克关键核心技术构建政策体系。广东以科技创新为核心制定出台一系列科学高效的管理制度，充分调动科研人员的研发积极性和创造性；推动高校、科研院所等积极设立科研助理岗位，重视制度建设，要求项目承担单位建立健全科研日志制度、年度报告制度、财务管理制度等制度体系，营造良好的科研创新制度环境。

第二，改革创新项目组织实施方式，强化产业技术研发创新能力。秉持公平公正原则，采用竞争择优的方式，其项目申报面向全国所有高校、科研院所及企业等创新主体，吸引众多科研机构和知名高校的人才团队参与项目申报；采用部省联动方式组织实施宽带通信、合成生物、新型网络等国家重大重点专项，推动一批国家重大科技专项在广东落地转化。

第三，整合省内外优势创新资源，构建科研创新体系，覆盖创新全过程。优化科研项目管理服务机制，精细化、全链条提升项目管理服务水平。成立项目管理专业机构、推进科研诚信制度建设，实施"科技项目管理流程再造工程"。

2.移动通信产业发展中政府作用机制

我国的移动通信技术自 20 世纪 90 年代以来，其发展路径从艰难赶超到并驾齐驱再到技术领先，是从原来的零基础到艰难追赶 1G、2G 和 3G 时代，再到 4G 时代实现与国际主流技术的并行，5G 时代进一步实现了 5G 标准下技术的领先（见表 2.6）。政府实施的产业政策也随着我国技术创新能力的逐步提高，逐渐由直接指导技术创新转变为引导企业多方参与和拟定方向，并构建技术创新的外部环境为各类主体提供强有力的组织保障（李振，2020）。

表 2.6 我国移动通信产业发展历程

移动通信 技术	发展时间	技术特征	应用场景	我国技术水平
1G	1980	FDMA	语音、通信	技术空白
2G	1990	TDMA	文本、语音、通信	技术落后
3G	2003	CDMA	音乐、图片、视频	技术追随
4G	2009	OFDMA	直播、移动购物、移动社交	同步发展
5G	2019	NFV	AR/VA、车联网、智慧城市	技术引领

一是在产业发展不同阶段,政府与各类主体的引导合作机制不同。在该领域的技术和产业处于追赶阶段时,政府还是以围绕着追赶国外已有技术为目标来制定相关政策;在进入 3G 时代后,我国政府意识到了制定技术标准的重要性,推动国有企业和科研院所参与技术标准的国际竞争,从而有利于技术成果转化、产业链条建设和技术商用运营服务水平的提高;到 4G 标准的形成时,我国终于有了与别国水平齐步但各具特色的技术创新;再到 5G 时代,我国的该项领域的技术已经处于世界领先水平。在参与主体层面,政府主要是对科研院所、公立大学和少部分企业(主要是国有企业)进行扶持;在政策工具层面,政府首先运用一系列科技计划、规划、专项项目、建立国家实验室等工具,对少数具备研发基础的科研院所和公立大学进行扶持,以开展基础理论研究工作。

二是进入并行阶段,举国体制发挥巨大作用。当进入 4G 时代后,中国的移动通信技术水平和产业发展与世界主要强国进入到互有长短的并行阶段,政府所扮演的角色也与之前有了一定的变化。为了实现技术的创新和突破的目标,举国体制主要依赖于政府在基础研究、频谱统筹、试验平台搭建、国际组织协调等方面扮演积极主动的角色。同时参与主体也从原来的科研院所、大学之外,培育成长起来了一大批企业。

三是在领跑阶段,政府通过标准竞争策略能有效地推进产业整体合作与自立自强能力。在 5G 时代,中国参与制定全球统一标准,推动多个大型企业和科研院所深度交流。在当前通用的移动宽带标准中,中国公司的标准必要专利和标准立项数的总量都排在全球第一的位置(朱国胜,吴永飞,2019)。政府在这个阶段的目标主要体现在两个方面:一方面是加速推动技术标准的产业化和商用化,以求在国际国内市场中抢占更大的市场份额;另一方面继续开展新一代技术的研发。政府明确了以专家评估或第三方评审的方式核定申请者的资质,其相关政策涉及的对象越来越不指向特定大学、企业或机构,科技项目的申请,除了在某个时期内选定重点发展或突破的领域方向外,政府较少直接指导技术创新,而是为产业组织体系提供技术生产和应用的外部保障(雷少华,2019)。

二、综合性国家科学中心

综合性国家科学中心是国家科技领域参与全球竞争的重要载体,是国家创新体系建设的基础平台,是国家实施创新驱动战略的基础支撑,也是部署科技自立自强的有效途径。"十三五"规划纲要确定了综合性国家科学中心的内核是以大科学设施为基础支撑开展基础研究和原始创新(曹方,王楠,何颖,2021)。目前,我国已批准建设的四大综合性国家科学中心,分别是上海张江(2016 年 2 月)、安徽合肥(2017 年 1 月)、北京怀柔(2017 年 5 月)、深圳大湾区(2019 年 8 月)。作为科技创新的"国家队",综合性国家科学中心代表了国家科技创新的最高水平,是创新驱动发展战略的重要实施路径,在促进科技自立自强、支撑关键核心技术突破、夯实国家创新能力根基、实现经济社会高质量发展等方面有不可替代的重要作用。

(一)综合性国家科学中心的内涵与功能

当前,我国创新型国家建设的短板在于原始创新能力和基础研究不足,国家经济社会发展比以往任何时期都更加迫切地需要战略科技力量的支持。国家创新体系建设的基础平台是综合性国家科学中心,其推动着科研基础设施群与政产学研多元创新主体的系统集成,集中体现了区域发展战略和国家创新战略,将成为建设创新型国家的重要支撑力量和增强国家战略科技力量的有力抓手。(王立军,王书宇,2020)。

综合性国家科学中心是国家和区域创新发展战略布局的有机融合。从国家层面看,综合性国家科学中心是以大科学设施为基础支撑,汇聚政府、高校、科研院所、企业等科技创新资源,产生创新集聚和辐射效应的大型科学园区。但对各省市而言,综合性国家科学中心是区域创新体系融入国家创新体系的战略性网络节点,有助于系统提升区域创新体系发展能级,促进省市"市场化能力"和国家"科技创新能力"的直接对接和有机融合,加快"科技与经济两张皮"融合。

(二)综合性国家科学中心是国家战略科技力量的重要抓手

1.综合性国家科学中心是建设创新型国家的内在需要

从各国科技发展的历程来看,前沿技术创新的高度是由基础研究的深度所决定的。我国基础科学研究在经过多年发展之后已经取得较为显著的进步,综合科技实力也得到了明显地提升,不断扩大在全球范围内的影响力。但与当前世界一流科技强国相比,还存在着不小地差距,表现在基础科学研究能力不足的短板依然突出,重大原创性成果大幅落后于全球科技领先国家。

全球科学研究进入大科学时代,重大科技基础设施提供的综合性极限研究手段的重要越来越突出,尤其是在科学前沿领域的革命性突破方面更加离不开强大的基础科学研究。国家参与全球科技合作与竞争的重要载体便是综合性国家科学中心,综合性国家科学中心对全国乃至全球科学技术创新都具有示范引领和辐射带动作用。

2.实现高质量发展的有力支撑

综合性国家科学中心建设的重要抓手便是重大科技基础设施,对于突破核心技术瓶颈,加快解决一批"卡脖子"的重大科学难题,增强国家战略科技力量,提升我国在交叉前沿领域的源头创新能力和科技综合实力具有重要意义。目前我国经济高质量发展已经开始转变发展的动力,通过持续高水平的科技创新为经济发展打造强大引擎,从资源和要素投入转向效率提升和创新驱动。

国家综合性科学中心在未来必须通过增强国家战略科技力量,提升科技的创新力、保障力和引领力,发挥其在维护国家安全、提升综合国力、保障国计民生方面的支撑作用,以科技高质量发展支撑经济高质量发展。国家综合性科学中心作为中国实施创新区域发展战略和国家创新体系建设的重要载体平台,为我国提升基础研究水平、提升原始创新能力,为高质量发展源源不断提供内生动力,而这就必须要致力于在原始创新、基础创新、前沿创新领域不断取得新突破(王立军,王书宇,2020)。

(三)四大综合性国家科学中心的建设经验

当前,我国四大综合性国家科学中心的建设已经取得了较为显著的成效,尤其是在重大科学基础设施、国家重点实验室和前沿交叉研究平台建设,其建设路径可以归纳为以下三个方面。

一是建设大科学装置，支撑多学科原始创新。四大综合性国家科学中心通过加紧布局和建设大科学装置，为应用研究的原始创新和多学科基础研究提供重要的基础支撑。截至目前，一些建成的大科学装置已经催生出了世界一流科研成果。例如，坐落于上海张江综合性国家科学中心的上海光源大科学装置通过提供研究平台和扶持政策，集聚了一批世界顶尖科学家，促进了多个学科的快速发展，如生命、材料、物理等若干学科。其中，清华大学医学院颜宁教授的研究组揭示了人源葡萄糖转运蛋白（简称"GLUT1"）的结构和工作机理；中国科学院大连化学物理研究所包信和院士团队创新了天然气直接转化利用方法；中国科学院丁洪研究员利用该装置展现了外尔费米子，这些成果均处于世界领先水平，在世界上具有较强的影响力。

二是争创国家实验室，攻克核心关键技术。建设国家实验室对攻克重大科学前沿领域中的核心关键技术有着重要的作用，因此，四大综合性国家科学中心也都筹划和建设国家实验室。北京怀柔综合性国家科学中心布局和筹划了一批物质科学、空间科学和地球科学领域的实验室；上海张江实验室旨在突破信息技术、光子科学、类脑智能等的技术壁垒，坚持以国家实验室的标准运行；深圳已有的鹏程实验室和深圳湾实验室重点布局网络通信、人工智能、网络空间安全、生物医学领域的前沿研究，正在努力向国家实验室迈进；合肥已建成的同步辐射国家实验室成为我国材料科学、能源环境科学、凝聚态物理学等领域的重要实验平台，谢毅、杨学明、包信和等科学家利用"合肥光源"做出了诸多开创性的研究工作，并取得了大量具有世界影响力的成果。

三是搭建前沿交叉研究平台，抢占创新制高点。前沿交叉领域相较于物理、化学等传统意义上单一的科学领域，摒弃了"各自为战"的科研模式，打破了学科之间的"藩篱"，推动科学技术在前沿技术领域跨越式发展。如：北京怀柔综合性国家科学中心启动脑认知功能图谱与类脑智能交叉研究平台、京津冀大气环境与物理化学前沿交叉研究平台的建设；上海张江科技园为推动国家在脑科学与类脑研究领域实现突破，建成了上海脑科学与类脑研究中心；合肥综合性国家科学中心将建设医学前沿科学和计算智能前沿技术研究中心、地球和空间科学前沿研究中心及物质科学交叉前沿研究中心，探索深地、信息、能源等领域的重大基础科学问题；深圳后来居上，拟在生命科技领域布局一批前沿交叉平台，推动生物技术快速发展。

三、战略新兴产业的产业创新

与传统产业不同,战略新兴产业与高新技术产业对产业创新活动的依赖度非常高,当我国开始加强战略新兴产业与高新技术产业培育时,如何有效激励战略新兴产业的产业创新,形成稳定持续的战略新兴产业创新政策机制非常重要。近年来,战略新兴产业与高新技术产业成功的产业创新实践案例也值得研究。

(一)战略新兴产业创新是科技自立自强的关键问题

我国"十三五"规划提出:"培育壮大新兴产业,改造提升传统产业,加快构建创新能力强、品质服务优、协作紧密、环境友好的现代产业新体系。""十四五"规划提出:"促进先进制造业和现代服务业深度融合,强化基础设施支撑引领作用,构建实体经济、科技创新、现代金融、人力资源协同发展的现代产业体系。"我国不断加强产业创新布局。

我国拥有超大规模市场和完备产业体系,产业创新具有快速大规模应用和迭代升级的独特优势。"十三五"期间,我国通过加强高新技术的重点布局,有力地引领了战略性新兴产业的发展,在移动通信、新能源汽车、第三代半导体、新型显示等领域取得了许多新的进展。在移动通讯方面,5G核心专利数占世界第一,率先实现了5G商用,截至目前我国5G基站数已经超过60万个,用户数已经突破1.1亿人,实现了5G技术在全球的领跑;在新能源汽车方面,通过重点研发布局电池、电机和电控等方面,促进形成了较为完善的新能源汽车产业链,使我国在新能源汽车产销量上连续五年居世界第一,截至目前,我国新能源汽车总保有量超过了400万辆,占全球50%以上;在新型显示方面,通过大力推动创新链和产业链融合发展,使我国新型显示产业整体竞争力得到了快速提升,2019年我国新型显示产业销售超过3000亿元,产业规模居全球第一(学习强国平台,2020)。这些成绩的取得,与我国战略新兴产业创新能力的培育密不可分。

(二)我国新能源汽车产业创新案例分析

新能源汽车是全球汽车产业转型升级、绿色可持续发展的主要方向,是实现降低对传统能源的依赖度的重要途径,也是实现我国汽车产业高质量发展的战略选择。我国为加速推进新能源汽车科技创新和相关产业发展提出了一系列举措,也取得了较为显著的成果,当前,我国的新能源汽车市场规模在世界上已经处于领先水平,产业技术水平也得到了明显的提升,产业生态体系逐步建立,配套的政策设施和市场环境也不断完善。新能源汽车产销量连续五年居全球首位,新能源汽车产业已经成为我国经济社会发展的新动能之一。

1. 产业创新的制度支持

2012 年 6 月,国务院发布《节能与新能源汽车产业发展规划(2012—2020年)》以来,相关部门为支持新能源汽车产业的发展先后推出了近 60 项政策措施,各地方政府从自身实际出发也出台了 500 多项配套政策,行业企业也纷纷加快创新步伐,加大研发投入,共同推动我国新能源汽车产业发展,并取得了积极成效。

2020 年《新能源汽车产业发展规划(2021—2035 年)》(以下简称《规划》)发布,《规划》指明了五项主要任务:第一项任务是要提高技术创新能力,强化整车的集成技术创新,坚持整车和零部件并重,提升动力电池、新一代车用电机等关键部件的产业基础能力,推动电动化与网联化、智能化并行发展。第二项任务是以生态主导型企业为龙头,构建新型产业生态,加快车用操作系统的开发应用,建设动力电池高效循环利用体系,强化质量安全保障,推动形成互融共生、分工合作、利益共享的新型产业生态体系。第三项任务是推动产业融合发展,推动新能源汽车与能源、交通、信息通讯深度融合,促进能源消费结构优化,交通体系和城市智能化水平提升,构建产业协同发展的新格局。第四项任务是完善基础设施体系,加快推动充换电、加氢、信息通讯与道路交通等基础设施建设,提升互联互通水平,同时还要鼓励"换电"等商业模式创新,营造良好的使用环境。第五项任务是深化开放合作,进一步践行开放融通、互利共赢的合作观,深化研发设计、贸易投资、标准法规等领域的开放合作,积极参与国际竞争,培育新能源汽车的产业发展新优势。《规划》的发布为我国新能源汽车产业发展指明了方向,提供了制度保障。

2. 产业创新的财政支持

在支持新能源汽车产业创新方面,财政支持持续发力。从 2009 年开始,中央财政对购置新能源汽车予以补贴,同时,财政部与有关部门及地方政府之间的协同合作,大力支持充电基础设施的建设,形成中央和地方协同推进的发展格局。采取"以奖代补"的方式,支持地方政府建设充电基础设施,给予适当的财政奖励,明确充电基础设施建设的责任主体是地方政府和相关企业。中央财政从 2014 年起,为了支持地方加快充电基础设施建设,对地方开展充电基础设施建设奖励,奖励资金由地方统筹安排使用,到目前,中央财政已经累计下达了奖励资金 45 亿元。

3.产业发展的科技创新政策支持

《规划》中提到"要力争经过 15 年的持续努力,我国新能源汽车核心技术达到国际先进水平"。长期以来,科技部高度重视新能源汽车技术的研发工作,发挥科技创新在新能源汽车发展中的支撑和引领作用。从"十五"开始连续四个五年计划按照"三纵三横"技术体系来持续支持新能源汽车的科技创新,将近 20 年一直围绕"三纵三横"进行科技创新的支持,"三纵"即纯电动汽车、混合动力汽车和燃料电池汽车,"三横"即电池、电控、电机。经过多年的积累,我国新能源汽车整个技术水平有了显著提升。比如,驱动电机的功率密度经过一段时间的努力达到了 4.9 千瓦/公斤,达到国际先进水平;在新能源汽车的动力电池上,我国单体能量密度已经达到了 300 瓦时/公斤,处于世界水平的领先位置;在燃料电池发动机方面也有着明显的突破,目前基本能够满足车用需求。

结合新能源汽车发展以及高铁、电子通信等领域成功经验,证明在战略新兴产业和高新技术产业培育中,以产业创新能力培养与大规模领先市场培育相结合,结合我国科技创新战略优势,我国有可能在战略新兴产业和高新技术产业国际竞争中形成自己的特色优势和自主发展的道路模式。

第三章　科技创新发展战略的国际经验

当今世界正进行新一轮的科技革命和产业变革,量子技术、人工智能等未来产业不断涌现,经济社会发展呈现出新的趋势。在此背景下,科技创新已成为各国构筑新竞争优势的核心举措。为了赢得全球创新的制高点,各个国家和地区不断提出要占据产业和创新的制高点,许多国家和地区也牵头制定了一系列的科创走廊、科技湾区、创新网络等重大战略,如硅谷、巴黎、伦敦、东京、首尔、新加坡,表明全球日益重视推动发展科技创新战略。

纵观世界发展历程,自主创新在经济社会发展中起重要引领作用,是推动发展质量和效益变革的重要引擎。从蒸汽机到内燃机再到电子信息技术,英国、德国以及美国分别引领了每一次工业革命的浪潮,至今在科技创新实力上仍处于领先地位。同时,世界各国看到了新一轮世界科技格局重构的机遇,纷纷出台一系列重大科技创新战略和科技发展规划,如美国创新战略、德国高科技战略、日本国家科创战略,欧盟科研计划等。本章从美国、日本、德国和部分 OECD 国家入手,分析其科技创新战略的特征和模式,为我国实施创新驱动发展战略提供国际先进经验。

第一节　美国科技创新战略

虽然众多国家不断崛起,但美国依旧是全球科技创新整体实力最强的国家。之所以美国在科技竞争上一骑绝尘,关键之处在于其充分意识到自己的创新能力直接影响着未来的经济增长与国际竞争力提升,从而不断吸引全球创新人才,着力增强自主创新能力。本节全面梳理比较美国创新驱动战略的框架架构及其发展模式,这对于中国制定实施创新驱动战略规划有着极其重要的参考借鉴作用。

一、美国科技战略发展历程

美国政府高度重视科技创新,在第二次世界大战即将结束之际,应罗斯福总统要求,范内瓦·布什(Wannevar Bush)发表《科学:无尽的前沿》(*Science:endless frontier*,简称布什报告)。这份报告确定了美国在战后将会把科技创新作为一项核心任务,这为美国战后科技发展指明了方向,也为美国创新体系上层架构搭建、科技政策制定、创新方法革新等奠定了理论基础。

在重点研究领域方面,布什报告提出,应加强与基础医学、国家军事、民生福祉三大领域相关的研究,以达到增加就业、保障国家安全、增强国力的目标。为实现以上任务,布什报告提出了四条路径:培养各领域的创新性人才;给大学发放研究经费支撑大学科研和技术攻关;同步支持大学和私营研究机构吸引人才;通过科研经费抵税的优惠政策和专利产权的保护刺激私营企业加大科研投入(范内瓦·布什,2021)。这些建议至今仍有深刻影响,政府对私营研究机构的研发进行了大量投资,如 SpaceX(美国太空探索技术公司)接受了 NASA 的大量资金,即承担美国飞机、导弹、潜艇的研究项目的私营研究机构也拥有政府合同,接受政府财政支持。《科学:无尽的前沿》也催生了国家科学基金会(NSF)、高级研究规划署(ARPA)等科研管理机构的成立,构建了美国战后科技创新体系总框架。而如今国家科学基金会和从高级研究规划署演变来的美国国防部高级研究计划局(DARPA),是美国研究型大学主要的政府经费来源,它们的存在保证了美国在尖端科技领域的长期领先地位。

从 20 世纪 80 年代开始,美国进入了新的创新发展阶段,本节主要梳理 20 世纪 80 年代后美国创新战略发展历程,根据战略的发展模式和突出重点不同,主要可以分为产业技术创新战略、应急科技创新战略与全面创新战略三个阶段。

(一)产业技术创新战略

在 20 世纪 80 年代后期,日本和欧洲两大经济体逐渐崛起,美国的绝对领导地位不断下降,原本具有绝对领先地位的半导体、汽车等产业不断受到冲击,德国工业产品的出口倍增也影响了美国的制造业和出口贸易发展。由此,美国政府开始了一个关于如何推动经济可持续发展的研究课题,特别是如何有效地利用科技创新驱动产业进步。在分析研究后，美国政府认为科技创新驱动产业创新是未来趋势，由此不断增加对研发经费的投入，并对各大领域实施精准化的政策和计划。从 1991 年到 1997 年，美国先后发布了《国家核心技术》《信息高速公路计划》《科技与国家利益》《重构 21 世纪的科技领域》等重要报告和政策文件。在这些报告文件中，美国强调创造新的专业知识和培养新的相关人才是掌握未来的重要举措，技术本身就是推动经济跨越提升的动力，而科学则是这一动力的主要燃料。据美国国家科学基金会调查数据统计表明，1994—2000 年，美国各企业、政府、学校及非营利性组织等公司或者机构使用于研究开发的费用分别增长了 56%，达到 2640 亿美元，占美国 GDP 的 2.5%，相当于其他几个主要发达国家 R&D 投入的总和。

(二)应急科技创新战略

从 2000 年下半年起，由于美国的信息技术行业占据美国的投资太多，导致美国的股市出现了大规模的膨胀，美国的经济发展也随之开始面临挑战。为了有效应对新一轮全球性经济衰退，美国采取了一系列措施，努力促进全球性经济的恢复与提升。与此同时，美国进一步加大对科学技术研发的资金投入，特别注重对国防的投入，发展重点由克林顿政府时期民用科学技术的研发工作为主逐渐地转向以民用科学技术与军事科学技术并重，创新型战略被进一步调整成以打击恐怖主义为基础的应急维稳及应对新兴国家的战略性挑战为主。

此阶段，美国政府保守型的科技创新战略以及过度偏向国防而进行的科学技术的投入政策在一定程度上妨碍了美国社会和产业领域开展创新，导致美国创新对于经济健康可持续发展的支撑性作用受到限制。但乔治·沃克·布什任职美国总统时，仍然不断在基础性的研究领域进行投入，特别是继续支持国家重点科技项目，如互联网和信息技术研发计划、纳米技术计划、气候变化研究计划等，为美国早日走出这场全球性金融危机奠定了稳固的基础。

(三)全面创新战略

2008 年，在全球性金融危机的严峻冲击下，美国经济开始持续下滑，与此同时，中国、印度等东方国家在产业、科技等领域加速崛起，美国经济发展面临着巨大的冲击，于是美国政府开始重新关注科技创新对于经济社会高效发展的引擎作用。奥巴马政府在 2009 年发布《美国创新战略：推动可持续增长和高质量就业》，提出了要促进更充分、更高质量的就业，增加高新就业岗位目标。接着，2011 年颁布《美国国家创新战略》，明确了科技创新主体，提出了积极推动科技创新的模式和具体抓手。2015 年，美国政府发布了新版《美国国家创新战略》，突出了构建美国国家创新体系、营造创新生态环境的优惠政策支撑。美国对世界经济科技格局的影响极深，其所采取的创新策略，不仅会影响美国发展，也会对世界其他国家发展战略产生影响（余稳策，张雪妍，徐静，2017）。可以看出，此阶段美国不断强化上层科技创新战略的引领指导作用。由于此阶段发布的三次创新战略最能体现近期美国的创新政策和理念，对我国制定创新战略极为重要，下文将重点分析和对比此阶段的主要创新战略。

二、金融危机后的美国主要创新战略分析对比

虽然金融危机后的 2009 年至 2015 年间美国创新领域的基础发生革命性变化，但三次创新战略的主要架构和发展模式基本相似。在此期间，美国拥有较为完备的科创金融体系、产业基金投资模式、完善的人才培养和招引政策以及合理的创新法律法规，由此美国的三次创新战略规划具有类似的上层框架。在发展模式方面，美国一直以来不断注重加大对基本研发的投入，三次创新战略也聚焦产业的进步、各类市场主体活力的激发、企业管理能力的提升，以此推动国家总体创新能力的上升（宋瑶瑶，2018）。

（一）三次主要创新战略差异分析

学者普遍认为国家的创新发展战略是一项巨大而又具有整体性、复杂性的系统工程，需要从创新驱动目标、主体、形态、流程等多个方面去理解。在美国创新发展战略政策的引导和支撑下，创新的举措将可以通过为美国人民提供更多的就业岗位、提升其生产能力和优化自己的产业结构等方式释放美国经济发展的巨大潜能。

但美国科技发展的阶段不同，所面临的问题和挑战也不尽相同。因此三次美国创新战略的发展目标、发展主体、发展策略、形式与优先领域等均有所差异，详见表 3.1。

表 3.1 美国三次创新战略比较

年份	发展目标	发展主体	发展策略	投资重点	优先领域
2009	推动高质量就业	企业、高校	强调政府在创新驱动中的重要作用	投资于美国创新的基石、促进刺激有效创业的竞争市场、加速国家优先事项中的突破	清洁能源、先进车辆技术、卫生保健技术、其他应对21世纪"重大挑战"的技术
2011	确保经济增长和繁荣	企业、高校、全民参与	提出"私营企业是创新的动力"	推进优先发展领域的突破、对美国创新的基本要素投资、推进市场为基础的创新	清洁能源、空间技术、医疗卫生技术、教育技术、纳米技术、生物技术和先进制造技术
2015	建设共享未来繁荣	企业、高校、全民参与	激励创新参与,全民创新	创新生态体系基本要素的投资、打造创新者国度、加强私营企业创新	行业重点技术、精准医疗、脑神经技术、卫生保健、先进交通、智慧城市、清洁能源、教育技术、空间技术、高性能运算

三次创新战略的侧重点均有所不同。从上表可以看出《美国创新战略》在不同形势背景下,其创新目标、主体和形式等既有相似之处,但也有所差异。其中,推动美国经济可持续增长、改善社会福利条件、实现经济繁荣一直都是美国创新战略的核心和目标,只有2009年刚刚经历全球性金融危机的美国曾多次提出"推动高质量就业"的创新战略目标。2015年,创新战略目标更加深入具体化,更加突破性地强调鼓励广大工作者分享自己的创新成果。

美国创新战略的主体表明,美国先后把家族、私有制企业、劳工和公民等加入了这一战略的主体,呈现了越来越多样、广泛和大众化的特点。2009年版本中再次明确强调"政府在创新驱动中发挥合适的角色",既要反对政府不作为又要反对政府过多干涉,政府要发挥恰当的行政手段来鼓励创新。为了有效地应对2008年全球经济危机所带来的影响,奥巴马政府重新充分肯定了这一技术革命的重要性和其关键意义,创新战略由保守主义向务实主义转变。从"金字塔形"的经济社会创新体制角度考虑,十分突出地强调了美国政府在其经济社会活动中的推进干预作用、私营部门的创新导向和牵头引擎作用,提出了政府、企业与全国民众应该通过一种合力来进行科技创新,并逐渐形成一套举国认同的社会科创体系。

2011 年的《美国创新战略》更加关注创新主体的联动和突破,首次提出私营部门在创新中也发挥重要作用。美国发展的经验也证明,私营部门是创新的重要主体,如谷歌、微软等公司,其创新的突破和技术的进步不仅可以带来数量极多的高质量就业岗位,也能在社会发展、经济质量提升等领域创造极大的价值。同时提出政府部门应当注重对知识产权、科技成果的保护,主动开展创新政策的制定和实施,营造良好的创新文化环境和氛围。另外,还强调要不断推动全民创新、建设创新国度的抓手和举措,强化了普通民众对未来创新发展的支撑作用。进而进一步提出要通过一系列政策来激发更多民众投入创新的热情和活力,在他们适应和擅长的领域进行创新竞争,实现不同行业领域的创新突破。除此之外,还要通过互联网平台等媒介集聚各种创新型的人才,集思广益,增强创新能力,提升劳动和工作产出效率。

从创新形式和投资领域上看,美国一直以来创新的基本形式和涉及的领域没有发生根本变化,都是面向新能源、医疗健康、生物科技等前沿产业,都是通过产业进步、生产组织重构、制度革新和技术升级推动国家创新实力增强。在创新战略的发展过程中,美国一方面逐渐形成了更加注重整体性的创新生态环境的理念;另一方面在世界数字经济和信息科技飞速发展的趋势下,美国重新在 2015 年的版本中将智慧城市和高性能计算加入国家创新战略体系,并将其视为优先发展领域。相比于 2009 年和 2011 年的创新战略,2015 年的版本更加前沿,也在一定程度上取代了前两个版本。因此,下文重点对该战略进行分析研究。

(二)2015 年美国创新战略研究

2015 年 10 月底,美国国家经济委员会和科技政策办公室联合发布了新版《美国国家创新战略》(以下简称《战略》),其中列出了维持创新生态系统的关键要素,并首次公布了保持创新生态系统的两个方面、六大要素。第一个层面是创新环境建设,包括以联邦政府为基础的投资建设基础上的创新、推进私营部门的创新与建设创新国度,并基于这三个方面,提出三套战略创新计划或目标,即创造高质量工作和经济持续增长、加速突破国家重点领域与建设创新型政府。在此基础上,2015 年版《战略》强调了以下九个战略领域,即先进制造、精准医疗、脑规划、先进车辆、智慧城市、清洁能源与节能技术、教育技术、太空探索和计算机新领域(单寅,2016)。具体而言,新版《战略》具有以下特点。

一是将公共基础设施建设作为国家创新能力的基石。政府对公共项目的投资将为整个创新生态系统奠定基础,注入活力和源泉。由此,美国首先聚焦于世界前沿的基本研究领域,不断加大对这些领域的投入,以期通过对这些领域的创新突破来对其他产业发展形成支撑。具体体现在,仅在2016年美国对基础研究领域的政府资金投入同比提高了3%,达到670亿美元,这些资金支撑了部分高风险但是难以马上转化为收益的项目研究,如航天、数学工程、教育等领域,但这些投入却加速了美国知识经济社会的形成。其次,美国不断重视高水平的传统基础设施建设,如机场、物流、公路,这些基础设施建设使得产品和服务能够不断突破时间和空间的限制,也创造了很多就业机会,提振了国内制造业的发展,为创新打下了基础。最后,是加快建设新一代数字新型基建,通过新型基建重构人们的生活方式以及工作模式,提高创新效率,如扩大宽带网络覆盖范围、提高网速,打通学校和图书馆的链接端口都是政府需要处理的优先事项(余稳策,张雪妍,徐静,2017)。

二是把私营部门培育成提升国家创新能力的重要动力。美国政府认为,企业是在整个创新环境中资源要素和主要利益的主体享受者,因此在国家创新战略驱动发展的建设中,美国政府聚焦于通过调节市场失灵实现私营企业部门获得更好的创新氛围。美国政府推出完善实验和研究税收抵免政策,减轻私营企业在此方面的生产成本。此政策虽然美国于1981年就开始针对性实施,但是美国的相关政策已然落后于许多OECD成员国,由此美国决定不断更新和深化政策条款,如拓展研发投入减免税收的政策领域。此外,美国国通过政策优惠、产业基金设立以及孵化器培育等举措帮助初创企业渡过最艰难的创业时期,同时不断加快政府资金项目的商业化改革进程。政府通过扶持和资助重点企业和企业发展平台,加快项目的科技成果转换和产业化,推动从实验室到市场的快速变革,同时加快政府数据向私营部门开放和授权的进程(刘兰,徐来冬,王铁成,2017)。

三是培育国内创新人才作为永久创新动力。美国注重营造和改善环境,打造良好的创新生态环境,以充分提升各创新主体的创新活力。首先,通过激励政策的制定和落实创造良好的政策环境来不断激发市场主体创新活力。其中主要举措有:构建有效的创新知识产权制度、完善反垄断法律、打造良好安全的网络创新环境、保持第三方创新主体的自由独立发展。其次,不断完善区域创新体系,通过区域生态体系的网络化运行支撑国家创新体系的形成。美国着重构筑各创新要素和主体的协同发展和共生融通,创新个体、创新机构、创新环境之间相互支撑、彼此依赖、共同优化。

三、美国科技创新战略的启示

通过对美国创新战略的分析研究,我国创新驱动发展能得出相关的启示和经验。

(一)增强政府管理效率

强化政府的创新管理功能。2009 年美国创新战略提出,私营部门是创新的主体,政府只能适度地参与创新系统建设,2011 年美国制定的创新战略指出政府的作用不应该是简单的干预,而是应该成为创新的驱动者、协作者,为私营部门制定创新科技创新政策,为产业发展创造良好的环境,共同构建美国产业竞争新优势。2015 年的美国创新战略进一步明确了美国政府在科技创新政策的制定、科技研发和投资方式的确定、新兴产业发展新举措等方面的具体作用,并进一步强调了政府在国家创新体系中的宏观主导作用(徐芳,张换兆,2016)。

(二)重视实体经济发展

经历了 2008 年的经济危机,美国在恢复经济的过程中逐渐认识到制造业是创新的重要依托,相关的技术、人才和配套服务等是促进美国制造业崛起和创新的关键要素。自 2009 年以来,美国的创新战略逐渐加强了科技创新对制造业的推动作用。2011 年创新战略提出通过加强创新基础、营造创新环境和突破关键领域来实现美国的再工业化。2015 年创新战略具体提出了两个新问题:支持新经济布局下的自主创业和重建美国基本工业体系。一方面,国家应该更加关注实体经济的发展,重组基础产业体系,如启动国家制造创新网络,加强对供应链创新的投资。另一方面,国家应该支持自主创业,更注重科技行业的创新和突破,如在精密医疗领域建立现代基因组检测平台,在计算机新领域制定国家计算机战略规划等。

(三)完善创新生态系统

政府在创新生态系统构建上应发挥积极作用,推动创新型大学、资本市场和科技人才市场的建设,加大对科创平台建设的支持力度和创新公共服务基础设施的投资。在区域创新上,强调各级政府之间要加强合作,通过建立和链接区域创新单元来推动创新生态系统的建设。在产业创新上,依据创新模式的不同来调整相应的政策制度,积极开放政府资源,搭建公私合作的创新平台。此外,政府要积极促进新商业模式创新与发展,为生命科学、高科技材料和清洁能源等资本密集型和高风险领域提供财政支持。

(四)鼓励私营企业和社会大众共同创新

在美国创新战略中,不断强调私营部门和广大民众对于创新的支撑和推动作用,具有突破性的战略和想法也往往产生于其中。作为民营企业,多数创新更能贴近民生和社会发展,往往也更容易进行创新成果产业化转化。在新发展格局下,我国也必须重视民众和私营企业对于创新的作用,不能仅仅靠政府来推动创新进程,还应该加强创新宣传,形成良好的全民创新氛围。

(五)加快构建全国创新中心

做好顶层设计,构建国家科技创新中心。美国科技战略不仅仅针对科技发展,也是经济社会协同发展的重要支撑力,其中包括了新基建投资、科技政策、教育优化、工业进步、民生稳定等重要内容。我国在国家科技创新中心建设的实践中,要把握住顶层战略设计,顺应制造业智能化、网络化的发展趋势。同时,基于产业要素禀赋的特点,对全民创新创业进行鼓励和支持,推动以科技创新为核心的综合创新。我国既要注重原始创新,又要放眼整个科技进步的大局,从发展模式、形式、动力等多方面因素综合着手,开展系统性的变革,尤其要关注重点领域、关键领域的技术研发和转化。

(六)优化创新创业环境

以美国为鉴,中国在信息基础设要施建设方面要加快步伐、加大投入,努力构建新一代信息技术生态系统。要扩大高速互联网接入,推进电网现代化,保障网络安全,增加公共数据的开放性。加大对高增长创新型企业的金融支持,为其提供融资渠道和减税政策,为不同规模的企业发展和资本市场完善提供帮助。通过科研和教育税收抵免加快创新,通过加快专利审查和加强打击知识产权侵权鼓励自主创新。加强对企业家的培训和指导,提高他们创建高成长企业的成功率,促进创新创业。鼓励高等院校、科研院所积极与企业合作,培养企业所需的高素质技术创新人才。

第二节 日本科技创新战略

日本在二战后迅速崛起成为世界第二大经济体,其原因在于正确认识并高度重视科技创新对综合国力的支撑作用。日本持续制定和出台了一系列科技创新战略以保持国内重点产业处于世界领域地位,在科技领域成为世界各国争相模仿和学习的对象(邱丹逸,袁永,2018)。日本对于科技政策和战略的制定优化极为科学,既突出了日本当前科技发展的瓶颈和挑战,也反映了全球科技的发展趋势,值得我国学习借鉴。

一、日本历次科技创新战略分析

日本的科技创新战略由综合战略、基本规划和国家战略三部分组成。基本规划的制定以国家战略的类别和方向为依据,综合战略的制定以基本规划的主要内容为依据。三者环环相扣,共同构筑了日本科技创新的战略体系。该模式不仅能保证科技创新战略的连续性和可持续性,还能根据不同时期的特点灵活调整科技战略的方向,明确近期科技发展的重点。

(一)"贸易立国"阶段

一个国家的经济发展模式与其技术创新战略密不可分。二战后日本经济发展的历史可以看作是根据国家发展形势的变化制定和调整创新发展战略的演进史(智瑞芝,袁瑞娟,肖秀丽,2016)。战败后不久的日本,受朝鲜战争爆发的影响,在美国的扶持下,日本开启了短暂的经济复苏计划。但政治军事受美国影响,同时在能源紧张、知识产权和成果保护制度缺失等因素的影响下,日本自主创新力量过于薄弱,由此政府实施了"引进国外先进技术,注重消化吸收再创新"的科技创新战略,采用"进口替代"的发展模式,以贸易立国。

为了尽快缩小与发达国家产业科创上的差距,日本找准战略发展方向,日本依据本国国情制定符合实际情况的科技战略目标,锚定重点产业领域,依靠技术引进与自主研发相结合,推进产业结构优化,将产业发展的重心移至重工业、化学工业、机械制造业和电子技术产业上。同时,建设相关科技部门和开展会议来保障科技的持续发展。如1956年成立的"日本科学技术署"和1959年诞生的"科学技术大会"。此外,日本通过各项科技研发优惠政策,极大增强了人民参与科学技术研究的积极性。凭借着技术转移与引进,日本产业和经济实现了飞跃。与此同时,日本通过制定科技创新政策和科技创新战略建立科技创新体系,以此激励企业提升创新能力,推动产业升级,自主创新能力得到快速提升,工业产品附加值不断提高(李建民,2019)。另外,还凭借产业和科技进步,日本经济实现跨越发展,到20世纪60年代末成为全球第二大经济体。

(二)"科技立国"阶段

20世纪70年代,受第一次世界石油危机和第三次工业革命的影响,日本的整体发展环境呈现新变化。第一,日本作为能源小国,石油等国际能源上涨对其发展产生重大冲击。第二,日本工业产品的出口质量和数量不断提升,由此与以美国为代表的西方国家产生国际贸易冲突,同时国际知识产权的保护意识逐渐增强。第三,日本国民愈加重视国内生态环境的建设,开始抵制一些高污染产业。在这些因素的影响下,对日本产品的质量和环保程度提出了更高的要求。于是,日本通过引进实现的利润空间不断被压缩,企业发展的活力和积极性也不断下降。由此从70年代开始,日本逐步放缓技术引进的步伐,开始自主研发具备竞争力的产品。

但是受技术创新路径依赖的影响,日本在引进技术和自主研发两条路径上都前进缓慢,日本当局认识到当前的科技发展战略已经无法适应发展趋势,科技战略具有引领性作用因此需要不断被更新。随后,日本发布了《80年代的贸易和产业政策》,更加强化了研发资金投入在日本经济发展和技术进步中的决定性作用,并将提高日本R&D投入作为日本创新战略实施的基本方针,即在"贸易立国"后,确立了"科技立国"的基本政策,并制定一系列配套政策,以加强基础研究,营造创新环境。具体来看,日本研发投入急速攀升,20世纪70年代是60年代的6.5倍,但80年代和90年代相比于60年代,已经分别扩大了25倍和65倍(胡萍,何丹,卢姗,2007)。与此同时,日本政府还积极探索"官产学"合作新模式,初步构建一套独特的科创体系。

在科创机构建设方面,日本建立了综合性研发机构,帮助实施"科技立国"战略。机构内设有专职研究岗位,由相关领域专家完成专项研究任务,其可组织国内其他智库就同一研究课题进行讨论研究。"科技立国"战略将引进技术、融合技术、优化技术和提升技术相结合,促使日本关键领域的创新能力大大增强,并在此基础上实现了降低创新成本和提升技术水平的目标,奠定了日本成为创新大国的基石。

（三）"科技创新立国"阶段

虽然日本在 20 世纪 80 年代制定了"科技立国"的战略,但仍未能阻止资产泡沫的形成。到了 80 年代末,日本出现资产泡沫破裂,造成了日本自 90 年代以来,长达 30 多年的经济停滞,经济连续经历"零增长",个别年份甚至出现负增长。随着 80 年代中期后知识经济的兴起,大多数国家都经历了信息化带动的快速经济增长,而日本不仅没有从信息化浪潮中受益,甚至因为泡沫经济的破灭导致其经济停滞了十多年(陈志恒,2007)。在国际竞争和国内经济低迷的双重压力下,日本认识到自主创新能力在一个国家发展进步中的重要作用。因此,政府在原有基础上不断优化"科技创新立国"战略,提出要从技术追赶型国家发展成为技术领先型国家。自 1995 年提出"科技创新立国"战略以来,政府先后审议通过了五个重点项目推进实施计划——《科学技术基础计划》,并推出年度国家创新战略分阶段计划——《科技创新综合战略》。通过基础计划和综合战略的结合来推动科技创新总体战略的实施,为日本科技创新保持世界领先水平做出了巨大贡献(谈力,2016)。

二、科学技术基本计划

如前文所述,在新经济形势和国际背景下,1995 年日本政府颁布了《科学技术基本法》,正式提出"科技创新立国"战略。《科学技术基本法》是日本第一部科技基本法,该基本法指出要致力于发展领先世界的高技术,把重点放在"发展原创科技"上,努力摆脱"追赶和锁定"的惯性思维模式。为了保证《科学技术基本法》的顺利实施,日本政府从 1996 年开始每五年实施一次《科学技术基本计划》。从 1996 年到 2020 年,五个基本科技计划的重点从加强 R&D 投资、重点推进 R&D、加强基础科技投资、尽快实现灾后重建到建设"社会 5.0",实施了 5 期科学技术计划(见表 3.2)。

表 3.2　日本五期《科学技术基本计划》比较

计划	年份	投资额	主要举措	亮点分析
第 1 期	1996—2000	17.6 万亿日元	构建新的研究开发系统,实施严格评估,构建立项的研发基础环境,树立国民科学学习共同意识,扩增政府对研发的投入	进行科技体制改革,营造具有灵活性、竞争性的科研环境;大幅增加政府研发投入

计划	年份	投资额	主要举措	亮点分析
第2期	2001—2005	24万亿日元	推进基础性研究,重点研发民生、通信、环境、纳米材料等国家重点课题,改革研发体系及环境,促进产业技术能力强化及校企合作,培养卓越的科技人才,强调科技研发遵守的伦理与社会责任,推进科技活动国际化发展	加强基础性研究,确定研发重点领域为生命科学、信息通信、环境、纳米材料
第3期	2006—2010	25万亿日元	培育科技人才,包括营造良好人才发展环境、培养符合社会需求的人才及扩大肩负下一代科技发展的人才范围;科技的发展与不断地创新,包括营造竞争环境、构建区域创新系统、强化创新创造系统等;强化科技振兴基础,包括基础设施投入、知识产权利用、公共研发机构的推进等;推进国际研发活动	强调将研发投资重点从"物"转移到"人";强化科技振兴基础投入
第4期	2011—2015	25万亿日元	实现科技持续增长和社会发展,包括震后重建、绿色创新、社会生活创新、科技创新系统改革;开展国家重要科技课题;加强基础性研究及人才培养,包括加强根本性基础研究、科技人才育成、国际水平科研环境形成;开展社会协同创造,包括社会和科技创新关系深化、科技政策的推进、研发投资的扩充	明确亟待解决的问题,实现日本灾后复兴及未来可持续性发展;加强基础性研究
第5期	2016—2020	26万亿日元	创造未来产业和推动社会变革,提出"社会5.0";积极应对经济和社会课题;强化基础实力,包括人才实力、知识基础、资金改革;构筑人才、知识、资金良性循环体系;深化科技创新和社会的关系;强化科技创新推进机制建设	首次提出超智能社会"社会5.0",着力点由解决当前问题转移到面向未来发展,并将战略性新兴产业、基础研究作为发展重点

三、日本的科学技术创新综合战略

日本的科技创新综合战略与科技基本计划相辅相成,两者共同推动日本"国家科技创新战略"的实施。2014—2016 年日本《科学技术创新综合战略》重点项目及主要内容见表 3.3。

表 3.3　2014—2016 年日本《科学技术创新综合战略》政策对比

年份	重点项目	主要内容
2014	实现清洁、经济的能源系统	生产领域推进清洁能源供给的稳定性;消费领域利用新技术提高能源利用率;流通领域构建先进能源网一体化
	实现领先国际的健康长寿社会	支持健康医疗领域技术创新;完善临床研究与试验体制;打造世界先进的医疗体系
	完善领先世界的下一代基础设施	建设面向下一代的智慧城市;构筑可复原社会
	发挥地方优势资源的区域复兴	努力培育农林水产业;提升地方特色产业竞争力
	东日本大地震灾区的早日复兴	减轻灾后放射性物质影响;建设幸福和谐社会;构筑新型抗灾能源体系;构建更加优化的抗灾基础设施
2015	推动连锁创新环境整顿	推进大学与研究资金改革一体化;强化学术研究与基础研究;培育中小创新公司
	解决经济社会课题的重要举措	提供促使工作生活平衡的政策援助;充分发挥女性领导参与科研的作用
2016	超智能社会的深化和推进	实现超智能社会平台;构建超智能社会技术体系
	加强人才培养	加强青年人才和女性人才的培养;发掘多样化的人才培养模式

年份	重点项目	主要内容
2016	推进大学改革和研究经费改革	推行在校长领导下的学校管理改革;加大资金投入,推进教育改革
	构建创新创造循环系统	推进开放式创新;加强培育中小型企业
	加强科学技术创新的推进功能	推进大学和研究开发机构改革,加强面向国内一体化战略性体制的建设以及科学技术创新政策的制定

2017 年后,日本的科技创新综合战略是围绕使日本成为世界上创新能力最强的国家为目标而制定的,其强调构建人才、知识和资本的良性循环体系,加强科技创新的基础力量,为未来产业和社会变革创造新的价值,以应对日本出现的经济和社会问题。这一战略的制定开启了日本新一轮科技革命和产业变革。

四、日本科技创新战略的启示

日本在推动科技创新上的总体布局和应对策略,对我国的科技创新战略的研究和制定具有重要的指导意义。

(一)顶层设计要坚持本国特色

日本以问题为导向,针对面临的一系列社会问题探索具有战略性和前瞻性、开放性和包容性兼具"社会 5.0"的科技创新发展战略。以此作为国家科技创新发展方向的指南,一方面要放眼世界,把握未来发展趋势,抢占科技创新制高点;另一方面立足于自身,充分利用国外技术优势,弥补自身的弱点和不足。

(二)设定可量化且可持续的目标指标

借鉴日本在创业环境、商业环境、R&D 投资、基础研究水平、科研人才支持、企业投资等方面设定的一系列长期可量化目标指标并结合我国实际加以改进,构建具有中国特色的科技创新指标评价体系,服务于我国自主创新发展战略。

(三)加强基础研究和关键核心技术统筹布局

日本政府部署并支持了一系列关键核心技术研究计划,如登月 R&D 计划、战略性创新创造方案(SIP)、官民研发投资扩大计划(PRISM)、光量子飞跃旗舰计划(Q-LEAP)、革命性材料开发强化计划(M3),所有这些计划都旨在改变未来世界。尽管"十三五"期间,我国在 R&D 投资强度、基础研究经费、全球创新指数排名等方面取得了显著成绩,但在关键核心技术上仍处于追赶地位。而"十四五"时期,我国明确了要细化科技计划的领域布局,同时还要促进基础研究、研究人才、研究中心、成果转化、国际网络等关键核心技术协调发展。

(四)提升开放科学视野

开放科学在新型冠状病毒的相关研究中发挥着重要作用,世界各地的科学家通过预印本或数据共享平台第一时间发布关键研究成果,突破时间限制,为疫情防控提供科学支持。日本于 2020 年正式推出 NII 研究数据云,以促进研究数据的管理、披露和检索。此外,"循证系统"已经成为支持政府决策的一种手段。开放科学源于互联网的普及,在提高学术研究、政府管理和企业研发领域的区域和全球数据与科研工具的开放性的同时,也应考虑信息安全。

第三节　德国科技创新战略

德国是世界上第一个将科技发展计划上升到国家层面的国家。其科技创新战略着眼于全球挑战,着眼于未来发展,将阶段性规划与长期发展战略完美结合,是一种比较典型和成熟的创新战略(刘肖肖,宋瑶瑶,张富娟等,2018)。在此创新战略指导下,德国自 2006 年以来在高技术创新领域取得了显著成就,引起了世界各国的广泛关注。

一、德国近期主要科技创新战略

进入 21 世纪以来,德国政府相继出台了一系列创新驱动的发展战略和规划,不断完善自身的创新政策体系,即使在金融危机和欧债危机的冲击下,德国科技发展依旧保持良好势头,引领和驱动了德国经济社会的发展,也使德国成为全球重要的创新型国家。

(一)德国高科技战略(2006—2009 年)

德国和欧洲许多国家类似,公民具有高工资和高福利,但是也面临着一些共性问题,如人口老龄化严重、能源保障能力不足、失业问题逐渐凸显、居民消费能力不强、经济结构合理性下滑等。为保证在第三次产业革命竞争中不落下风,德国依托自身技术基础强化科技的发展,保持科技的领先地位,积极将科技红利转化经济发展红利。据此,德国默尔克政府制定了"高科技战略",该战略覆盖环境、教育、科研、经济等领域,聚焦于产学研结合以及技术的快速转化,推动就业保障和经济增长,并围绕该战略制定完善了一系列激励政策和针对性措施,极大地促使了德国科技创新的源动力迅速转化为社会发展的内生动力。

一是加强对科技研发的投入力度。2006 年是实施战略的首年,德国政府投资了 7 亿欧元,并且此后每年的投资总额都在不断加大,到了 2009 年已经到达 22 亿欧元,从 2006 年到 2009 年总计达 60 亿元欧元。这些资金成为德国科技创新战略实施的重要保障,推动了德国重要领域技术的创新突破,同时还在全国营造了一个良好的全民创新氛围。

二是打造"公私合作"的科技产业基金模式,为重点科技企业提供创业和研发的资金保障,支持初创企业将研发与成果转化以及教学相结合。德国政府发现,国内的初创科技企业在政策优惠和创业环境下与英美等国尚有差距,要想缩小差距实现长足进步,首先必须在基础条件上缩小与其他创新国家差距,尤其是在获得更可靠更便捷的融资机会、推动"产学研"融合贯通、快速实现将科技成果转化为经济效益等方面加强支持力度。为此,德国重点设立了科技风险投资基金,用来解决初创企业融资不足的问题,此基金还可为企业提供管理和技术帮助。除了国家经济发展部、国家信贷银行等国营政策性部门外,西门子、大众、德国电信等一些大企业也参与这类基金的设立,以"公私合作"的方式实现了基金运营的市场化,带动一批中小科创企业的发展。同时,德国致力于改善企业创新和融资氛围环境,全面完善企业和公司领域的法律法规,为国内外风险基金投资和收益建立提供法律保障。

三是布局前沿科技领域和重点攻关项目。德国瞄准信息科技、生物技术、量子科技、航空航天、医疗健康、清洁能源、环境更新、智慧城市等应用前景广阔、占据未来技术制高点的前沿领域,确定了 700 个关键科技攻关项目,逐步增加财政和资金的投入力度。2006年到2009年,联邦经济事务部对这些项目的资金投入以每年6.5%的速度快速增长。这些项目的研发和攻关吸引了很多国内外科学家参与其中。具体而言,这些项目的研发方主要包括国内外知名高校、研究机构以及科技型大企业,甚至一些具备创新能力的中小型企业也参与其中。项目的实施巩固了德国作为世界重要科创基地的地位,也提升了德国国家创新体系的完善和运行效率,加速了重大科技领域攻关和成果转换。在此基础上,联邦政府研究颁布了"科研创新协议",明确了对一些著名研究机构的财政投入每年提高3%以上,鼓励其扩展其他产业领域,并加强高校、研究机构、企业的三方联动。

四是着力发挥创新型中小企业的作用。受国际冲击、创新活力下降等因素影响,作为德国经济重要支柱的中小企业创新力度和积极性下降,德国希望通过加强金融和资金支持来破解这一困境,具体的计划和主要内容如表3.4所示。

表3.4 联邦政府加强中小企业创新能力的具体计划

计划	主要内容
PRO INNO II 计划	该计划以促进中小企业的互相联合以及中小企业和研究机构的联合为目的
创新性增长支柱的促进计划	该计划主要是扶持新联邦州中小企业和企业外的工业研究机构的研发项目。联邦政府将进一步扩大该项目,加强对快速发展企业的促进,并扶持年轻的技术型企业的研发项目
EPR 创新项目	通过提供比市场利率更低的贷款项目支撑小企业创新研发
生物基础创建计划	联邦政府将在2006—2010年利用该项目来促进以科技为基础、以商业化为目的的创新项目,该项目主要针对生命科学领域
专利和使用机构	为进一步深化高校的技术转让,德国政府将为专利和使用机构提供额外资金。为加强新联邦州科技界和经济界的联合,德国政府还将启动"经济与科技对接"项目,目的是发展稳定的合作结构,简化科技界和经济界互动中的相关程序

(二)德国2020高技术战略

2010年7月,德国出台了《思想·创新·增长——德国2020高技术战略》,重点关注全球挑战问题,在气候与能源、健康与营养、物流、安全、通信等国家需求领域提出思路和建议。针对上述五个领域,该战略确定了 11 个"未来项目",如二氧化碳中和、高能效和适应气候变化的城市、建设智能能源供应系统等。同时在国家层面,更加明确提出优先发展领域,更加强调以人为本的理念。这些优先发展的领域首要解决的问题是全球性的、对于人类可持续发展具有决定意义的问题。《德国 2020 高技术战略》聚焦于信息和通信技术应用最广泛的五大行业:电子学和电子系统、信息技术系统、通信系统、信息技术安全性、人类-技术互动和微系统技术。这五大行业为德国创造了大量的生产价值,同时为德国社会提供了大量的就业机会(赛迪智库,2021)。

1. 电子学和电子系统

德国认为,必须开发创新的、具有全球竞争力的产品和服务。《德国 2020 高技术战略》主要资助科技与产业之间的研发合作,包括创造尽可能多的价值增值链,主要用于新电子系统的创新应用研发,如机械与植物工程、医疗技术、三维系统集成、创新电子计算机所需的系统开发工具、创建电子研究中心等领域。

2. 信息技术系统

智能软件系统是整个德国工业创新的驱动力。它们对产品附加值、生产和业务流程有重大影响,是使德国公司在全球市场上保持活跃、更具竞争力的重要因素。此外,将日常用品与互联网连接起来的物联网也发挥着重要作用。德国信息技术系统的研发重点主要是嵌入式系统、网格学科应用和基础设施模拟现实、虚拟/增强现实、仿真技术、信息、物流和高性能计算软件开发、物联网、智能与业务流程集成、新型的人与环境交互、技术的舒适性和适用性等。

3. 通信系统

现代通信技术在德国已经渗透到生活的方方面面,如私人用户、商业、文化、政治等领域。互联网的发展是德国中央经济部门不可或缺的基础,对金融、生产和服务领域产生了深远的影响。在移动互联网发展的推动下,未来德国通信系统的发展趋势将是:在快速增长的移动通信领域,通信系统的优先研发项目主要体现在基于未来通信标准的新技术上;新的应用,特别是辅助系统应用;商业通信和卫生系统的新业务;基于专用射频并适应未来带宽的认知无线通信系统;互联网的未来;用于独立网络通信的自主传感器系统;未来的技术,如网络信息理论、基于聚合物的通信系统和集成光学。

4. 信息技术安全性

随着分布在德国的信息和通信系统越来越多,其重要性日益突出,但也引起了越来越多专业人士的批评。未来,德国面临的紧迫而长期的问题将是网络安全问题。德国信息技术安全的研究重点主要包括:信息技术系统开发基础的可验证性和安全性、分析与保护信息和通信技术系统的新方法研究、不安全环境下的安全技术研究、保护互联网基础设施、保护信息技术的弱点和挑战、量子通信安全数据交换系统、框架条件和技术下的互联网信任和隐私新文化研究等。

5.人类-技术互动和微系统技术

德国联邦教育科研部资助的微系统技术等关键技术跨学科互动研究项目,有助于为德国社会应对人口变化等一系列社会挑战提供突破性的技术解决方案。德国联邦政府已将人类-技术互动确定为德国未来通信技术发展的重要领域,并将在《德国 2020 高技术战略》的高需求研究活动中发挥重要作用。德国优先资助的人机交互和微系统技术项目主要集中在具有重大现实意义的技术领域,如:维持和恢复身体功能的支持系统开发(人机交互:身体功能支持系统);具体功能性的技术研究,如能源自给技术体系(自给移动性)技术研究等。

(三)高科技战略3.0

2014 年 9 月,在以往科技战略实施的基础和经验上,德国政府公布了新一轮的高科技战略,即《新高技术战略:为德国创新》,目的在于让德国在创新大国上更进一步。新的高科技战略从创新发展理念、技术更新路线图、创新重点公关领域等方面更新了政策。此时德国政府认为,创新不仅仅是推动技术和产业的进步,更是加强与社会各界、市场各主体的对话交流,提出解决挑战社会发展问题的方案,更深层次的科技创新即社会创新。由此,3.0 版的高科技战略更加全面综合,更加强调能源安全、医疗健康等重点领域,并把"智慧交通""AI 服务"等与社会民生息息相关的数字经济、工业 4.0 项目列为重点攻关方向。其中,以下四个核心要素更为突出。

一是不断突出面向国家发展和民众生活的重点领域。在前几次科技战略实施后,有了一定的科技和产业基础,德国开始把创新注意力放在国民经济提升和人民生活质量提高上,以期通过加强创新增加更多的就业机会,创造更多的社会价值,提高人民生活便捷度和幸福感。这些仅依靠生产模式的创新是无法实现的,应不断更新经济社会发展方式,提供更多的消费领域,优化资源利用方式。因此,德国不仅强调产业技术创新,更是针对社会功能完善提出了多项重点发展任务,包括数字经济社会、可持续清洁能源、工作模式创新、智能交通和公众安全等。

二是营造良好的创新环境和氛围。德国政府主要通过以下措施实现创新环境的优化:激发民众工作热情,合法吸收高端素质移民,提供更高质量的教育培训,提升工作和家庭的融合性,以此为创新提供更多的技术人才;在税收、资金支持等方面为有巨大潜力和发展前景较好的初创科技企业提供融资帮助,推动企业研发项目众筹计划,为企业提供更多的创新机会;完善科技创新领域的法律法规和市场标准,在知识产权保护、市场价值评估、科技成果鉴定等方面建立一整套实用的机制和标准,打通国内工业标准和国际标准,从而消除标准上的贸易壁垒,加快国际合作,扩展与中国、印度等具有广阔市场国家的双边贸易。

三是加快中小企业的创新步伐。联邦政府计划支持中小企业在新技术和服务中使用关键技术。这些关键技术包括"工业 4.0"、微电子、电池技术和生物技术。支持中小企业的重要项目包括以下几个方面:中小企业中心创新项目(Central Innovation Program for SMEs,ZIM)提升非技术研究以及企业与研究机构合作开展的创新研究;中小企业产业合作研究项目(Central Innovative Program for SMEs,IGF)的目的是消除基础研究与工业开发之间的间隙;KMU 创新项目(Kleine und Mittlere Unternehmen)资助中小企业进行尖端研究。同时,增加创新型新公司的数量,支持落后地区的技术创新。

四是推动部门合作与技术转移。为了提高未来创新成果的利用率,联邦政府将加强科研部门的创新导向,增强其服务行业和社会的意识。同时提高科学、产业和社会的合作质量,开发新资源,建立多种类型的合作。联邦政府采用一种新的基金形式来支持大学研究与当地的合作,并创新合作研发模式。特别是,一些应用类科学大学开展了面向应用和解决问题的研究,并与当地公司密切合作。联邦政府采取科学研究创新成果转移(Validation of the Innovation Potential of Scientific Research,VIP)措施,帮助消除学术研究与产业应用研究间的壁垒。

(四)高技术战略 2025

在新一轮国际形势和经济社会发展的挑战下,德国在 2018 年发布《高技术战略 2025》。该战略是德国未来七年科技创新的指导性政策以及国家创新体系建设的上层架构,明确了以民生领域创新研究为核心,即实现经济可持续增长以及民众生活质量提高。由此,提出了整体以及各个部门的创新发展任务、标志性事项以及重点攻克领域。

新一轮战略针对国家抗癌计划、智慧医疗、数字养老、环境清洁等领域提出了 12 项具体任务以及相应的行动计划。与此同时,该战略把微电子、生物科技、AI、物联网应用、工业控制等未来产业的人才培养与继续教育紧密融合。德国认为,新技术的发展不仅需要科学家、科研人员等顶尖专业人员,也需要一系列技术产业工人进入创新研究,打造一个良好的创新社会。因此,德国以数字网络推动继续教育,构建全民学习,为创新性思维的培养创造空间,吸引各类人群积极参与德国创新。为了更好地利用研究成果,政府将促进转型,增强中小企业的创业和创新能力,密切关注欧洲与世界的互联互通和创新伙伴关系的建立。新的关键措施包括创建创新机构(创新署)及通过税收激励支持研发(特别是针对中小企业)。通过实施新一轮高科技战略,德国政府的新目标是,到 2025 年,全国对 R&D 的投资将占国内生产总值的 3.5%,从而进一步稳定德国作为世界研究和创新大国的地位(王子丹,袁永,2020)。

二、德国科技创新战略的启示

德国政府致力于推动创新战略的制定和实施,为创新企业成长、基础研究能力提升、创新氛围营造提供了政策保障。德国的经验对我国制定实施创新驱动发展战略具有重要的借鉴意义。

(一)政府发挥主导作用

政府制定和实施的创新战略及其相应政策对创新体系建设具有重要导向作用。20 世纪 80 年代以来,德国政府的创新战略呈现出连续性、更新性、系统性,保障了一些创新计划的实施以及创新项目的顺利完成,使得德国较欧洲其他国家更加从容地应对了 2008 年经济危机的冲击。中国在制定政策时,也应结合我国国情和当前发展阶段注重国际形势和发展趋势,体现政策的连续性、渐进性和系统性。

(二)加大财政投入

加大资金投入,打造科技创新平台体系。德国的科技创新平台不仅可以实现政府、产业、大学和研究机构的科学分工,而且具有紧密协调性,这是提高制造业技术创新资源利用效率的前提。因此,在金融研发资金的引导和支持下,中国应该着力打造能够承载高端科研的公用性创新平台,拖动产学研一体,形成创新联盟,推动技术攻关(李金华,2019)。

(三)注重创新教育

德国的创新教育体系不仅体现在大学、研究机构,也表现在职业教育、继续教育、企业培训等各个领域。我国的高等教育体系主要体现研究性、教学性,但对应用性挖掘不够,需要发展适应企业用人需求的应用型大学、高职教育,提高职业技术教育的培养水平,推动全民创新。

(四)推动区域创新能力均衡发展

德国政府注重创新的区域整体性,着力通过对创新能力落后地区的帮扶和财政支持推动全域创新。我国受地理位置、发展基础、人口流动、教育资源等因素影响,东南部创新能力明显高于西部,一、二线城市更加领先,并有创新的地理区域差距进一步扩大的趋势,将制约经济的均衡发展。我国应借鉴德国的创新均衡经验,对中西部部分地区加大投入,形成具有地域特色的创新体系,对军工等产业实现创新单点突破。

(五)制定更具针对性的国际科技合作策略

为加强创新的国际合作,德国联邦教育研究部成立了德国研究联合会、国际事务办公室和德国学术交流中心,针对性开展创新活动和成立创新合作联盟。在国际创新合作过程中,德国会根据以往合作经验、合作方的创新模式特点、双方创新目标和需求量身定制合作方案,并由更适合的部门负责。中国在制定国际创新合作战略的过程中也应注重个性化定制,根据国家特点、合作领域提出不同的合作方案,以提高创新合作联盟的运行效率。

第四节 OECD国家科技创新战略

除了美国、日本、德国等重要国家,其他国家和地区关注到创新的强大效益后,也着重开始制定国家创新战略。本节通过对部分OECD成员国制定实施的创新战略进行分析,寻找对我国深化创新驱动发展战略的有益借鉴。

一、以色列的科技创新战略

以色列是世界上高科技创新企业最繁荣的国家,是全球创新创业的聚集地,也是跨国公司研发中心的聚集地,科研水平居世界领先地位,享有"创业之国"的美誉。以色列经济增速曾多年保持在 10% 以上,人均 GDP 超过英、法、日等世界经济强国。每 1 万名员工中有 140 名科技人员或工程师,大于美国和荷兰的总和。以色列的科技创新战略具有以下特点。

(一)构造创新生态系统助力企业创新

以色列作为一个小国,大型引领性企业较少,在数千家创新型企业之中,大部分是总资产低于 10 亿美元的中小企业。虽然中小企业的组织架构更为灵活,创新方向也容易根据产业趋势进行转变,但是此类项目研发的抗风险能力较弱,风险投资成本偏高,导致以色列许多创新型中小企业在运营 3—5 年之后时常面临破产压力。为了克服企业创新融资难、融资贵等难题,提升企业创新积极性以及抗风险能力,以色列政府在 1991 年制定实施了技术孵化器计划。该计划主要是成立一些专业的不以赢利为目的的产业创新技术孵化器,为初创中小企业提供创新资金、创新空间、创新技术以及市场服务支持。一般而言,这类孵化器由知名大学和研发机构、地方政府以及大型企业集团负责成立运营,政府对孵化器的数量、服务质量以及运行方式设定一定门槛条件和考核体系,孵化器必须符合相关设立标准和法律法规,同时还有相应的退出和进入壁垒。孵化器整个支撑模式以"政府风险共担、让渡企业利益"为核心,为符合条件进入孵化器的初创企业提供两年的无息或者低息贷款,在符合一定条件的基础上,若企业项目失败也无高强度的还款要求(李鸿炜,崔玉亭,2018)。在政府的支持下,很多私营部门也成立了自身的孵化器,为业务扩展以及服务深化提供支撑。高等院校、孵化器、科创企业、科创园区、国际资本等创新要素共同构建了一个良好的创新生态系统。

(二)建立协调基础研究和应用研究的技术产业化机制

基础研究是支撑应用研究发展的重要动力,在创新战略的实施过程中,不能过度倾向于能够快速产业化、产生巨大经济效益的应用研究,也应积极关注原始技术和基础领域的研发和突破。为了使基础研究和应用研究两者更加平衡,以色列在主要知名大学和研究机构设立了技术转让公司,负责知识和技术产权的转移转让。一方面,虽然这些公司在政府引导、机构出资设立下成立,但它是具有独立自主运营能力的商业技术组织,在人员运用、资金投入、经营模式等方面具有高度的自主权。另一方面,高校、机构研究人员只能提供技术专利,或者担任这类公司不涉及管理的技术职务,被禁止参与公司主体运营。

(三)积极拓展海外市场

由于国内市场空间限制,以色列科技型企业不断开拓海外市场。以色列政府联合企业于 1985 年成立了出口与国际合作协会(IEICI),该协会几乎覆盖新一代能源、工业品、电子科技、食品消费等所有通用领域,协调国际市场的开拓,为国内企业发展提供补充国际资本。协会主要运营方式是收集和整合相关国内企业,通过驻外大使馆获得世界各国的商业信息数据,将国内企业与外部市场通过信息资源进行整合。从内部看,它助力以色列国内企业资源共享、渠道拓宽,形成息息相关的战略联盟。从外部看,它推动了以色列企业群体在国外市场的开拓,为企业提供了全面而专业的信息资源,并为企业群体提供规范统一的其他市场服务。

(四)拓展企业研发投入的海外融资渠道

以色列创新型企业融资渠道主要在海外,如大多本土企业在美国纳斯达克上市。同时政府积极拓宽融资渠道,帮助以色列初创企业吸收欧美发达国家的风险投资。2019 年,风险投资继续成为以色列高科技企业的重要融资渠道,以色列高科技企业的融资交易总计 522 笔,平均每笔融资额约为 1600 万美元,共筹集 64 亿美元风险投资资金,比 2018 年增长 35%。软件高科技企业继续成为融资的主要领域,融资金额达 44 亿美元,比 2018 年同期增长近50%;生命科学企业融资额约为 14 亿美元,同比增长 17%,位居第二。按具体技术集群分类,人工智能、网络安全、金融科技等领域的高科技企业融资金额较高。受风险投资的逐利性和市场性影响,以色列将科研攻关、国防科技、教育力量与市场、企业家紧密联系,不断推动学术成果的应用转化,促使以色列成为全球科技成果转换最为成功的国家。

二、韩国的科技创新战略

如果没有韩国科技体系、创新战略的引导和支持,韩国难以在短时间内成为东亚瞩目的发达国家。虽然在 1997 年亚洲金融危机前,韩国创新的重点是引进先进技术,迅速建立工业生产体系,快速提升国力。但在 1997 年的亚洲"金融风暴"的重创下,韩国迅速改变了科技发展战略,加强对自主创新的投入,加大对民营企业创新的扶持力度,建立了以民营企业为主导的科创体系,为韩国经济发展提供源源不断的动力。

(一)重视科技发展战略和政策

自 1999 年以来,韩国制定了十年周期的科技发展战略。2020 年 8 月,韩国政府发布了最新版本的战略《科学技术未来战略 2045》(以下简称《战略》),提出了面向 2045 年的科技发展蓝图和政策方向。与前两个版本不同,此次《战略》强调应对挑战和转型的核心,大力发展能够提高人民生活质量、促进经济发展并为人类社会做出贡献的科学技术,并期望到 2045 年建立一个安全、健康、繁荣、方便、公平和诚实的社会,为人类做出贡献。《战略》提出了未来发展面临的八大挑战,并将生命科学、数学、新材料等基础科学作为应对相关挑战的基础。同时,《战略》从三个维度确立了八个政策方向:科学和技术发展相关主题、科学和技术发展空间(区域和全球)和政策环境。

此外,韩国还出台了多项重大科技计划和一批具体科技政策,包括《研发投资系统创新方案》《极地科学未来发展战略》《以人工智能强国为目标的人工智能半导体产业发展战略》《5G＋战略发展现状及未来计划草案》《全民数字力量强化教育事业》,应对日本零部件出口限制的《材料、零部件、装备 2.0 战略》,以及应对疫情挑战的《应对新型冠状病毒 ICT 产业支援方案》等(罗梓超,刘如,董晓晴,2020)。

(二)强调科技管理体制改革

韩国的科技管理部门虽然进行了数次重组,但从未动摇过其在科技政策、规划和计划上的主导地位,反而其地位日益提高。目前,韩国所有的国家科技规划、实施和评估工作都集中在以国家科技咨询会和科技信息通信部为中心的政府部门,管理权力的高度集中有效地保证了科技政策贯彻落实。

(三)健全国家科技预测、科技水平评价及科技信息统计机制

韩国建立了专门的科技预测和技术水平预测机构。韩国每年通过对科技信息的统计,掌握目前的发展阶段和发展趋势,提升科技政策制定的合理性和实践性。在数据公开方面,政府开放共享科技信息数据和信息,鼓励科技专业人士参与科技政策和计划的制定,支持普通公民对政策实施的绩效和状况进行评估,并在公共平台上对民众所提出的想法和方案进行反馈。

(四)保护知识产权

在韩国逐步走上自主创新的路径后,开始认识到知识产权保护对于激发创新活力的重要作用。韩国成立了专业管理部门对知识产权进行保护,并构建完善的法律保护体系。同时,政府出资购买企业的专利产品,激发企业形成开发具备自主知识产权创新意识。

三、芬兰的科技创新战略

芬兰作为一个面积只有 33 万平方公里、人口 550 万的北欧小国,在国内资源少、市场需求有限的内在条件下,多次被评为世界上最具创新力和竞争力的国家之一。芬兰在实施国家创新战略方面取得了突出成就,这主要归功于芬兰完善的创新体系设计、高素质创新人才的培养以及政府对创新的大力支持(樊继达,石建国,2016)。芬兰的成功对我国创新驱动发展战略的设计和实施有着重要启示。

(一)加强创新体系的顶层设计

与大多数国家相比,芬兰的创新体系建设和变革不是一个被动和缓慢的过程,而是政府积极设计的结果。芬兰国家创新体系的核心组织在 20 世纪 60 年代、70 年代和 80 年代逐步建立,并在 90 年代形成。在这个体系中,创新的不同方面由特定的主体负责,不同的主体有明确的分工和职责。

(二)建立健全创新创业人才培育体系

芬兰对创新型人才的认可突破了传统的研究型人才的定义,人才培养体系在人才成长和创新型专业人才教育过程中做出了相应的改变。芬兰非常重视人才的基础教育,非常重视中小学教师的创新能力和学习能力,为教育

初期的创新奠定基础。在高等教育阶段,通过教育制度改革,建立了以创新和创业为重点的大学机构。除了"大脑"型 R&D 人才外,他们还重视培养工程师、职业技术人才、创新管理人才等"动手"型人才。

(三)发展创新资助、创新文化和创新网络

芬兰创造了极其有利于创新的市场环境,大力支持创新型、有活力的企业开展研发、技术创新、商业模式创新和市场开发活动。充分尊重创新规律,对一些基础创新给予长期支持。以资助方式为出发点,打造"容错"的创新文化。鼓励创新主体之间的合作,鼓励大企业和高校通过制度设计与中小企业合作,构建创新合作网络,形成创新协同效应。

第四章　高新区发展的理论与实践

在世界各国的科技创新战略中,"复制硅谷"都是必备的选项。改革开放以来,我国借鉴美国硅谷经验,推动建设高新技术产业开发区取得了显著成效,走出了具有中国特色的创新集群发展道路。国家高新区作为区域内的"经济特区"和"政策试验田",是国家推动高新技术产业和地区经济发展的重要战略,其驱动经济发展的作用机制非常值得研究。

"十四五"时期,随着我国迈入全面建设社会主义现代化国家的新发展阶段,高新区与城市区域一体化程度更加深入,高新技术产业集聚与城市集聚、人才集聚的"三轮驱动"将进一步助推高新区成为都市圈、城市群的重要创新增长极。

第一节　国家高新区发展历程分析

高新区的概念起源于美国硅谷。1951年,美国斯坦福大学教授弗莱德·特曼组织部分高新企业和研究人员,在大学附近设立了斯坦福工业园。受益于高校的知识外溢和大学实验室的专利成果转化需求,斯坦福工业园不断发展壮大,孵化培育了苹果、英特尔、甲骨文等一系列知名企业,逐步形成科技产业高度集聚的高新区,即硅谷。

与硅谷主要从事科技成果产业化类似,我国高新技术产业开发区(以下简称"国家高新区"),是由国务院批准成立的国家级科技工业园区,往往建立在我国知识技术密集型的大中城市或沿海地区。不过,国家高新区建设在不同时期发展内涵各异。国家高新区建设初期依托产业区或工业区,引进大量技术含量较低、劳动密集型的低端制造业,走"大进大出、两头在外"的外向型经济发展之路;之后随着园区建设的不断推进和园区产业发展水平的不断提高,园区的科技内涵不断丰富。

自 1988 年首个国家级高新区——北京市新技术产业开发试验区成立以来,至今有 169 个国家高新区遍布在全国 30 个省、自治区、直辖市,其队伍数量、经济体量、创新能力和空间范围都得到极大发展,成为我国创新驱动发展的重要载体。

一、高新区建设的重要意义

高新区以得天独厚的智力资源为依托,以先进技术和产业发展为核心,借鉴和吸收国内外先进的科技资源、管理理念和流动资本,享受各级政府配套政策和改革红利(代瑞红,和金生,张自强,2009),在国家创新体系建设、创业创新发展、人才引进培育等方面起到了积极的作用。

(一)以创新创业的平台化组织助推国家创新体系建设

在科技创新模式和产业组织方式变革作用下,各国家高新区不断涌现出以孵化器、众创空间和新型研发机构为代表的创新创业平台化组织(赵禹程,程文浩,俞乔,2020)。该类组织是科技组织和创新模式响应新技术经济范式的表现,其组织方式展示出了创新驱动发展时期科技体制改革重要的演进方向,具有推进新时代国家科技体制改革和国家创新体系建设的意义(王胜光,朱常海,2018)。如以色列为扶持科技型初创企业发展,不仅构建由政府主导把控的技术孵化器体系,而且通过私有化改革形成了更具市场竞争力和盈利能力的私营孵化器,为企业融入全球创新网络以及国家创新体系的建设提供支撑。

近年来,我国国家创新体系建设更加注重基础和应用交叉融合研究,如打造攻关基础研究领域和重大科技创新的国家实验室,建设加速科技成果转化的国家产业技术中心创新(汪海凤,赵英,2012)。高新区的新型双创平台建设,不仅在其组织模式变革上起到引领作用,更是将国家创新体系建设内涵进行了延伸,不断触及现实经济活动场景下的地方"末梢"神经。

打造双创平台要注重激发其"四位一体"的平台组织功能,具体包括:一是具备开放环境,可以吸引全球创新人才;二是具备丰富资源,为科技研发和创新过程提供条件;三是具备集成服务,为实现高端赋能给予支持;四是具备充足资金,有效保障企业发展的风险投资和产业基金。高新区发展以独特的区位优势建立了知识和机构之间的交流形式并维持了稳定持续的关系,为企业内部组织和不同企业相似机构之间的潜在经验类知识准确地交流与扩散提供了必要条件,从而有利于提升创新氛围与创新理念。拥有智力资源、政策红利、基础配套等优势的高新区成为双创平台建设的重要空间,成为国家创新体系建设不可分割的一部分。

(二)以数智化的生产方式实现产业创新发展

高新区产业发展方向符合国家战略性新兴产业的总体发展布局,能够在相对时间支撑国家重大战略需求,实现产业技术的更新换代(李文增,2010)。如今,伴随着新技术革命的深化,我国产业革命正持续全面开展。尤其是高新区产业发展方向不应局限于追求规模和体系优势,而是既要在产品质量、规模和品质提升上下足"功夫",又要抓住数字化和智能经济时代的机遇,在产业升级和新兴产业发展上加快步伐,助推全球竞争力的挖掘与提升。如中国台湾新竹科学工业园区在新形势下,从过去实施以"制造"为导向的高科技产业发展战略,到强调研发设计类产业的发展,逐渐进入研发活动为主的阶段,成为亚洲乃至世界"复制"硅谷的成功范例。高新区依托新动能、新产业、新生产方式的培育和改造推动产业高质量的创新发展。

在新动能培育上,高新区是人工智能、工业控制、大数据、云计算等新一代技术的重要研发地和起源地,通过高新区的成果转换使这些技术快速融入产业和科技创新双联动,不断拓展应用场景和竞争领域,促进产业发展跃升到新的高度(代瑞红,和金生,张自强,2009)。在新兴产业发展上,高新区在遵循产业集群演化规律的基础上,受宏观政策定位、相关产业集聚等因素的交互影响,大体分为大量要素集聚、优势产业主导、科技创新突破、相关辐射范围和循环再创五个发展阶段(解佳龙,胡树华,王利军,2016),当前已经成为我国生物医药、新材料、数字经济、高端装备制造等新兴产业竞争的重要载体。在生产方式变革上,高新区是推动生产、组织、管理模式数字化和智能化的重要空间,在新一代信息技术和制造业融合发展的道路上处于引领地位,不断形成新发展阶段产业生态和科技环境的竞争优势。

(三)以教育提升和知识外溢打造创新人才高地

在互联网发展和信息传播渠道拓展的影响下,知识的溢出和学习方式都产生了巨大的变化,教育体验场景不断加深,人力资本的外溢作用不断凸显。高新区多数位于人才密集地区,如大学、公共研究机构。因为高素质人才是区域发展的宝贵资源,大量的人才聚集有助于推动创新能力的持续增长并对周边形成创新辐射(谢永琴,2004)。如美国硅谷不仅拥有斯坦福大学、加州大学伯克利分校、圣克拉拉大学等世界一流大学,还培育了数千家研发机构和企业培训机构,向硅谷源源不断地输送人才。印度班加罗尔是高等学校和科研机构的集中地,印度国家的 28 家科研机构也设立于此,企业内部和其他政府认可的科研机构达到 100 多家。由此可见,人才是高新区发展之本。

我国高新区在建设高等院校、研究院所的基础上,不断加大对互联网学院等新兴教育学院的重视,与双创平台相互促进、相互融合,形成了产学研一体的教育研发体系,吸纳培育了更多的新生知识群体,改善了园区内的人口结构和知识层级,为打造人才高地、实现全民创新提供了先进典范(谭谊,彭艺,侯勇,2012)。

二、我国高新区的发展历程

从发展历程来看,我国高新区大致经历了五个重要发展阶段,包括:"起步阶段"、"一次创业"、"二次创业"、"三次创业"、高质量发展阶段,以下对不同发展阶段的背景、趋势和特征进行分析。

(一)起步阶段(1985—1991 年)

20 世纪 80 年代初期,在面对社会发展的问题上,我国大力推进科学技术与经济建设紧密结合。美国"硅谷"作为国家科学园区建设的先进典范被世界各国广泛学习和借鉴,我国相关专家和学者也以此提出在国内创办科学工业园区的建议。1985 年 3 月,中共中央发布《关于科学技术体制改革的决定》,提出"为加快新兴产业的发展,要在全国选择若干智力资源密集的地区,采取特殊政策,逐步形成具有不同特色的新兴产业开发区",将高新区建设上升为国家战略。同年,中国科学院与深圳市人民政府联合创办了我国第一个高新技术产业开发区——深圳科技工业园。1988 年 5 月,国务院批准建立北京市新技术开发实验区,成为我国首个国家级高新区,开启了中国国家高新区建设和发展的历史。

1991 年 3 月,国务院下发了《关于批准国家高新技术产业开发区和有关政策规定的通知》后,开始了较大规模的高新区建设,当年就批准建设 27 家,1992 年再度新增批准建设 25 家,标志着我国发展高新技术产业、建设科技创新园区的全面起步。然而,高新区创建初期面临的首要问题是生存问题,而非发展问题。大多高新区是在城市边缘或空白地带规划建设而成,需要借助政府及园区的相关优惠政策等外力驱动,吸引园区内外的生产要素集聚。因此,对企业的入园要求并不严格,引进了大量传统产业及制造加工企业,依靠加工贸易获取附加值使得高新区初创时期的功能与现有工业加工贸易无异。

(二)"一次创业"阶段(1992—2000 年)

1992 年至 2000 年是高新区的"一次创业"阶段,同时期,我国改革开放正在不断深化,为高新区的发展带来了机遇,高新区快速发展成为我国高新技术产业发展的战略阵地。技工贸总收入、出口总额、研发投入等总量指标的增长速度在同期全国性经济总量指标中凸显出巨大优势。这集中反映了高新区建设带来的显著成果,一是高新区内企业快速发展、规模不断扩大,二是政策赋能集聚了土地、资本、技术、劳动力等各类要素。在这阶段,拥有联想等一大批创新企业的中关村科技园是高新区中的典型代表。虽然高新技术企业参与国际分工日益增多,但其在分工中通常承担加工制造的角色,技术性收入占比不断降低,处于高技术产品价值链的低端。此外,在高技术产品出口中,外资企业所占份额不断增大,表明招商引资较成功,但是技术引进尚未成形。如中关村科技园的大多数企业都是靠贸易起家,逐渐形成工业制造能力,进而在技术上寻求进步。

作为高新区归口管理的科技部,逐步认识到技术创新的重要性,从"重点培育一批大企业"转向"营造良好的创业环境",从强调"科技进步"转向强调"技术创新"和"企业是创新主体",推动"贸工技"向"技工贸"的发展路径转变。

(三)"二次创业"阶段(2001—2010 年)

2001 年至 2010 年为高新区的"二次创业"阶段。21 世纪初,"一次创业"中积累的矛盾和问题正在逐步凸显,火炬统计(国家高新区经济指标统计体系)显示,国家高新区在技工贸收入大幅增长的背景下,利润总额占技工贸收入的比重却呈下降态势,这与高风险、高收益、高利润的高技术产业发展模型出现冲突,实际上这体现出我国高新区以低利润的一般制造业为主导,整体技术创新能力薄弱。

2001 年,科技部发出号召今后五到十年国家高新区要进入以科技创新和体制创新为动力,以培养高新技术产业为主要任务的"二次创业"阶段。2005年 1 月,科技部印发了《国家高新技术产业开发区技术创新纲要》,对"二次创业"战略给予了进一步诠释,其核心为营造创新创业环境、增强技术创新能力。在国家政策的驱动和扶持下,高新区内出现真正意义上的高新技术企业,并且开始出现大型企业。这些大型企业逐渐引领形成园区主导产业,通过整合各类创新要素,形成完整的产业链,使得高新区的经济实力显著增强。成长期的高新区的研发动力主要来自于大学和科研机构,园区内企业的自主研发能力仍然薄弱,因而这一阶段的高新区与高新技术产品制造加工基地的性质有所相同。

(四)"三次创业"阶段(2011年至今)

2011年开始,高新区进入"三次创业"时期。2011年,科技部火炬中心提出了新时期国家级高新区发展的重点任务,即"一个行动+两项工程"。其中,"一个行动"是指国家高新区的创新发展和战略提升行动,"两项工程"是指"创新产业集群建设工程"与"与科技服务体系火炬创新工程"。这是对"二次创业"的延续和深化。同时,结合《国家中长期科学和技术发展规划纲要(2006—2020年)》,科技部提出高新区需要建成"三类园区"。

一是打造2~3个样板性园区跻身世界一流高科技园区行列。以世界一流高科技园区为标准,重点支持2~3个国家高新区率先跻身世界一流高科技园区行列,成为引领我国高新区发展的旗帜和实施国家自主创新战略的重要载体。

二是建设一批自主创新能力较强的创新型园区。以增强企业创新能力为核心,通过大力加强园区的科技基础设施建设,吸引国家重大科技项目入户及建设一批国家级重点实验室和工程技术中心等有力措施,将部分中心城市的国家高新区建设成为自主创新能力和产业竞争能力较强的创新型园区,使其成为区域经济增长和结构调整的重要引擎,成为引领科技创新和技术进步的重要载体。

三是扶持一批具有地区特色的高新技术产业园区。积极扶持一批基础条件完善、产业特色鲜明、发展前景广阔的国家高新区,培育和发展特色产业集群,快速提高这些国家高新区的综合实力,使其在带动地方产业升级、调整经济结构、转变经济增长方式和培育产业集群中发挥辐射带动作用。

这种分类指导的模式是队伍扩大后的必然选择。2010年9月和11月,国务院先后两次共批准27家省级高新区升级为国家高新区。此后,国务院按每年10个的速度批复新升级开发区,国家高新区队伍迅速扩容,到2019年,国家高新区已达169家,较2011年底翻了一番。在这个阶段,园区吸引了大批研发中心入驻,极大地增强了企业的研发能力。同时,原创性和高附加值产品开始出现,带来风险投资的大量涌入,不断催生园区内的创新网络并形成特有的创新文化,从而使园区增强了基于自我创新的核心竞争力,逐渐走向国际化。

但新升级国家高新区绝大多数都位于国内二、三线城市,区位优势并不明显,如何立足使命,发挥后发优势,推进自主创新,成为从国家到园区共同关心的热点问题。

自20世纪90年代批准成立首批国家高新区之后,2020年7月,我国首次以国务院名义发布国家高新区主题文件,即《关于促进国家高新技术产业开发区高质量发展的若干意见》(以下简称《意见》),对今后高新区发展具有极其重要的指导意义。

《意见》提出,要将国家高新区建设成为创新驱动发展的示范区和高质量发展的先行区。这明确了国家高新区在国家总体战略布局中的角色,标志着将国家高新区的战略位势提升到一个新高度。同时,围绕新时代如何促进国家高新区高质量发展,《意见》从着力提升自主创新能力、进一步激发企业创新发展活力、推进产业迈向中高端、加大开放创新力度、营造高质量发展环境共五个方面提出了18条举措,国家高新区作为创新型国家核心承载的地位不断凸显。

三、国家高新区的总体发展趋势

国家高新区持续深化科技体制改革,进一步优化科技创新政策环境,人才、资本、科技、信息等高端要素的集聚能力不断增强,培育了一大批优质企业,发展质量和效益不断提升,创新成效日益突出。

(一)发展效益不断提升

2019年,全国169家高新区共实现生产总值12.2万亿元,占国内生产总值的12.3%,其中高新区的园区生产总值占所在城市GDP比重达到50%以上的为8家,30%以上的为28家,比重达到20%以上的为53家;上缴税费1.9万亿元,占全国税收收入的11.8%;出口总额4.1万亿元,占外贸出口总额的21.6%。2019年,全国高新区新增注册企业61.9万家,同比增长32%;企业从业人员2213.5万人,同比增长5.8%;实现营业总收入38.6万亿元,同比增长11.4%;工业总产值24.0万亿元,同比增长8.0%。国家高新区在经济规模总量上支撑国民经济平稳健康发展和区域经济动能持续转换。

(二)发展环境不断优化

国家高新区持续推进"创业苗圃—孵化器—加速器"创业孵化链条建设,积极完善创新创业服务体系,不断优化各类服务机构发展环境,促进创业服务精益发展,创新创业生态环境持续优化,有效地推动大众创业万众创新。2019 年度,全部国家高新区或所在市政府出台了支持鼓励创新创业的相关政策。截至 2019 年底,169 个国家高新区拥有 3295 家众创空间,其中科技部备案的众创空间 912 家,逐渐形成了创业服务机构的集聚效应和大众创新创业的规模优势。

国家高新区在创新创业服务机构建设上不断优化完善,以提升园区创业孵化能力,进一步加强创新创业服务体系建设。截至 2019 年底,169 家国家高新区内建设 245 家大学科技园,其中国家大学科技园 86 家,占全国总数的 74.8%;各类生产力促进中心 494 家,其中国家级示范生产力促进中心 107 家,占全国总数的 43.3%;技术转移机构 1876 家,其中国家技术转移机构 314 家,占全国总数的 69.3%。同时,国家高新区全面实现了园区内基础设施全覆盖,为园区的创新提供了极佳的环境支持和要素支持。

(三)创新投入持续增加

创新投入是创新活动的重要前提,有效的投入才能保证持续的创新和经济产出(洪群联,2013)。2019 年,169 家国家高新区财政科技拨款总额达 1277.7 亿元,占高新区财政支出比例达到 15.4%,占全国财政科技支出比重达 11.9%。国家高新区大力支持创新创业,为良好的创新创业生态体系提供多方位的科技金融服务支持,2019 年,国家高新区用于支持企业技术创新的资金达到 523.7 亿元,较上年同比增长 15.2%,其中,用于创新券的资金达 17.2 亿元,用于支持创业风险投资的资金 581.8 亿元,用于支持担保机构的资金 371.8 亿元。同时,国家高新区不断优化资金使用途径,其中用于支持创新创业服务机构发展的资金达到 76.0 亿元,用于支持创新创业人才的资金达到 107.2 亿元,用于吸引和支持大学及研发机构的资金达到 257.4 亿元。

(四)创新成果日益突出

国家高新区历来重视知识产权的保护和利用,各地高新区不断出台加强知识产权工作的政策措施,积极构建法治化、市场化的营商环境,国家高新区逐步成为全国专利产出最丰硕的区域之一。2019 年,全国 169 家国家高新区中有 84 家高新区被国家知识产权局认定为试点(示范)园区,占全部园区总数的 49.7％,另有 19 家高新区成为国家知识产权服务业集聚发展试验区。2019 年,国家高新区企业当年专利申请数量为 77.9 万件,其中发明专利申请数 41.1 万件,申请国内发明专利数 35.6 万件,占全国国内发明专利申请总量的 28.6％;当年专利授权数 47.6 万件,其中发明专利授权 16.6 万件,国内发明专利授权 13.5 万件,占全国国内发明专利申请授权量的 37.4％;国家高新区内企业拥有有效专利 236.4 万件,其中拥有发明专利为 85.8 万件,拥有境内发明专利 74.0 万件,占全国国内发明专利拥有量的 38.4％。与 2018 年相比,各型专利产出量增长率均在 13％上。

(五)创新人才不断集聚

国家高新区以优厚政策聚拢人才、以优质服务留住人才,始终坚持以高标准招人聚才与立体化培育人才并举,逐步建立起一支规模宏大、富有创新精神、敢于承担风险的创新型人才队伍,成为全国的创新人才高地。2019 年,国家高新区企业从事科技活动人员 465.9 万人,占全部从业人员总数的 21.1％,占比较 2018 年提高 0.6 个百分点;高新区企业中专业技术人员 616.1 万人,占全部从业人员总数的 27.8％。从业人员中,本科及以上学历人员数为 842.1 万人、R&D 人员 264.1 万人,R&D 人员全时人员数为 198.4 万人,分别较 2018 年同比增长 10.1％、2.2％、4.8％。

四、我国高新区发展的典型模式

我国高新区的发展情况差异较大,总的来看基于经济基础、发展阶段、政策环境、资源禀赋、产业特色等因素,我国高新区发展呈现出几种不同的模式。

(一)以高科技企业为主导的发展模式

此类型高新区重视营造良好的创新创业环境,加速研发资金、研发人员、研发机构、高新技术、研发平台等创新资源的集聚,大力扶持科技型企业发展,形成巨大的创新动力(长城企业战略研究所,2017)。随着高新区建设的优化完善,高新产业系统化加深、交叉性加大,从而使科技研发与科技成果转化日益复杂化,由此带来大规模研发的系统风险的显著增加。同时,科技预测性和可控性的增强又使得风险被有效分散,促进了科技研发速度。将研发课题市场化、规模化、专业化,并利用小规模研究,可以很好地利用其灵活性,从而达到分散风险和加快科研速度的效果。科技型中小企业的培育,使高新区成为培育、造就高新技术企业的摇篮,从根本上提升高新区的自主研发能力,形成一批根植性强的自主创新产业。如深圳高新区打造产业发展、人文创新、环境生态为一体的优质环境,鼓励创新创业,培育了一批以华为、中兴为代表的高科技企业,成为中国参与全球高新技术产业竞争的重要阵地。

(二)以承接国际产业转移为主导的发展模式

此类型高新区紧抓国际产业转移的机遇,吸引国际知名企业入驻,形成总部经济,经历了由"单个企业—同类企业集群—产业链—产业集群"的发展路径演变,产生一定竞争优势。如以上海张江高新区为代表,上海张江高新区依托良好的对外区位以及优惠的政策扶持,吸引国际知名科技企业入驻,尤其是生物医药、半导体、信息软件等领域的龙头跨国企业,引导成立区域总部,通过大企业的集聚带动园区其他配套产业链环节的企业壮大发展。注重成立创新创业平台化组织,为中小创新型企业提供资本、技术、人才等高端要素资源,帮助链接全球创新链,推动产业发展迈向价值链中高端。上海张江高新区具备一定发展基础后,加速从表层优惠政策向深层次的产业集群转变,优惠政策将可能逐步从区域倾斜转向技术倾斜和产业倾斜,将竞争优势新区的竞争优势建构在具有独特区域优势的产业集群之上,成为中国发展高新技术产业的重要平台。

(三)以科教资源为主导的发展模式

此类型高新区依靠本地数量众多的高等院校、科研院所等智力资源,形成人才、技术集聚,创新氛围浓郁,基础研究和应用研究结合效果较好,通过科技成果的转化和产业化培育一批高新技术产业,一般位于高校云集、教育资源特别丰富的城市,代表高新区有北京中关村、西安高新区、武汉东湖高新区。其中武汉东湖高新区集聚了42所高等院校、56个国家及省部级科研院所、66名两院院士,其重视对科技成果转化中四类主体的支持力度,即对科技成果完成人有奖、对科技成果转化贡献人员(红娘)有奖、对受让企业有奖、对转移转化中介服务机构有奖,2019年和2020年共对124个高校院所成果转化项目、93个产学研合作项目和422个技术转移企业进行支持,支持金额近3000万元,成为依托科教资源,推动高等学校科技成果转化和技术转移,加速高新技术产业发展壮大的典型。

(四)以制造业升级为主导的发展模式

此类型高新区是指高新区在发展初期先进入制造业,待制造业形成一定的产业规模后再寻求产业升级,往研发和产业精深加工环节延伸。由于在发展初期更多依靠廉价的劳动力、水电和优惠的税收政策等,由于门槛较低,这也成为中国大多数二、三线城市发展高新区首选模式,代表高新区有济宁高新区、襄阳高新区、北海高新区等。在创新主导的战略格局中,未来高新区的发展,不在于比规模而在于比技术创新能力和技术转化效率,一味招商高新技术加工厂做大规模的方式已经过时了,从国外高新技术产业和高新区的发展轨迹来看,我国高新区也将逐步走向以研发中心、研发型产业、科技服务业为主体的研发型高新区。如苏州高新区从主动承接我国台港地区及日本、韩国等地区制造业产业转移开始,以土地、税收等优惠政策和劳动力、区位交通等优势吸引国际大型制造企业建设生产基地,同时引导本地充裕的民间资本投向大型制造企业配套的民营企业。随着创新全球化的深入,该模式下园区逐渐从制造向研发、设计等产业链前端转移,通过引进大院大所强化科技成果转化,鼓励创业孵化,逐渐从传统经济向知识经济、新经济模式转变。

(五)以自然资源为主导的发展模式

此类型高新区筹建初期更多依靠当地特色自然资源,如稀土资源、药材资源等,吸引资本和技术,在此基础上形成特色产业集群。该类型高新区一般只分布在某类资源特别集中的地区,资源富集程度和品质优劣往往成为企业选择投资的先决条件,代表高新区有包头稀土高新区、泰州医药高新区等。如泰州医药高新区关注园区的产业布局,形成与资源优势和区位优势相结合的特色医药产业,围绕上、中、下游关联医药产品集群,实施产业链招商,充分发挥园区配套设施、服务机构的作用,促进园区产业链的整体提升,打造独具特色的高新区。

第二节　高新区促进经济发展的机制分析

作为改革开放以来国家实行的一项重要经济政策,从国家级高新技术产业开发区带动新技术产业的发展来看,高新区取得了显著成效。国家高新区作为区域内的"经济特区"和"政策试验田",是国家推动高新技术产业和地区经济发展的重要战略,其驱动经济发展的作用机制始终是学界和政府关注的焦点,本节就这一问题进行详细分析。

一、理论提出与发展

高新区的概念最早源自"高技术"一词,在 20 世纪 50 年代美国专门针对高技术理论的研究而创办了名为《高技术》的学术期刊,继而有研究人员对其解释为以研发为基础并在研发推动下得以迅速发展和扩张的经济部门。而在当时美国硅谷从一片农业区起步,经过短短几十年就发展成为当前世界上规模最大、集聚程度最高、创造力最强的高新区,为美国的经济发展提供源源不断的动力,由此也引起世界各国的争相效仿。1999 年,经济合作与发展组织(OECD)正式提出创新型产业集群(或称为创新集群)的理论,对世界上经济较发达国家的一些高新人才集聚区和科技城进行了实证研究。从此高新区作为一个新的研究热点问题引起了国内外学术界的高度关注,而多年来探索和研究的重点问题主要聚焦于促进创新驱动、创业生态和管理体制完善等。

我国从 1988 年设立了第一家高新区,到如今高新区的数量已经发展到 169 家,分布在全国 30 个省、自治区、直辖市,对于发展高新技术产业和培育创新型产业集群、带动区域经济结构调整和经济增长方式转变、促进高新技术企业"走出去"参与国际竞争发挥了极为重要的作用。具有典型代表的高新区如:上海张江高新区截至 2020 年已经集聚科技企业近 10 万家,境外上市企业 309 家,科创版上市企业占全国的比重达 14.3%(张新明,2013);北京的中关村截至 2019 年从事科技研发人员数量达到 86.3 万人,拥有 21 位国家最高科学技术奖得主,占全国的 60%,超过 160 万从业人员中有 60% 是本科及以上学历(方兴东,杜磊,2020);成都高新区的生产总值在近五年来保持年均 8% 的增速,2020 年其区域生产总值达到 2401.9 亿元,经济总量和增速都在四川省市中保持领先(魏颖,张军,曹方,等,2021)。

"十四五"时期,随着我国迈入全面建设社会主义现代化国家的新发展阶段,高新区与城市的区域一体化程度更加深入、高新技术产业的发展进一步深化、城市自身的进一步扩张等诸多因素使得高新区与城市在空间上依赖程度更高,高新区对城市的反哺作用越发凸显,成为区域城市的主要经济增长点,并形成了区城融合的发展态势。如何朝着区城融合发展的形势良性发展,以新发展理念为统领,从创新、创业、产业等领域全面发力,引领区域经济实现高质量、可持续发展,已经成为高新区的重要战略任务。

二、高新区的发展历程

纵观高新区的发展历程,大都遵循"孤立—扩散—共生—融合"的发展路径,通过高新区的发展路径可以大致将高新区的发展划分为四个阶段,即要素集聚阶段、产业主导阶段、创新突破阶段和财富凝聚阶段。

(一)要素集聚阶段

这个阶段的高新区处于发展的初级阶段,必须以城市为依托,对城市提供的政策扶持、要素支持、资源倾斜具有高度的依赖性。在初级阶段,高新区的首要任务便是生存下去,因此该阶段的高新区对于入驻企业所设立门槛相对较低,如一些传统产业企业、科技含量较低的企业也都能入驻高新区。其重点关注的是要在短时间内吸引各类资源要素集聚到高新区内,如:资本、技术、人才等。初始阶段的高新区往往以政府为主导,通过当地政府在政策上的优惠,如:地租减免、税收抵扣、人才补贴、产业扶持等政策来吸引企业入驻。政府的做法大致分为以下两种情形,一种是当地政府自己培育本土企业,杭州市政府培育的阿里巴巴集团就是一个典型案例;另一种是直接去另一个行政区以一个更优惠的政策吸引已经成熟的企业入驻到高新区内。可以看出,初级阶段的地方政府之间的行为存在着明显的恶性竞争,而企业在高新区的去留依赖于地方政府给的政策优惠力度大小以及企业家是否遵守契约精神。

(二)产业主导阶段

在这个阶段,高新区内已经出现一些规模较大的企业,产业集聚已经初具规模,高新区已经形成自己的主导产业,形成一个较为稳定的上游、中游、下游的产业链。该阶段高新区发展的推动已经不再是单纯地依靠政府的政策优惠,在市场机制作用下,企业追逐超额利润已经成为高新区发展的推动力。同时,由于高新区层次的提升,对于企业入驻的门槛也有了明显的提高,入驻的企业往往都是具有一定的科技含量而且是与园区的主导产业关联度较高的企业。该阶段的高新区的规模效应已经开始显现,与要素集聚阶段相比,园区的生产能力大幅提升,园区的重心依次为企业生产、商业贸易、科技研发。该阶段高新区内企业自身的研发能力较弱,主要的科技研发大都是以市场为倒逼机制的被动研发,而且是依靠外包给科研机构和高校进行的产品研发。

(三)创新突破阶段

该阶段的高新区内的创新活动明显增加,创新已经由原先的外生动力转化为园区的内生动力,从产业主导阶段的由市场机制倒逼的被动研发转化为先行于市场的主动研发。创新已经成为高新区内企业成长的内核和高新区持续发展的决定性力量,园区内出现一批具有高附加值产品的企业。由于创新已经成为高新区以及企业发展的内生动力,因此该阶段对知识产权的保护需要也有所提高,企业的法律意识也有所加强,园区内部的第三方服务机构开始出现,企业对于科研成果的尊重已经形成高新区的共识,高新区内部已经形成创新网络和创新文化,该阶段的高新区国际化程度也有了质的飞跃。目前我国的大部分高新区都处于这个阶段。

(四)财富凝聚阶段

该阶段的高新区已经形成自己的科技品牌,处于世界一流层级。高新区的这种高势能真正起到引领和辐射作用,主要表现为:一方面是虹吸效应明显,吸引各种要素集聚到园区内部,风险资金的风险性大幅度下降,大量的精英人才汇聚在高新区的各个部门,高新科技企业主动加入园区;另一方面是溢出效应明显,园的企业将生产部门剥离出来,仅在园区内保留行政部门和研发部门,企业将剥离出来的生产部门放置到相对不发达的城市郊区或周边城市,同时由于该阶段的高新区具备核心技术以及高层次的研发人员,技术溢出和知识溢出也吸引了大量企业建立在高新区周边。

目前我国高新区还没有一个达到这个阶段,以国内一流高新区中关村为例,中关村拥有企业数量仅为 2.2 万家,与硅谷的 17.8 万家还有很大的差距;创业活跃程度与硅谷也存在很大差距,2011 年新创办科技型企业 4243 家,远低于硅谷的 1.72 万家;在并购规模上,虽然中关村企业在 2018 年并购数量达到 200 多起,但与硅谷的 630 起仍然存在很大差距。企业数量和并购数量在很大程度上能够反映创新集群的发展规模、创业活跃度和创新水平。

三、高新区与城市的互动发展机理

高新区作为现代化城市中的重要组成部分,其在城市中具有一定的独立性,但同时又与城市有着密切的联系,如功能、空间等。曼瑟尔·奥尔森(Mancur Lloyd Olson)的集团组织理论认为:"在一个大集团中,理性的个体和企业都会采取行动来实现利益最大化,除非存在强制或独裁手段使个人按照集团的共同利益行事。"(曼瑟尔·奥尔森,1965)高新区中所有企业的员工都想获得最好的报酬,城市中的所有企业都想进入利润高、成本低的部门以获得超额利润。由此,企业便成为高新区与区域城市这一系统中互动的关键元素。高新技术企业作为高新区的主体承担着连接居民个体与高新区、区域城市之间的关键纽带的重要作用。

第一,高新区是高新技术企业发展和集聚的空间载体,高新区往往比一般的经济区域拥有更加强力的扶持政策、更加完备的基础设施、更加丰富的人力资源,同时其信息的流通成本也更低,这些都是高新区能够吸引企业集聚的主要原因。例如以电子通讯企业形成集聚区的芬兰的赫尔辛基科技园、以电子工业企业形成集聚区的英国苏格兰科技园、以计算机企业形成集聚区的印度的班加罗尔科技园。

第二,高新技术企业的发展和集聚对高新区的发展有着至关重要的作用,在高新区的建设过程中因地制宜选择对本土企业具有较强的带动作用和示范作用的高新技术企业,有利于建立以高新技术产业集群为中心的发展模式,打造完善产业链,为高新区发展提供强有力的科技支撑和引领,从而反哺区域经济,促进传统产业的转型升级,推动区域经济的增长。如长三角一体化高质量发展中的 G60 科创大走廊沿线城市 R&D 投入达到 1598 亿元,发明专利授权 38202 项、拥有授权专利 28 万项,拥有高新技术企业 15816家,国家、省级重点实验室及工程技术研究中心 1262 个,各级孵化器众创空间 1147 家。

第三,城市的规模、功能和空间布局等方面也会影响企业的集聚、高新区的发展。城市中所具备为企业服务的相应平台可以为企业生产、园区发展提供长久的支持,同时城市中的教育、医疗、养老等完善的政策又可以留住企业人才。高新区与区域城市间的协同发展强调的是高新区和城市之间的良性互动、相互促进的协同发展状态。其实质就是要以城市为载体,为高新技术企业提供发展和集聚的空间;以高新区为保障,集聚高新技术企业和高层次人才;以企业和人才为核心,提升高新区的溢出效应,反哺城市发展;最终实现高新区与城市的协同发展,达到高新区与城市之间螺旋式叠加上升的态势。

从外在表象来看,高新区的发展推动了城市空间区域的拓展,但其本质上的动力源自于高新区与城市之间的互动。这些内生动力在为高新区的发展提供长久动力的同时也对整个城区经济做出巨大的贡献。

（一）以生产功能为主的互动机理

高新区最主要的目标是通过建立以创新为引领的科技园区，吸引或孵化一批自主创新企业，推动高新技术产业化，最终达到调整区域经济结构的目的。其具体路径是：第一，从建立高新区之初吸引企业入驻，在发展的过程中带动高新区周边土地利用方式发生转变；第二，高新区所在的核心区域土地价值提升使得企业的土地成本上升，影响企业的供给决策，企业开始将生产部门外移，由此改变了高新区周边的土地利用方式，增加了高新区与区域外沿的互动联系；第三，高新区由于存在着技术优势，知识、人才、产业的溢出效应明显，也加强了高新区内部企业之间、圈内企业与圈外企业的信息交流，企业通过高新区内部的第三方服务平台加强互动。

（二）以研发功能为主的互动机理

目前我国的高新区发展已经进入到创新突破阶段，高新区内部企业对创新研发的重视程度明显提高，园区内开始通过开设孵化器、梦工厂等方式来培育小微企业，园区的自主创新能力持续提高，形成以高新技术为主导的特色产业集群。

如杭州未来科技城中的梦想小镇，梦想小镇位于余杭区未来科技城腹地，通过依托未来科技城良好的人才和技术优势，抓住"大众创业、万众创新"的发展机遇，采用"有核心、无边界"的空间布局，致力于将梦想小镇打造为众创空间的新样板、信息经济的新增长点、特色小镇的新范式、世界级互联网创业高地。梦想小镇通过制定一系列扶持政策，积极引进各类创业创新孵化平台和中介服务机构，依托浙江大学、杭州师范大学等一批高校和科研机构之间互动合作，加上其孵化企业在高新区与区域之间的空间扩散所引起的互动（包含高新技术企业的空间扩散包括有形的物质空间扩散和无形的技术创新扩散。其中，物质扩散是指将资金物流扩散到有潜力市场的区域，技术扩散是指将先进的技术力量引入周边区域），由此加强了高新区与城市的互动。

四、高新区对区域经济发展的影响机制分析

在区域经济发展过程中，区域的经济呈现不平衡增长的态势，表现在不同地区、不同行业、不同部门的发展情况存在较大差异，城市的某些地区具有

产业集聚的优势,以产业为主导吸引大量相关企业入驻;有些地区以创新和研发见长,吸引高端人才要素聚集。这些具有主导产业和创新研发机构的地区的发展状况会优于整个区域的发展,成为整个城市当中的增长极,对区域内的其他地区具有很大的溢出效应,最终使得整个区域的经济发展产生质的提升。而城市中的高新区恰恰由于其外生动力和内生动力的双重发力,即:外部的政策倾斜,如产业扶持、税收抵扣、地租减免等,再加上内部自发的创新投入,就会产生巨大的虹吸效应,吸引创新企业和高端人才的集聚,形成一定的创新效应和规模效应。同时,又通过知识、技术、科技等溢出效应对城市产生反哺作用,带动周边相对落后地区快速增长。因此,城市的高新区在整个区域经济发展中扮演着增长极的重要角色。

(一)高新区提升创新投资

美国技术经济学家布莱恩·阿瑟(Brian Arthur)的自增强机制理论,不同于传统经济学观点所认为的经济系统主要是遵循边际报酬递减规律,自增强机制则认为在一个经济系统中存在着正反馈效应,即经济系统内部存在着通过自我增强而形成的边际报酬递增规律,从而形成路径锁定,在最初形成的优势槽上持续深化(布莱恩·阿瑟,2014)。而高新区的发展路径正是在最初的要素集聚阶段由地方政府提供的政策支持、产业扶持、技术保护所建立起来的优势槽,在高新区发展更高阶段之后,园区内部企业对于创新的追求从原先的市场倒逼转化为先于市场的自主研发,自增强机制就开始突显,创新投资的比例呈现上升趋势,高新区的科技创新被路径锁定。

高新区的创新投资本质上属于经济学中的自然垄断,在第一阶段的高新区相对弱小,尚未形成规模效应,其首要目标便是如何生存下去,而创新投资的前期固定投入成本是比较巨大的,因此初级阶段的高新区是没有动力去追求创新投资的,在高新区进入到更高阶段之后,高新区内部企业开始壮大,规模效应开始呈现,高新区有资本也有动力进行创新投资,同时在规模效应的作用下,高新区的创新投资成本平摊到每个产品之后使得整个高新区的经济增长得到提升。如图4.1所示,高新区创新投资的加强使得企业的平均生产成本曲线发生改变,表现为平均生产成本在产量较小的时候处于较高水平,随着产量的扩大,平均生产成本开始呈现较长一段时间的向下倾斜。

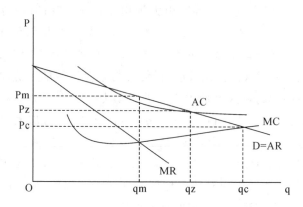

图 4.1　高新区创新投资对企业平均生产成本曲线的影响

根据古典经济学理论,在成本不变的情况下,企业集聚效应越强,产出水平就越高。高新区内生产要素的集聚,使得高新技术企业的投入成本逐步下降。在产品市场价格稳定的情况下,由于要素投入成本降低,企业获取的利润增加,那么以追求利润为目标的企业在发展策略上就会选择扩大再生产,使得区域内生产供给比较充足,进而推动整个区域经济的增长。

(二)高新区优化产业结构

高新区作为整个区域的增长极,其发展路径是从依托于制度优势或是资源禀赋开始进入更高阶段的,在这个发展过程中,区域产业结构从最初的单一产业开始向多元化产业演进。当今世界正遭遇百年未有之大变局,新冠肺炎疫情的冲击使得对外贸易断崖式下跌,国内生产力大量闲置,企业对劳动力需要下降,加剧了当前的供求矛盾。国内生产能力闲置情况较为突出,企业开工复产率不足,当前供求关系的矛盾冲突加剧。当前迫切需要高新区作为增长极,将高新技术转化为生产力,通过专业化服务性平台提供创业孵化、技术创新、投资融资服务,从产业集聚、产业转移、产业扩散三个维度优化产业结构。

在产业集聚方面,根据经济学理论,在成本不变的情况下,高新区内的产业聚集程度越高,规模效应的作用就越明显,其产出水平也越高。产业集聚带来的是生产要素的集聚,生产要素的集聚又使得园区内企业的投入成本下降,相对于行业的平均成本更低,园区内的企业能够获取更多的超额利润,企业基于追求利润最大化的目标会选择扩大再生产,使得园区内的生产供给更加充足,从而推动给整个区域经济的增长。从图 4.2 来看,在高新区内的产业集聚效应较强时,企业的生产规模扩大,园区内生产总供给曲线从 S_0 转变为 S_1,与总需求曲线 AD 的交点从原来的 A 点转变为 B 点,整个区域的总产出也从 Y_0 扩大到 Y_1。高新区产业集聚效应所带来的动态转变过程表明,园区内资本、劳动等要素投入的配置效率有所提高,企业的生产成本降低,相同要素的投入会带来更大的产出效益。

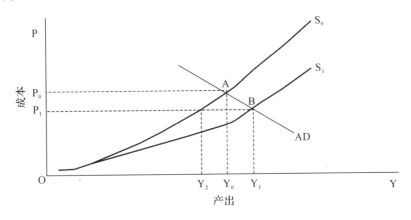

图 4.2 高新区产业集聚效应

在产业转移方面,随着经济的发展与高新区的发展进入到高阶阶段,园区内的生产要素从传统产业向高新技术产业转移是不可避免地发展趋势。虽然当前传统产业增长动力有所欠缺,但传统产业仍是不可或缺的,要充分发挥高新区地知识溢出效应,将高新技术运用到传统产业中,运用高新技术使得传统产业转型升级,促进产业结构优化,提升区域整体竞争力。

在产业扩散方面,高新区内部高新技术企业的规模发展,吸引高新技术产业集聚,高新区在空间扩散、区域辐射作用的影响下,其所具备的资金流、人才流、技术流等优势带动相关产业的上、下游企业分工更加优化、专业化生产提高、配套服务更加完备,形成由支撑产业、主导产业等共同构成的区域发展系统,大幅提升区域经济的竞争优势,促进区域经济集群组织更加优化。

(三)高新区优化资源配置

传统的依靠投资和政府购买来拉动经济增长的发展模式,虽然在经济增速表现为高速增长,但在资源配置效率方面却较为低下,生产与需求不匹配导致产能过剩,结构调整与产业融合过程中萌发的新兴产业同传统产业管制体制与机制的不匹配,同时由于我国人口红利的消失导致用工成本上升,经济增长想要继续保持高速增长已经难以为继,因此,对传统产业进行转型升级迫在眉睫。高新区作为国家创新体系的领导和引擎,具有产品附加值高、科技含量高、区域竞争力强、智能化程度高等诸多特点,能够形成产业集聚,发挥产业集聚的规模效应,优化区域的资源配置,表现为产业领域集中、科研人才集中、地理位置集中、行业信息集中、服务机构以及配套设施的集中,是信息链、产业链、技术链、人才链的多链融合,形成了生产协作一体化、分工专业化的空间网络结构,对于提升整个区域的资源配置水平和区域经济效率具有重要推动作用。

高新区的集聚效应和溢出效应对城市周边区域产生较强的辐射作用。高新区与城市之间的资本、劳动力、技术、人才等多种要素产生互动,与此同时,高新区所具备的先进管理模式、工作流程、创新文化也会源源不断地向外溢出。在产城三生融合的理念下,高新区的技术创新带动城区整体技术进步,形成与城区之间科学合理的良性互动系统,高新区与城市之间的内外联动得以实现,从而优化整个区域资源的配置。高新区在以要素驱动的阶段时,经济增长的模式是建立在增加要素资源投入的基础上,特别对劳动力、土地以及自然资源有所依赖。当高新区的要素禀赋消耗殆尽之后,传统的经济增长模式失去增长的动力来源。因此,高新区将以要素禀赋为经济增长点转化为以技术创新为增长点,推动资本能级与劳动能力的提升,优化提升资源的配置效率,提升整个城市经济发展。

五、政府推动高新区发展的作用机制

十八届三中全会提出,使市场在资源配置中起决定性作用,厘清政府与市场的关系,转变政府职能,弱化政府对高新区的行政管理,强化社会服务功能,提升政府在高新区建设的治理效能。政府在推动高新区发展的作用机制主要体现产业层面、空间层面与区域层面。

(一)优化产业生态体系

政府在高新区发展过程中构建与城市空间格局相适应的产业集群,优化整个区域产业生态体系。虽然高新区通过政府政策的支持发展到了以创新为驱动的更高阶段,但是当前产品生产的价值链对于高新区发展的促进作用却是有限的,对整个区域的带动作用也较为薄弱。本质原因是高新区的发展与产业集群之间的不匹配,因此需要通过创造高新区的比较优势来整体提高产品生产的价值链,提升高新区的产业层次,同时加强与跨国公司之间的技术交流,强化跨国公司的技术溢出效应,建立高新区内部产业集群与跨国公司之间的产业链接,为园区企业提供创新支持,并将高新区的创新效应向城市周边辐射,优化城市的产业生态体系,带动区域经济发展。其具体发展路径是在遵循高新区产业发展规律的基础上,延伸园区产业链条,提升高新区内部产业的比较优势;以价值链条为基础,寻求高新区产业的关联发展和高端发展,提高分工的专业化程度,从而提升产品的附加值;提高技术成果转化效率,建立以市场选择主导产业为主的产业集群发展体系;加快产业综合化,拓宽产业多样化发展,大力发展新兴产业,如现代医药、文化创意产业、新能源、新材料等,依托现有的研发资源,加快高科技产业集聚,推动战略性新兴产业的快速发展。

(二)合理配置空间资源

高新区从建立之初便应对传统经济转型升级而作为区域经济新的增长极,在区域经济的发展中扮演着重要的角色。但是由于各个地方政府之间重复建设情况较为严重,产业结构高度趋同,导致了城市空间的无序蔓延和扩张。产业结构同质化表现为地方政府不顾自身发展优势,极力追求自成体系、门类齐全、大而全、小而全的封闭式产业经济系统,导致了规模不经济和产业重复建设的双重损失。由于地方政府在建设高新区时往往都是区位相近、资源类似的,导致产业结构相似、产品生产布局重复、职能定位同化严重,难以形成规模效应。同时,地方政府之间存在的恶性竞争也制约着区域经济的发展,具体表现在地方政府相互挖掘、拉拢企业,有些地区通过投入大量资源辛苦培育出来的企业,马上就能产生经济效益,转眼就被其他地区以更高的优惠政策所挖走。对此,地方政府在建设高新区的过程中必须要合理配置空间资源、政策资源,并且根据城市自身的特点和比较优势形成城市之间的专业化分工体系。

例如,中小城市的高新区则要找准定位,利用从大城市获取的技术、知识等,把优势产业和特色产业培育成支柱产业,推动从"优势产业"向"经济极点"转变,实现与大城市高新区产业的协同发展,从而形成以高新区为中心的以点带线、以线带面的空间联动发展格局;大城市的教育水平高、基础设施完善,应当将其高新区作为知识生产、技术创新、成果转化中心,并通过异地借脑、合作共建方式,将新知识、新技术辐射到中小城市地区。

（三）完善区域治理结构

良好的区域治理结构是社会正常运行、整个区域经济健康发展的重要保障。当前,高新区的开发建设主要依靠于内部所管辖片区进行,在与区域经济发展的关系中并未建立起良性的互动协调机制。同时还存在重复建设、资源浪费、地方保护、市场封锁、各自为政、多头管理等突出问题,这在很大程度上侵害了区域经济一体化内在的互惠互利原则。因此,需要地方政府有所作为,完善区域治理结构,全方位地在政策、制度安排等方面做出深层次调整,建立良好的信息沟通及双边、多边协商机制。首先要构建有效的互动协调机制,实现区域经济协同发展。为避免各产业园区出现无序竞争,政府应当保持优惠政策的持续性和一致性,避免恶性竞争,协调好各产业园区之间的优惠政策,协调园区和谐发展,建立多方合作机制;在地方政府与高新区管理机构之间建立一体化的互动协调机制,如利益分享与补偿、利益争端调解、创新沟通协调、利益分配协商等方面进行制度设计,为高新区参与区域治理提供有效渠道,以加强高新区与所在区域甚至是跨区域的开放共享、互联互通。其次是转变政府职能,协调区域内经济发展。高新区所在地政府与其他各区政府都应当树立起共赢意识、立法意识,强化经济区意识,逐步淡化行政区意识,加强区域内各地方政府之间发挥各自优势,相互信任,不断促进区域经济发展。

第三节　国家高新区的案例分析

在当今经济全球化的背景下,创新集群建设在区域经济发展以及国家创新体系中扮演着重要角色。不同国家和地区都形成了具有一定规模的创新集群,例如美国硅谷、韩国大德、伦敦西科学城等。自改革开放以来,我国政府高度重视高新区建设,通过实施创新驱动战略培育园区内的创新集群使其成为城市创新发动机,充分发挥创新驱动在推进经济结构调整与转变经济发展方式方面的作用,同时充分发挥创新示范引领作用,提升科技对经济增长贡献度,最终形成新的增长动力源泉,带动区域高质量发展。

以下选取中关村示范区、张江示范区、成都高新区这三个案例分析北京、上海与成都三个不同地区的高新示范区如何借助各自区位优势与政策优势进行创新资源要素集聚、创新能力提升、国际化协同创新来推进创新集群建设。

一、中关村自主创新示范区的发展路径与模式

要能实现创新驱动战略,创新集群的建设必不可少。中关村作为全国第一个高科技园区,在改革开放的大环境下,依靠科技人才和企业家的创新精神与实践,逐步形成自己独特的产业集聚模式,发展成为了一个独特的世界一流高科技创新集群区域(陈劲,吴航,刘文澜,2014)。现如今,作为中国规模最大的高新产业园区,中关村已经形成一套较完整、适合中国发展需要的高科技产业发展链,在提升自主创新与研发能力、吸纳与培养高层次技术人才、增强国家技术竞争力及带动经济发展等方面取得了显著成效(方兴东,杜磊,2020)。

以下将通过介绍中关村发展历程与现状,并通过与硅谷创新集群现状进行比较,再从创新能力、国际化程度、政策目标等方面分析中关村发展特色,总结带有中国特色的中关村创新集群发展经验对于其他地区推进创新集群实践、落实创新驱动战略的重大意义。

(一)中关村自主创新示范区的发展路径

对于中关村发展阶段的划分,国内学者基于不同视角有着略有不同的划分方式,如傅志才(2004)更关注中关村建设与管理中政府角色定位的转变,李晔(2005)把中关村与新竹园区进行了比较,曾国屏(2012)以中关村创新集群的形成过程节点作为划分基础,但是最终划分出来的中关村发展阶段大体上也都基本符合《中关村科技园区志》(2008)所提出的按政策演进的标志性事件划分方式。

从创新集群的视角来看,中关村的发展历程可以划分为五个阶段:

第一阶段是1980—1989年的中关村电子一条街时期。早期科技人员率先突破传统思想进行创业,科技转化为现实生产力的潜能被释放出来,各类要素驱动成效显著。

第二阶段是1990—1999年的北京市新技术产业开发试验区时期。伴随着全球信息革命的兴起,园区崛起了搜狐、新浪等中国首批互联网企业,初步形成了若干有代表性的产业集群。

第三阶段是2000—2009年的中关村科技园区时期。中关村崛起了电子信息、软件、生物制药等多个有代表性的产业集群及相应的多个龙头企业,以战略技术联盟、技术合作、人员流动等多种形式实现大量的知识溢出,开始从

产业集群开始转变升级。

第四阶段是2010—2019年的中关村国家自主创新示范区时期。中关村的发展被提升为国家战略,期间中关村通过完善创新型企业、高校、科研机构、政府及中介服务机构的多元网络与加强参与者们内部多样、动态的联系,进一步强化创新驱动为未来的发展动力。

第五阶段是2020年至今的全球创新中心建设时期。中关村以一流的创新创业人才、技术、理念和模式构建完整的创新创业生态链,不断引导不同组织间通过合作与竞争来协调各自活动,推动创新观念的产生和扩散,涌现出一批创新技术和新兴企业,实现了成果商业化的转变。中关村发展历程阶段划分和主要特点见表4.1。

表 4.1　中关村发展历程阶段划分和主要特点

时间	地点	阶段	核心驱动	关键企业	中关村外	政策导向
1980—1989	孕育时期	个人电脑阶段	个人电脑	两通两海	长城、浪潮等	电子一条街
1990—1999	成长时期	互联网1.0阶段	互联网1.0	联想、方正、新浪、搜狐	华为、同创、实达	试验区
2000—2009	扩散时期	互联网2.0阶段	互联网2.0	百度、博客、人人、京东	华为、网易、盛大、腾讯、阿里	科技园区
2010—2019	崛起时期	移动互联阶段	移动互联网	小米、滴滴、美团等	华为、大疆、腾讯、阿里等	自主创新示范区
2020至今	超越时期	智能物联阶段	人工智能、大数据	头条、寒武纪、旷视等	华为、大疆、商汤、腾讯、阿里	全球创新中心

注:表中数据来源于方兴东,杜磊:《中关村40年:历程、经验、挑战与对策》,《人民论坛》2020年第23期。

(二)产业集群发展

中关村拥有全球领先的战略性新兴产业集群,经过40年的发展,已经形成了以电子与信息、先进制造、新能源、新材料、生物医药、环境保护为代表,以研发和服务为主要形态的高新技术产业集群。截至2019年底,电子信息、生物医药等六大技术领域的总收入占比达八成以上,奔驰新能源汽车、小米未来工厂、卫星研发制造基地——智能卫星工厂等一批重点项目落地实施。示范区形成了人工智能、集成电路、生物医药等一批优势产业,引领全国发展。2019年,示范区高新技术企业总收入6.6万亿元,实现增加值0.76万亿元,占比高于上年13个百分点。

(三)与硅谷创新集群的比较

从发展历程、创新能力、国际化等多种因素对中关村创新集群进行分析,能明显看到中关村40年发展的巨大进步,一跃成为全国第一的创新集群。为了准确评估中关村在国际上所处的地位,本书以美国硅谷为对照,选取创新集群建设的主要指标对二者展开对比,结果见表4.2。相比硅谷,中关村创新集群在整体发展规模还有一定差距,但是增长趋势明显,在前沿领域的差距不断缩小。

表4.2　中关村与硅谷创新集群主要指标比较

主要指标	中关村	硅谷
从业人员数量	281万人,同比增加3%	170.3万人,同比增加1.7%
企业数量	2.5万家	18万家
从业人员受教育程度 (本科及以上学历占比)	59.8%	56%
专利授权	2.1万件	1.85万件
独角兽企业	40家	122家
创业活跃度	新设立科技型企业 3.2万家,日均设立89家	新设企业130家
创业投资	2475亿元,上升35%	180亿美元,下降11%
IPO	IPO数15家	IPO数达到22家
企业并购	超200起	630起

注:资料源自于《中关村指数2019》和《硅谷指数2020》。

例如,相对于硅谷,中关村企业数量较少,总体规模较小(核心企业)。中关村拥有企业数量仅为2.2万家,与硅谷的18万家存在巨大差距。在并购规模上,虽然中关村企业在2018年并购数量达到200多起,但与硅谷的630起仍然存在很大差距。这两项指标能够很好反映创新集群的发展规模、创业活跃度和创新水平。虽然从总体来看,中关村相比于硅谷存在很大的发展差距,但依然能看到中关村强大的增长潜力,甚至在部分指标评价上优于硅谷。

在专利授权上,从总量上看,中关村企业发明专利授权达到 2.1 万件,超过硅谷。在从业人员数量和素质上,中关村的从业人员数量高于硅谷约六成,本科及以上学历人员比重超过同期硅谷约 4 个百分点。

在融资环境上,中关村通过引入科技担保融资机制等方式来大力改革科技与金融相结合的体制机制,使得整体的融资环境得到大幅改善。此外,2018年中关村 IPO 数量达到 15 家,创业投资 2475 亿元,较 2017 年上升 35%。相比之下,2020 年硅谷融资环境趋紧,企业很难获得创新发展所需的资金,创业投资仅 180 亿美元,较 2019 年下降 11%。融资环境的恶化导致硅谷创新集群的发展受到很大阻碍,这一现实背景为中关村赶超硅谷提供了机遇。

(四)创新能力提升

创新能力具有两项重要的衡量指标,即创新人员投入与创新资金投入。中关村在这两方面均处于全国领军地位,且保持稳步增长趋势。

创新人员数量与层次不断提高。①高层次人员数量稳步增长。截至2018 年底,中关村国家级、市级高层次人才约占全国的五分之一。2018 年,中关村村科技活动人员数量达到 78.5 万人,占从业人数总数的 29%。中关村从业人员中有 162.7 万人拥有大学本科及以上学历,占从业人员总数的六成,硕士及以上学历人员占八分之一。专业化人才领跑全国,示范区拥有天使投资人超 2 万人,占全国的近八成。②顶尖人才加速聚合。2019 年,中关村拥有"全球高被引科学家"194 人,占全国的五分之一,同时拥有 21 位国家最高科学技术奖得主,占全国的六成。

创新投入和创新产出水平高。①科技活动经费支出快速增长。2019 年中关村企业 R&D 投入 1107.9 亿元,同比增长 21.4%;69 家企业入选欧盟"全球研发投入 2500 强企业",约占全国的七分之一(13.6%)。中关村在聚焦关键核心技术攻关方面取得了一定成果。2019 年,中关村企业 PCT 专利申请量 4638 件;技术合同成交额近 4000 亿元,占全国 17.6%。北京及中关村71 项成果获国家科技奖,占全国的 29.7%。②高校院所转化能力增强。中关村支持建设 38 个高校技术转移中心,开展科技成果转化"火花活动";近五年来北京及中关村高校院所转化科技成果的合同金额约占全国的四分之一,居全国首位。

(五)接轨国际交流

通过开放创新合作的不断深化,中关村逐步构建了多形式、高水平的开放格局,在全球创新链、产业链和价值链中扮演了积极的角色。国际化是反映中关村快速发展的一个重要方面,中关村内高新技术企业国际化主要涉及产品、产业、资本、人才四个方面。①产品国际化主要指产品出口和技术输出。2019 年,中关村企业出口创汇总额为 2507.3 亿美元,同比增长 20.1%。中关村仍然以电子信息产业为主要出口产业,出口创汇 1073.5 亿元。先进制造、新材料、新能源、生物医药和环境保护产业领域出口创汇分别为 453.1 亿元、142.7 亿元、143.0 亿元、89.6 亿元和 57.8 亿元。②产业国际化主要表现为积极开展国际研发合作,企业国际拓展能力增强。2019 年,跨国公司在中关村设立的地区总部达 63 家,戴姆勒中国产业创新基地、智利在华技术创新中心纷纷在中关村设立。2019 年,中关村企业在境外设立研发中心或分支机构 751 家,遍布全球 80 余个国家。同时,中关村企业为海外设施联通、科技合作、民心相通提供保障,是"一带一路"倡议的实践者和助推器。③资本国际化主要表现为集群内部企业赴海外上市,在海外展开一系列投资并购活动,同时吸引跨国企业在区内投资。截至 2018 年底,上市企业中收入前 150 强的企业海外收入超 1 万亿元,同比增长 26.1%,约占总收入的五分之一。2018 年,示范区的显示面板、LED 小间距电视显示屏等产品市场占有率保持全球第一;小米手机在印度的市场占有率首次击败三星。④人才国际化主要表现为引进海外高技术人才,中关村吸引集聚一批顶尖人才、跨国企业以及全球创新中心。截至 2019 年底,中关村拥有留学归国及外籍从业人员 5.3 万人,"十三五"时期增加了 47%,说明中关村国际化程度较高。

(六)政策目标要求

2020 年作为中关村阶段发展的重要节点,发挥着承前启后的作用。2011 年国务院批复的《中关村示范区发展规划纲要(2011—2020 年)》对中关村未来创新发展的战略定位是"深化改革先行区、开放创新引领区、高端要素聚合区、创新创业集聚地、战略产业策源地",发展目标是到 2020 年全面建成具有全球影响力的科技创新中心和高技术产业基地。

目前,中关村示范区已经基本达到了原先规划的 2020 年总体目标,基于中关村的创新集群发展现状,国家又提出了更高一步的高质量示范定位和更进一步的国家自主创新示范区建设目标要求。2020 年发布的《中关村国家自主创新示范区统筹发展规划(2020—2035 年)》(以下简称《规划》)对中关村未来创新发展的战略定位和发展目标进行了明确说明:"新时代深化改革的试验田、世界级原始创新的策源地、引领高质量发展的新高地、全球创新网络的关键枢纽、宜居宜业的智慧生态园区。"《规划》总体目标是,到 2025 年,建成世界一流的科技园区和创新高地,为北京建设全国科技创新中心提供有力支撑。到 2030 年,建成世界领先的科技园区和创新高地,为我国进入创新型国家前列提供强大支撑。到 2035 年,建成全球科技创新的主要引擎和关键枢纽,为我国建设世界科技强国提供战略支撑。

具体到 2025 年的主要目标是,基本形成适应创新驱动发展要求的制度环境,产生一批具有世界影响力的重大原创成果和关键核心技术突破,高端化、差异化、特色化发展态势基本形成,国际创新资源吸引力和企业国际化水平显著提高。

到 2030 年,中关村创新发展的主要目标为,创新创业生态更加优化,涌现更多引领世界的原创成果和重大技术突破,基本建成以高精尖产业为引领的现代化经济体系,各分园统筹协同发展取得重大成效,国际顶尖战略科技人才、创新领军人才和创新团队大量聚集,国际化发展环境基本形成。

在 2035 年中关村所要达到的主要目标是,具有国际领先优势的科技创新政策体系基本建立,建成适应新经济发展的政策体系和制度环境,颠覆性技术大量涌现,面向国家安全的战略性领域得到有力保障,各分园实现协同化高水平发展,成为全球优秀创新创业者的首选集聚地。

二、张江自主创新示范区的发展路径与模式

从建立开始的 40 年来,上海张江示范区积极借鉴国外科技园区的发展经验,采取有效措施促进科技创新资源集聚和新兴产业集群发展,逐步形成了以高科技产业集群为特征的创新集聚,以各类要素集聚为特征的创新能力发展,以创新平台建设为特征的功能平台布局,以国际协同网络合作为特征的国际深入合作,以政府与市场互动为特征的治理机制体系。

(一)张江自主创新示范区的发展路径

始建于 20 世纪 90 年代初的上海张江高新技术产业开发区作为我国最早获批的国家级高新技术开发区之一,整合了区域内已有的经济、环境、空间与文化资源,促进了产业集聚、科技创新、区域发展间的良性互动,逐步形成了

集聚上海知识经济、辐射周边地区的科技创新战略高地,构建起以集群化、国际化为主要特色的"张江模式"(杨亚琴,2015)。张江示范区是带动区域经济增长、促进企业技术升级、提升区域自主创新能力的重要载体。从创新集群视角来看,"张江模式"发展路径可以分为四个阶段。

第一阶段是1991—1998年的探索起步阶段。1992年,张江高科技园区与漕泾河开发区合称为"上海高新技术产业开发区"。其后上海高新区并逐渐并入上大园、嘉定园、金桥园、中纺城园,形成了"一区六园"的格局,借力浦东开发,实施外资驱动战略,完成了高新区的原始积累。

第二阶段是1999—2010年的高速发展阶段。1999年,"聚焦张江,建设上海面向21世纪高科技产业基地"战略决策的提出确定了以建设张江高科技园区作为核心的发展目标,开始引进大批国内外知名企业和海内外高层次人才。2006年国务院批准"上海高新技术产业开发区"更名为"上海张江高新技术产业开发区"(以下简称"张江高新区")。在张江高新区的高速发展阶段,上海举全市之力来建设张江高新园区,汇聚高端创新资源,优化创新创业环境。

第三阶段是2011—2015年的创新提升阶段。2011年,国务院批复同意将张江高新区建设成国家自主创新示范区,并在原来产业平台的格局上纳入松江、闵行、杨浦、徐汇、长宁、虹口六个园区。2013年,张江高新区新增奉贤、普陀、金山、陆家嘴、临港、崇明六个园区。2014年,张江示范区又设立宝山、黄浦、静安、世博园四个园区,形成了辐射上海所有行政区的"一区二十二园"的格局。2015年,上海市政府发布了《关于加快建设具有全球影响力的科技创新中心的意见》,明确要聚焦"张江核心区"建设上海科创中心,加快建成走在前列的世界主要科学中心和创新高地。2011—2015年的张江国家自主创新示范区建设时期,上海市政府将张江提升到国家战略高度,更加注重创新驱动,着力打造科学城。

第四阶段是从2016年至今的创新扩散阶段。2016年,国家有关部委批复同意以张江地区为核心承载区建设张江综合性国家科学中心。2017年7月,上海市批复同意以张江高科技园区为基础建设张江科学城。作为上海科技创新资源最密集、科技创新主体最多元、科技创新活动最丰富的区域,张江示范区在大量高端创新资源加速形成集聚效应、创新创业载体布局更加完备的基础上坚持开放创新,以张江科学城建设为引领,打造多层次、各具特色的科创集聚区,建立健全国际国内科技创新协同网络,成为带动长三角区域创新发展的重要引擎,不断提升全球科技创新资源配置能力。

(二)功能平台布局

2020 年 8 月,张江示范区在原"一区二十二园"的格局上又做了进一步的空间调整,将原静安园和原闸北园合并为新的静安园,同时新设了自贸保税区,其重点发展软件和信息服务业、高技术制造业和现代服务业,以适应新时代的新发展需要。从而,各分园区可以基于各自区域优势和资源禀赋,进一步发展各自的特色产业,构成差异化的产业体系,在避免恶性竞争的同时亦开创出了百花齐放的局面。如张江核心园形成了以信息技术、生物医药为主导的产业;漕河径园坚持引进科技含量高、利润大的项目,集聚了中外众多高新企业和研发机构等。张江高新区各园区主导产业见表 4.3。

在张江示范区,有很多实力强、基础好的特色产业园区,这些产业园区的壮大无疑得益于强劲的品牌号召力。站在品牌的肩膀上,有利于各大园区集聚政策和资源优势,发展迎合产业,打造关键产业链。仅在 2020 年,张江示范区通过聚焦特色产业园区"大平台",不断构筑品牌战略优势,令产业园区成为投资热土,年内新签约项目总计 600 多个、总投资超过 2000 亿元,诸如格科微、紫光展锐、信达生物、威高医疗、地平线等重点项目纷至沓来,其带来的品牌效应对张江的科技创新及经济发展均大有裨益。

表 4.3　张江示范区各园区主导产业

园区名称	主导产业定位
张江科学城	信息技术、生物医药
漕河泾园	以电子信息为支柱产业,新材料、生物医药、高端装备、环保新能源、汽车研发配套为重点产业
金桥园	以先进制造业和生产性服务业为发展双核心,发展云计算、大数据产业的新技术服务业
静安园	影视后期制作为核心的影视文化和电竞"双电融合"产业,专业服务、时尚设计、会展经济为特色的人力资源产业
青浦园	以生物医药、人工智能、智能制造、软件信息、新材料、重大装备为支柱产业
嘉定园	新能源汽车、智能传感器、互联网金融、高端医疗器械、设备
杨浦园	以现代设计、科技金融为主导的知识型现代服务业、软件和信息服务业
长宁园	信息服务业、生产型服务业与总部经济

园区名称	主导产业定位
徐汇园	信息服务业、生物医药产业、科技研发服务业、移动互联网产业
虹口园	信息科技、金融科技、绿色科技
闵行园	高端制造、人工智能、新一代信息技术、生物医药、国际商贸、现代金融、文化创意、科技服务
松江园	新一代信息技术业、装备制造和新能源产业
普陀园	智能软件、研发服务、科技金融
陆家嘴园	以软件和信息服务业、文化创意为主的现代服务业,着力于金融、航运、商贸与科技融合产业
临港园	高端装备制造业、新能源装备、汽车整车及零部件、船舶关键件、海洋工程、工程机械
奉贤园	生物医药、先进装备制造和输配电产业
金山园	新一代信息技术、新能源、智能制造、生命健康、新材料
崇明园	船舶和海工装备制造及零部件配套产业、以5G产业为主的软件与信息服务业、以"四新经济"为特征的生态型产业
宝山园	高技术制造业、现代服务业和文化创意产业
世博园	大力发展服务业,推进互联网科技与金融科技、文化科技以及科技服务等融合发展
黄浦园	金融服务业、文化创意产业、软件和信息服务业、现代商贸服务业、科技健康服务
自贸保税园	软件和信息服务业、高技术制造业和现代服务业

(三)产业集群发展

张江示范区聚焦上海科技创新中心建设的重点任务,以推动自主创新、转型发展为核心,着力构建科技创新生态体系、大力培育新兴产业、面向全球集聚高端人才、先行先试各项改革措施,不断创新体制机制,在近40年的发展中取得了显著的建设成效,对上海经济增长做出了重要贡献,发挥了压舱石、稳定器的作用。

在企业规模方面,2020年张江示范区已集聚近10万家科技企业,309家境内外上市企业,9000 余家高新技术企业,规上营收企业突破 6.2 万亿元、"十三五"期间增幅共达 72%,年均增长 12%,而仅战略新兴工业总产值占全市比重即超过了 60%。现有企业遍布集成电路、生物医药、人工智能以及新兴产业等领域,产业集聚效应明显。

在股权融资方面,资本的助力加快推动了金融中心与科创中心的联动,营造出了具有"张江"特色的行稳致远活力四射的市场氛围。"十三五"期间,张江示范区披露的股权融资总额占全国的八分之一,新增上市公司 86 家,IPO 募资总额 2300 亿元,占全国的七分之一,其中,科创板 IPO 募资超千亿元,占全国的三分之一。

在创新产出方面,张江示范区年度发明专利授权超过 1.5 万件,PCT 专利申请超过 2300 件,万人拥有有效发明专利数量达 384 件,万人当年新增发明专利授权数达 59 个,技术合同成交金额超过千亿元。近两年,张江示范区获得的国家科学技术奖数量占全市 85% 以上。2020 年,上海科学家在全球顶尖期刊《科学》《自然》《细胞》发表论文数占全国总数 32%。

张江示范区的产业集群在各园区协同联动下发展状况良好。例如,集成电路领域已成为国内产业链最完备、综合技术水平最先进、自主创新能力最强的产业基地,2020 年产业规模达 1800 亿元,占全市的 87%、全国的 20%。生物医药领域的研发创新能力领跑全国,细胞治疗、高端医疗装备等领域达到世界先进水平,在 2020 年工业总产值达 1100 亿元,占全市 78%。人工智能领域集聚了 2400 余家重点企业,约占全市的 70%。而在新兴产业领域,拼多多、哔哩哔哩、喜马拉雅等在线经济龙头企业成为新亮点、新增量,张江示范区努力把战略性新兴产业的培育作为关键性指标,全力打造经济质量发展新标杆。

(四)创新要素集聚

进入新发展阶段,张江示范区在适应全球经济趋势和落实国家发展战略的基础上也出台了一系列有关科技成果推广、科技金融、创业孵化、人才引进等方面的配套政策,通过集聚高端创新人才与高端研究机构与双创服务机构等要素,集中力量建设张江综合性国家科学中心,配合推进世界一流重大科技基础设施集群建设,配合筹建国家实验室,配合突破制约产学研相结合的体制机制瓶颈,构筑功能型创新平台。

1.高端创新人才集聚

张江示范区通过搭建各类创新交流平台,吸引国内外优秀科研人才的集聚,使得前沿知识、先进理念流入园区,为张江的科技创新注入不竭的动力。截至 2020 年,园区内有从业人员约 238 万人,集聚了全市 80% 以上的高端人才,企业留学归国和外籍人才占从业人员 3.2%,国家级海外高层次人才、上海领军人才均超千人。

2. 高端研究机构集聚

张江示范区新型研发机构加速成长,创新平台加快集聚。至 2020 年,张江示范区已成为上海创新能力最前沿的区域,集聚了以国家实验室为引领的 330 家国家级研发机构、14 个国家重大科技基础设施和 40 所大学,包括 69 家中央部属研究院所、35 家国家重点实验室、11 家国家工程实验室、9 家国家工程研究中心、21 家国家工程技术研究中心、53 家国家企业技术中心、132 家国家博士后科研工作站。

3. 双创服务机构集聚

相应的中介机构也在园区的发展中发挥了巨大的作用,包括 168 家国家级创新创业服务机构,其中含有全市 13 家国家大学科技园;42 家国家级孵化器,占全市 75%;52 家国家备案众创空间,占全市 74%;21 家国家技术转移示范机构,占全市 79%;以及 34 家国家资质产品检验检测机构,占全市 72%。这些配套的中介组织成为促进集群创新的催化剂,为创新的产生和科研成果的产业化提供了高效便捷的平台,从而进一步提升了张江示范区的竞争力。

(五)国际创新合作

张江示范区一方面注重国家化战略的实施,通过全球创新资源的集聚,包括对人才、技术、资本的吸引以及跨国公司的引进等,来占领高技术产业的制高点,从而推动高技术的开发和产业化,并产生一定的溢出效应;另一方面注重市场化运作模式,实现"政企分开"的开发体制,充分发挥各种社会力量,实现资源优化配置。

通过市场化和国际化叠加形成的张江示范区集聚化发展,突出体现在,一是产业高度集聚,通过产业高度集中融合,形成代表未来发展方向的新技术、新业态和新模式,形成创新产业链。比如,张江示范区的集成电路产业已经拥有国内最完善、最齐全的集成电路产业链布局,确立了国内技术能级最高、综合实力最强的集成电路产业龙头地位,产业规模可达全国的五分之一。二是不断拓展国际协同创新网络。张江示范区积极融入全球创新网络,建设中以、中德、中新、中芬、中俄等国际创新平台,组建张江国际孵化创新联盟,推进"一带一路"国际创新合作,并且支持外资研发中心加速融入科创中心建设,集聚外资研发中心 300 多家,支持科研机构在全基因组蛋白标签、全脑介观神经联接图谱等领域发起国际科技合作,为参与和发起国际大科学计划做好前期探索。

(六)创新政策扶持

在政策制度日益完善的背景下,尤其是配套服务供给的逐渐完备,张江示范区的创新创业环境不断优化。由于政府扶持政策有的放矢,张江示范区的发展享受到了切实的红利,这一点从 1999 年上海市政府宣布实施"聚焦张江"战略到 2020 年实施《关于加快特色产业园区建设促进产业投资的若干政策措施》中都可见一斑。

除了享受政策法规带来的优惠外,不断优化的配套服务供给也为张江示范区营造了愈发优越的创业和生活环境。在这一过程中,政府主要从四个方面入手承担服务供给的有效角色,包括构建全生命周期的创新孵化体系、构建全链条的科技公共服务体系、建立全方位的知识产权保护体系、建立全覆盖的科技投融资体系。近年来,张江示范区还加大了文化创新建设,通过一番设计改造,张江科学城书房、樊登书店、昊美术馆以及张江戏剧谷等地已经不仅仅是科创的核心承载区,更是城市的文化内涵地标,为充满科技和创新元素的张江示范区增添了色彩与活力。

三、成都高新区的发展路径与模式

国家高新区作为我国经济最为活跃、创新资源最为集中和高新技术产业发展的主阵地,承担着打造创新驱动示范区和高质量发展先行区的历史使命(高春东,魏颖,金凤君,2019)。由于经济全球化进程的加快,国际分工的不断深化,国际贸易的增长迅速,世界经济呈现出一体化趋势,西部地区的高新区也开始逐渐摆脱原先封闭的发展体系,通过区域产业结构升级和产业重组,扩大对外开放和发展外向型经济的方式实现经济的崛起与提升。2020 年1 月 3 日,习近平总书记在中央财经委员会第六次会议上提出,要推动成渝地区双城经济圈建设,在西部形成高质量发展的重要增长极,必须强化重庆和成都的中心城市带动作用。

国家对于成都示范带动作用的定位为成都高新区创造了新的机遇。成都高新技术产业开发区(以下简称成都高新区)是我国西部地区首个国家自主创新示范区,其凭借良好的区位优势实现了高程度的对外开放合作、优势主导产业的集聚与升级、科技创新的依托与应用，引领着西部地区新常态经济发展。

（一）成都高新区的发展路径

20世纪90年代以来，改革开放的"西进"催生出成都高新区这一地方发展的"试验田"，在此基础上以地方企业为主体的园区经济迅速活跃（杨永春、李建新，2017）。通过行政力量干预，成都在地方层面展开充分的制度设计，以最大限度配合园区发展。

1991年，国家将成都列入首批26个国家级高新技术产业开发区以驱动西部地区发展。2001年1月，位于郫县的成都现代工业港划入成都高新区，标志着成都高新区由此形成了南部和西部两个园区，即"一区两园"的布局格局。2016年3月，成都高新区与双流区签订协议合作共建成都天府国际生物城。2017年4月，为加快成都天府空港新城建设，成都高新区托管空港新城周围483平方公里为东部园区。2020年5月，在成都天府空港新城建设完成后，成都高新区将成都天府空港新城移交新成立的成都东部新区。2020年5月，成都高新区与成都东部新区合作共建成都未来科技城。

近年，为高质量建设世界一流高科技园区，奋力打造国际创新创业中心，成都高新区始终秉持高新区"发展高科技、实现产业化"的初心使命，在功能平台布局、核心要素集聚、产业集群发展和创新体系建设等方面探索出了一条发展新路径。成都高新区的经济总量保持着高速增长，尤其是近五年仍保持每年约9%的增长率，2020年地区生产总值达到2401.9亿元。

（二）功能平台布局

目前，成都高新区共有托管和共建面积234.4平方公里（其中与成都市双流区合作共建成都天府国际生物城园区44平方公里，与成都东部新区合作共建成都未来科技城60.4平方公里），围绕"一区四园"总体布局，依托高新南区、高新西区、成都天府国际生物城、成都未来科技城，加快建设产业功能区。成都高新区主要产业功能区见表4.4。

表4.4　成都高新区主要产业功能区

时间	特点	主导产业	平台布局	政策导向
1990—1999	孕育时期	电子信息、生物医药、食品工业	成都高新区	高新技术产业开发区

续表

时间	特点	主导产业	平台布局	政策导向
2000—2009	成长时期	电子信息、生物医药、现代制造（航空航天技术）	成都高新南区、成都高新西区	世界一流高科技园区
2010—2019	崛起时期	电子信息、生物医药、现代制造（航空航天技术）	成都高新南区、成都高新西区、成都高新东区（成都天府空港新城）、成都天府国际生物城	国家自主创新示范区
2020至今	超越时期	电子信息、生物医药、新经济	成都高新南区、成都西新南区、成都天府国际生物城、未来科技城	国际创新创业中心

1.高新南区

高新南区位于成都市主城区南部，占地 87 平方公里。南部园区按照"现代商务中心、高端产业新城"的定位，重点发展金融、商务、会展、研发、软件及服务外包等现代高端服务业，建设宜业宜居的国际化现代新城。

2.高新西区

高新西区位于成都市主城区西北部，占地 43 平方公里。西部园区按照"业态完整的高科技工业发展区"定位，重点发展新一代信息技术、生物、高端装备制造、节能环保等高技术制造业。

3.成都天府国际生物城

成都天府国际生物城由成都高新区与双流区合作共建，位于成都市双流区西南部，占地 44 平方公里，以生物医药、生物医学工程、生物服务、智慧健康为产业主攻方向，辅助发展生物环保、生物制造、生物农业、制药机械设备产业，致力于建成世界一流生物产业园区。

4.成都未来科技城

成都未来科技城由成都高新区全力打造，位于成都东部新区成渝发展主轴，规划范围 60.4 平方公里。未来科技城的定位为国际创新型大学和创新型企业汇集区，重点围绕智能制造、航空航天、5G、网络信息等领域，建设国际合作教育园区，打造国际应用性科学中心、中国西部智造示范区和成渝国际科教城。

(三)核心要素集聚

核心要素集聚表现为产业发展的资金、人口、企业等有关核心要素在某一地区集中。成都高新区的发展遵循"政府联姻→产业聚集→创新产出"的固定路径,即首先是政府招商引资,利用高新技术产业的带动性,成为区域经济发展的主导,然后集群内的企业在市场竞争和文化融合中形成合作关系,最终通过知识网络的建构促进创新思想的涌现和创新产品的产生(杨雪,顾新,张省,2014)。成都高新区从建立开始,就确定了政府招引大项目与安排要素资源配置,本土中小企业利用优势资本、人才要素禀赋进行竞争合作的发展模式。而如今,成都高新区高新技术产业以资本、人才、企业等核心要素集聚和扩张的基础为支撑,推动着产业集群的高质量发展和创新体系的高效率建设。

1.企业主体集聚

2020 年成都高新区共有 2705 家高新技术企业,潜在独角兽企业 3 家,平台生态型龙头企业 2 家,科创板上市及过会企业 5 家。2019 年 1 月至 10 月,成都高新自贸区共新登记各类型企业 19345 家,同比增加 14.61%,新增注册资本(金)1172.64 亿元。2019 年,成都高新区聚焦高能级 500 强、头部企业、新锐企业开展精准引进,全年共签约引进重大项目 40 个,总投资 1155 亿元。电子信息产业功能区签约落地集成电路、新型显示等生态圈项目 50 个,包括富士康智能穿戴、华为未来技术创新中心等高能级重大项目。新经济活力区引进项目 151 个,如五粮液集团新经济中心、成都-亚马逊 AWS 联合创新中心等项目。国际生物城引进生物产业项目 50 个,包括吉利德西部运营中心、波士顿科学公司中国区第二总部及创新中心等高能级项目。

2.金融要素集聚

由于高新技术产业运营存在高风险的特点,高新技术产业的发展对金融资本有其特殊的要求。高新技术产业化的过程需要大量风险资本的投入,换句话说,金融资本是高新技术产业发展必不可少的核心要素。身处西部地区金融机构种类最齐全、数量最多的城市,成都高新区建立了"政府引导、市场运作、社会参与"的多元化投资机制,通过充分整合各类金融资源服务推动高技术产业发展。2019 年,成都高新区大力推进债权融资服务体系建设,利用"园保贷""成长贷"等政策性信贷产品帮助产业化转型企业进行融资,通过搭建银企沟通桥梁的方式缓解信息不对称现状,并且通过聚集社会化股权投资机构提升对企业全生命周期的股权投资服务能力。截至 2019 年,成都高新区聚集各类投资机构 620 余家,注册资本规模逾千亿元,帮助区内 82 家科技型企业获得各类风险投资超过 50 亿元。

3.人才要素集聚

高新技术产业是知识密集型和智力密集型产业,也就是说,人才要素在高新技术产业发展中起决定性作用。同时,决定高新技术产业发展状况的最主要因素并不是风险资本,而是人才资源的拥有以及利用程度。成都高新区在 2019 年出台《成都高新区急需紧缺人才和高端人才目录》建立了按照人才科研能力、产出贡献制、创办企业能级等制定的人才分类标准、人才评价新体系,通过开展高层次人才企业认定和启动资金申报工作来完善人才培育机制。同时,成都高新区多渠道招引认定不同层次人才,与国家千人计划联谊会、电子科大校友会多家机构合作建立校院企地协同人才招引机制和人才工作站,建有引才工作站、海外离岸基地等引才平台 43 个,引进科技创新团队 1006 个,聚集各类人才 60.59 万人,进一步凸显人才发展量质齐升的良好态势。

(四)高新产业集群发展

高新技术区内主导产业进行集群发展的表现为一批发展较好的企业逐渐成长起来,同时产业轮廓变得清晰(周元,王维才,2003)。随着高新技术产业的发展,成都高新区的产业体系也伴随着产业多样化、升级化和本土化而发生转型。也就是说,高新技术产业发展的过程就是高新技术产业集群的形成过程。由于集群内企业往往会获得生产成本降低、生产效率提高、创新能力提升的规模优势,因此高新技术产业将更容易降低风险、加快创新、获取投资。然而,产业集群发展过程中主导产业过于集中可能会带来风险,这需要从原有庞杂的主导产业中甄选出更高技术创新性的产业部门作为新的主导产业。成都高新区从最开始的电子信息、生物医药、食品工业的产业主导模式,逐渐将现代制造产业替代食品工业,再后来将新经济产业作为替代的主导产业,就是为了更好地契合了未来高技术产业的发展方向。

成都高新区作为区域发展的"经济火车头",利用规模效应增强综合竞争优势,加快产业转型升级,协同成渝地区双城经济圈内优势区域共同打造一批核心竞争力强、知名度和显示度高的世界级产业集群。2019 年,成都高新区电子信息产业稳居中西部重要一极,实现规模以上工业产值 3361 亿元,生物医药产业形成 500 亿元的产能规模;新经济企业实现营业收入 4000 多亿元,大数据和网络安全、5G 与人工智能、网络视听与数字文创等细分领域迅猛发展。成都高新区主导产业发展阶段和特点见表4.5。

表 4.5　成都高新区主导产业发展阶段和特点

产业功能区	初建时间	功能特点	目标定位	核心产业布局
成都高新南区	20世纪90年代	集聚金融商务、科技研发等高端服务业	现代商务中心、高端产业新城	新经济产业
成都高新西区	20世纪90年代	集聚先进制造业和教育科研院所	先进制造业集中区、复合型产学研新城区	电子信息产业
天府国际生物城	21世纪10年代	生物医药集群的核心集聚空间	世界一流生物产业园区	生物医药产业
成都未来科技城	在建	国际创新型大学和创新型企业汇聚区	国际一流应用性科学中心	

1.电子信息产业集群

西部园区是成都电子信息产业功能区核心载体,园区内建有国家级成都高新综合保税区,重点打造集成电路、光电显示、智能终端、网络通信产业生态圈和电子科技大学协同创新平台,加快建成产业特色鲜明、区域边界清晰、体制机制专业、功能配套完善、区域识别突出的电子信息产业功能区,积极融入全球电子信息产业链高端和价值链核心。成都高新区正在"加长""拉粗"集成电路、新型显示、高端软件产业链,着力打造具有全球影响力的电子信息产业集群。聚集英特尔、华为、京东方、业成科技等一批国际知名企业,形成了从集成电路、新型显示、整机制造到软件服务的全产业链条,在全球电子信息产业版图占据重要一极。2019年,129家电子信息规上工业企业累计实现产值3361.2亿元,同比增长11.7%。

2.生物医药产业集群

生物产业作为全球技术创新最为活跃、影响最为深远的新兴产业,是我国确定的战略性新兴产业的主攻方向。成都天府国际生物城作为成都市生物医药产业的核心集聚空间,围绕生物医药、生物医学工程、生物服务、健康新经济四大主攻方向,重点发展生物技术药物、新型化学药制剂、现代中(医)药、高性能医疗器械、"智慧健康+精准医学"和专业外包服务,聚集赛诺菲、艾尔建、倍特等企业超过2900家,初步形成现代中药、化学药、生物制剂、医疗器械等重点产业集群。2019年,成都高新区生物产业规模突破500亿元,医药工业主营业务收入 243 亿元,连续 3 年保持近 20% 的增长率。

3. 新经济产业集群

随着信息化改革和全球经济一体化的影响,新经济发展带来的新技术、新经济模式、新产业形态、新生产组织方式层出不穷,由此新经济快速成为国内外经济发展的主流趋势。2019 年,成都高新区新经济活力区运行稳中向好,区域各类新经济性质企业达 8.8 万余家,新增新经济企业 1.6 万余家,全年新经济企业数增速超 25%。累计培育平台生态型龙头企业 1 家、培育独角兽企业 6 家、瞪羚企业 203 家、种子期雏鹰企业 323 家,新经济企业营收达 4127.6 亿元。

2020 年新经济活力区正以瞪羚谷产业社区、骑龙湾产业社区、AI 创新中心、中国-欧洲中心、新川创新科技园和天府软件园六大产业社区为抓手,聚焦 5G 通信与人工智能、网络视听与数字文创、大数据与网络安全等新经济产业主攻方向,探索业界共治产业发展模式,将全生命周期企业梯度培育体系与产业社区融合,形成新经济梯度培育空间格局,加快建成具有全球影响力的新经济策源地和活力区。

(五)创新生态体系建设

创新突破表现为随着产业发展,创新成为园区的主旋律和带动园区发展的关键。经济实力、创新能力较强的成都高新区围绕“3+2”现代化开放型产业体系,着力发展电子信息、生物医药和新经济三大主导产业来涵盖现代服务业及未来产业,坚持“产业功能区”理念并以产业生态圈、创新生态链变革经济组织方式促进产业链、价值链、供应链、创新链有机融合,实现经济稳步增长。也就是说,成都高新区未来发展趋势是以产业协同促进区域融合发展,做强主导产业支撑,整体推动产业基础高级化、产业链现代化,聚力打造世界级产业集群。

1. 产业孵化体系培育

为推动孵化载体发展,成都高新区构建起以“创业苗圃+孵化器+加速器+产业园”全生命周期为导向的网络化产业培育孵化体系,探索构建由政府、行业组织、企业、高校等多方参与、共同治理的孵化载体发展新模式。2019 年,成都高新区开展企业成长性评价,对认定的种子期雏鹰企业提供资金支持资金并对重点雏鹰企业进行成长性评价。

2. 加强区域创新协作

在区域协调方面,成都高新区围绕服务成渝地区双城经济圈建设,与重庆高新区一起努力构建"干支协同""两极一廊多点"创新格局。与内江高新区加强科技创新、科技金融等领域交流合作,与资阳高新区共建成资同城化高新技术产业协同发展先行示范区。同时,成都高新区围绕服务成德眉资同城化发展,推动盈创动力科技金融服务模式面向德阳、眉山等地深入推广。

3.拓展国际创新交流

在以开放促发展中,成都高新区充分发挥国家自主创新示范区、自由贸易试验区、全面创新改革试验区等平台作用,打造全域立体开放新格局,加速融入全球产业经济版图。中国-欧洲中心聚集了一大批国际机构和企业共同合作,包括联合国开发计划署可持续发展创新示范项目、联合国工业发展组织投资和技术促进办公室西部协同中心等。2020 年,成都高新区外贸进出口总额达 5078 亿元,同比去年增长 27.6%,且高新综合保税区年进出口总额也增长 26.8%,连续 33 个月位列全国综保区进出口额第一。

(六)小结

虽然成都高新区创新集群发展取得了巨大成功,在人才集聚、企业集聚、产业集聚等方面成绩突出,但从高质量发展的角度看也面临着一些发展难题。

第一,高端要素聚集较难。成都的区位条件相比北京、上海、深圳等地区处于劣势地位,基础设施、教育、科研等方面相对较弱,高端要素集聚难题,在一定程度上影响了其新兴产业的发展。

第二,缺少世界级产业集群和新赛道爆发。一方面,相比北京市高新技术产业集群、深圳市电子信息产业来说,成都高新区建设缺少产业爆发点和经济增长点,主导产业还比较薄弱。另一方面,成都高新区也面临新赛道爆发不足的问题,新经济价值尚未爆发、优势赛道尚未开发,缺少对适应新经济企业的新规则、新制度的探索。

第三,缺少引领型与科技型高成长企业。2020 年成都高新区共有 2705 家高新技术企业,潜在独角兽企业 3 家,平台生态型龙头企业 2 家,数量与北京、上海等地相比存在较大差距。

第四,技术成果转移转化水平不高。虽然成都高新区促进科技成果转移转化的政策措施加速落实,但其交易额总量仍处于较低水平。由于缺乏科技资源共享和公共服务平台,没有共建科技成果研发和转移转化基地,科技资源整合、信息开发共享互动、技术成果交易服务力度仍不够,影响了地区技术市场融合进程(魏颖,张军,曹方等,2021)。

　　面对这些问题和挑战,处于成都市甚至四川省、中西部地区核心地区的成都高新区正发挥自身引领示范作用,以打造经济增长极和科技创新核心区为基础,加快要素聚集、提升产业集群竞争力、完善产业生态,以电子信息、生物医药、新经济等重要引领性和主导产业,构筑区域协同创新体系,推进新经济发展和传统产业转型升级,加快构建具有国际竞争力的现代产业体系。

第五章　典型省市科技创新战略的经验比较

创新是时代的脉搏,创新驱动是发展的潮流。《中华人民共和国国民经济和社会发展第十四个五年规划和 2035 年远景目标纲要》明确指出国家创新能力提升必须加强原创性、引领性基础研究和科技攻关,强化应用研究带动,鼓励自由探索,制定实施基础研究十年行动方案,重点布局一批基础学科研究中心。为此,在全国范围内选择典型省市先行先试建设重大科技创新平台,支持北京、上海、粤港澳大湾区形成国际科技创新中心,建设北京怀柔、上海张江、大湾区、安徽合肥综合性国家科学中心,同时也支持有条件的地方建设区域科技创新中心。

广东省作为我国经济大省,以产业起步,加强创新能力建设,全省的研发支出主要来自企业,华为、腾讯、美的、格力等规模庞大的民营企业是全省研发的主力军。江苏省的国企和民企发展在全国范围都是佼佼者,且高校和科研院所数量和质量均高于全国大部分省市,创新成果转化能力较强。上海积极开展五大中心建设,其经济实力和科技实力均领先全国,依托自身较强的知识获取能力及良好的政策、制度环境,肩负着建设全球科技中心的重任,推动原创性创新。四川省作为西部经济和科技大省,进一步强化基础研究和新兴产业培育,以成渝地区双城经济圈建设为契机,加快打造成渝科技创新中心,争取建设综合性国家科学中心,增强区域创新能力。

在本章内容中,选取广东省、江苏省、上海市及四川省的创新驱动发展战略的实施经验和模式作为研究对象,分析这些省市为加强创新投入、提升自主创新能力、知识产权优势以及综合竞争力,建设高能级创新平台,培育高新技术产业,构建区域创新体系的有益探索。

第一节　广东省科技创新战略的主要经验

广东省对外开放程度高,外贸经济发达,市场活跃度高,具备宽松的创新创业环境,这使得广东的创新能力连续多年稳居全国第一。广东主要从基础研究、应用基础研究及企业的自主创新、产业创新三方面提升其创新能力。"十四五"期间,广东继续坚持创新在现代化建设全局中的核心地位,深入实施创新驱动发展战略,携手港澳建成具有全球影响力的国际科技创新中心。

一、广东省创新驱动发展战略的实施重点与成效

广东深入实施创新驱动发展战略,探索具有广东特色的举国创新体制模式,加强创新平台建设,完善创新政策,搭建自主安全高效的现代产业链、供应链及创新链,积极培育一大批具有国际一流水平的科研机构,增强区域科技创新能力。广东创新投入不断提升,2020 年 R&D 经费投入强度达到地区生产总值的 2.9%,创新产出增长迅猛,科技创新能力大幅度提升,产业结构调整步伐进一步加快。

(一)广东省实施创新驱动发展的重点

广东省十分重视创新能力建设,致力于营造良好的创新创业环境,为初创企业和科技型企业提供了一系列的激励和优惠政策;加大对产业链稳、补、控的工作力度,进一步着力于破解科技领域的一系列"卡脖子"问题;在火热的"抢人大战"中,广东省的"孔雀计划""珠江计划"帮助其获得了大量高端人才,为地区产业发展注入新鲜血液。广东在实施创新驱动发展战略过程中,主要从以下几方面发力。

1.加强创新平台建设

2020 年,广东新设立七家高水平创新研究院,积极创建国家技术创新中心和国家制造业创新中心,诸如国际科技创新中心、广深港澳科技走廊、光明科学城等项目建设稳步推进。以将广东省建设成具有全球影响力的科技和产业创新高地为目标,全力推进粤港澳大湾区综合性国家科学中心建设。以位于广东省东莞市松山湖科学城的中国科学院高能物理研究所东莞研究部的散裂中子源项目为代表的大科学装置,将广泛应用材料科学和技术、生

命科学、新能源等领域,可以对整个粤港澳大湾区的基础科研、经济、民生、科技创新提供重要支撑。而与东莞松山湖科学城一山之隔的深圳光明科学城聚焦搭建具有光明特色的全过程创新生态链,依托大装置、大设施、大平台,汇聚创新资源,集聚创新优势,将其建设成为粤港澳大湾区综合性国家科学中心的先行启动区。

　　作为广东重要科技重镇的深圳依托自身科技、产业和创新的优势吸引诺贝尔奖获得者来此设立研发机构,如:深圳格拉布斯研究院的研究领域为新医药、新材料和新能源;香港中文大学(深圳)两所诺奖研究院的研究领域是生物医药;深圳盖姆石墨烯研究中心瞄准石墨烯和二维材料领域等(见表5.1)。

表 5.1　深圳市诺贝尔奖实验室一览

实验室名称	诺贝尔奖得主	项目依托单位	组建时间
劳特伯生物医学成像研究中心实验室	保罗·劳特伯,获 2003 年诺贝尔奖医学奖	中国科学院深圳先进技术研究院	2007 年
格拉布斯研究院(授牌)	罗伯特·格拉布,获 2005 年诺贝尔化学奖	南方科技大学	2016 年 10 月
中村修二激光照明实验室(授牌)	中村修二,获 2014 年诺贝尔奖物理学奖	深圳市中光工业技术研究院	2016 年 12 月
科比尔卡创新药物开发研究(授牌)	阿里耶·瓦谢尔,获 2013 年诺贝尔化学奖	香港中文大学(深圳)	2017 年 4 月
瓦谢尔计算生物研究院(授牌)	布莱恩·科比尔卡,获 2012 年诺贝尔化学奖	香港中文大学(深圳)	2017 年 4 月
萨金特数量经济与金融研究所	托马斯·萨金特,获 2011 年诺贝尔经济学奖	北京大学汇丰商学院	2017 年 6 月
马歇尔生物医学工程实验室	巴里·马歇尔,获 2005 年诺贝尔生理学或医学奖	大鹏新区管理委员会、深圳大学以及深圳市鸿美诊断技术有限公司	2017 年 9 月签约
深圳盖姆石墨烯研究中心(授牌)	安德烈·盖姆,获 2010 年诺贝尔物理学奖	清华-伯克利深圳学院、清华大学深圳研究生院	2017 年 12 月

续表

实验室名称	诺贝尔奖得主	项目依托单位	组建时间
前海诺贝尔奖科学家应用研究院	巴瑞·夏普莱斯,获2001年诺贝尔化学奖 迈克尔·莱维特,获2013年诺贝尔化学奖 罗杰·科恩伯格,获2006年诺贝尔化学奖	前海诺贝尔奖科学家技术转移转化基地	2017年12月
霍夫曼先进材料研究院	罗德·霍夫曼,获1981年诺贝尔化学奖	深圳职业技术学院	2018年1月签约

2.不断完善创新政策

推动粤港澳三地的规则衔接、机制对接。围绕创新先行,广东不断创新人才引进培育机制,进而建立具有国际竞争力和影响力的引才用才制度,为打造高质量发展的人才高地探索一条新的路径。广东通过推行境外高端紧缺人才个人所得税优惠、科研资金跨境使用、共建青年创新创业基地等一系列政策举措及实施"孔雀计划""珠江计划"获得大量高端人才。以深圳为例,现已出台推进高度便利化的境外专业人才执业制度的实施方案,率先探索建立港澳专业人才跨境执业制度,形成国际通行职业资格认可清单,确立辐射全球的境外专业人才执业管理规定,为推动深圳高质量发展提供国际化人才支撑。

3.打好关键核心技术攻坚战

广东支持构建涵盖重大研究项目、国家联合基金、省内联合基金、省自然基金项目的基金体系,形成基础研究社会多元化投入模式。同时,围绕产业发展和核心技术瓶颈,选准攻关突破方向,深入推进九大重点领域研发计划,并且积极争取在更多领域以省部联动形式实施国家重点研发计划专项。将高新区建设成为基础研究成果的重要载体,全力构建高端高质高新、集中集约集聚的产业体系,成为科技产业创新的主要策源地。在广深港澳科技创新走廊,广州高新区正在全力打造中国集成电路产业第三极核心区、新能源汽车产业集群;加速推进国家纳米科技创新研究院建设,构建新一代国际数字枢纽。

广东省以产业创新为基础,形成了较为完整的科技创新体系。广东国家级高新区继续扩容到14家,两院院士人数达到102人,高新技术企业数量增加到5.3万家,基础与应用研究能力显著提升。在粤工业企业中主营业务收入达到5亿元以上的全部设立了研发机构,全省产业结构调整步伐不断加快,产业结构更加趋于合理化。

(二)广东省创新驱动发展战略成效

"十三五"期间,广东省坚持将自主创新作为经济高质量发展的主要推动力,科技创新强省建设扎实推进,科技创新能力不断提升,现代产业体系持续优化升级。

1.研发经费 R&D 占地区生产总值比重提升到 2.9%

广东省研发经费(R&D)从1800亿元增加到3200亿元,占地区生产总值比重从2.47%提高到2.9%,区域创新综合能力跃居全国第一,有效发明专利量、PCT 国际专利申请量保持全国首位。见图5.1,仅2019年,广东全省共投入 R&D 经费3098.49亿元,比上年增加393.79亿元,增长14.6%; R&D 经费投入强度(与全省地区生产总值1之比)为2.88%,比上年提高0.1个百分点,这其中政府投入了397.26亿元,比上年增长38.09%;企业投入了2649.95亿元,比上年增长11.869%;境外及其他主体投入了51.28亿元,比上年增长6.91%。

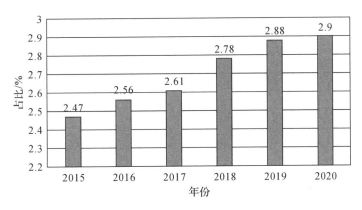

图 5.1　2015—2020 年广东省 R&D 经费投入强度

数据来源:广东省统计公报。

按 R&D 人员全时工作量计算的人均经费为38.58万元,比上年增加3.12万元。R&D 经费中用于基础研究的经费为141.86亿元,比上年增长23.2%;应用研究类经费投入247.28亿元,比上年增长7.3%;试验发展经费投入2709.36亿元,比上年增长14.9%,三类 R&D 经费投入分别占全部经费投入的 4.6％、8.0％和 87.4％。从不同行业 R&D 经费使用情况来看,工业企业的 R&D 经费支出最高,达到 2374.63 亿元,相较上年增加 12.7％;建筑和服务业企业 R&D 经费支出位列第二,达到 364.24 亿元,比上年增长 19.7 亿元;政府下属科研机构和高等院校 R&D 经费支出总计 297.84 亿元,相较于上年增长 29.25％;其他企事业单位经费支出 59.77 亿元,比上年增长 5.8％。

2. 广东各地 R&D 经费投入差异巨大

从表 5.2 的广东各经济区域 R&D 经费投入情况来看,珠三角地区 R&D 经费支出达到 2962.36 亿元,占全省 R&D 经费的 95.6％,东翼、西翼、山区合计共占 4.4％。各经济区域间差距巨大,仅深圳一市的 R&D 经费占广东全省 R&D 经费的 42.9％,比东翼、西翼加山区的总和还多出 38.5 个百分点。R&D 经费支出超过百亿元的六个地市全部位于珠三角。R&D 经费投入强度超过全省平均水平的三个地市,深圳(4.93％)、珠海(3.15％)、东莞(3.06％)也全部位于珠三角。

表 5.2　2019 年各经济区域 R&D 经费情况

经济区域	R&D 经费(亿元)	R&D 经费占地区生产总值比重(％)
珠三角	2962.36	3.41
东　翼	60.56	0.87
西　翼	33.24	0.44
山　区	42.33	0.68

数据来源:2019 年广东省科技经费投入公报。

"十三五"期间,广东地方一般公共预算收入从 9367 亿元增加到 12922 亿元、年均增长 6.6％,是全国唯一突破万亿元的省份。一般公共预算收入的增加,也带来科技拨款的增加。以 2019 年为例,全省财政科技拨款额达到 1168.79 亿元,比上年增加 134.08 亿元,同比增长 13.0％,占当年全省财政支出的比重为 6.76％。按区域分,珠三角地区 1047.40 亿元,增长 11.2％;东翼 13.46 亿元,减少 10.7％;西翼 12.05 亿元,增长 32.1％;山区 32.59 亿元,增长 12.3％(见表 5.3)。

表5.3 各经济区域财政科技拨款情况

区域	2018年科技支出(亿元)	2019年科技支出(亿元)	增长(%)
全省	1034.71	1168.79	13.0
珠三角	941.69	1047.40	11.2
东翼	15.08	13.46	−10.7
西翼	9.12	12.05	32.1
山区	29.01	32.59	12.3

数据来源:2019年广东省科技经费投入公报。

3.科技创新能力大幅跃升,现代产业体系优化升级

"十三五"期间,广东省有效发明专利量、PCT国际专利累计申请量、商标有效注册量分别为35.1万件、20.7万件、543.0万件,分别是"十二五"期末的2.5倍、2.6倍、3.1倍;全省每万人口发明专利拥有量达28.0件,比全国平均水平高12.2件;全省地理标志商标总数达85件、地理标志产品总数达155个。持续高水平投入一方面加快了新旧动能转换,另一方面也推动了广东产业结构调整步伐。仅2019年,广东全省的孵化器、众创空间数量均在千家以上,在孵企业超3.1万家,数量居全国首位。目前,广东数字经济指数排名全国第一;海洋生产总值连续23年居全国首位,占全国海洋生产总值的五分之一。产业结构不断趋于高新化、高级化优化调整。

二、广东省创新驱动发展战略的重点平台和政策创新

创新驱动发展战略实施背景下,发展的动力从要素驱动、投资驱动向创新驱动转变;创新内涵则从技术创新、产品创新到科技、理论、文化等在内的全面创新(梁正,2017)。

(一)广东省推进创新生态环境建设的主要路径

为深入推进创新生态环境建设,广东通过推进创新体制机制改革,打造创新生态圈,培育壮大各类创新主体,推动科技与金融产业融合发展,积极探索具有广东特色的培育路径。

1.持续推进创新体制机制改革

广东坚持问题导向,聚焦创新主体需求,从区域创新、创新主体、创新要素、创新环境等方面进行系统布局。广东省科技厅牵头制定《关于进一步促

进科技创新的若干政策措施》，又称"科技创新 12 条"，在促进更高水平开放创新、激励企业创新动力等 12 个方面提出一系列具有改革性、开放性、普惠性和针对性的政策部署。密集出台包括《粤港澳大湾区科技创新规划》《广东省关于深化科技奖励制度改革的方案》《广东省重点领域研发计划实施方案》《广东省人民政府关于加强基础与应用基础研究的若干意见》等在内的一系列保障科技创新的政策文件及相关配套文件，全面系统部署多项改革创新措施。

2. 构建以创新生态圈为主的创新载体

在创新驱动战略实施的过程中，广东省积极打造以创新生态圈为代表的创新载体，不断完善与创新驱动相关的政策体系，大力开展创新生态环境建设。创新生态圈是以机构和平台为重要组成部分，整合多方创新资源，借助产业链、创新链及价值链等构成的协同互补的创新体系。粤港澳大湾区的创新生态圈建设从创新环境、创新空间、创新载体、创新机制、创新模式等方面研究创新生态圈建设规律，基于人才、资金、技术等要素流动的特点提出发展要素变化特征。粤港澳大湾区的各类科技人才、科研校所、技术中心、资本机构、重大科技设施、实验室、政务服务环境、社会环境等要素空间的组合是创新生态圈的重要支持力量，需要以要素和机制为基础，结合整个大湾区发展的变化趋势与要求，提出相应的资金、财政、税务、人才、土地、产业政策等配套体系，还需要包括教育、生态、健康、医疗、休闲、交通等公共配套设施体系的建立，为整个湾区企业与人才提供更高质量的保障，共同推动粤港澳大湾区创新发展，促进创新生态圈持续发展。

3. 培育壮大各类创新主体

广东在高新技术企业中积极开展树立标准、提升质量行动，推动孵化载体提质增效，持续开展全省高新技术企业培育工作，加强全省高新技术企业申报评审工作，进一步巩固在全国领先优势。主要采取以下三项措施：一是推动企业建设研发机构，全省规模以上工业企业建立研发机构比例达 38%。二是鼓励新型研发机构建设，对新型研发机构初创期建设进行补助，支持粤东、粤西、粤北新型研发机构建设。三是推进高新区高质量发展，新增湛江、茂名两家国家级高新区，全省数量达 14 家。此外，积极推动韶关、阳江、梅州和揭阳申报国家高新区。

4. 促进多元主体参与的科技金融产业融合发展

广东省制定普惠性科技金融、科技企业挂牌上市等多项政策措施，搭建覆盖全省的线上和线下相结合的科技金融服务体系。一方面改革重组创新创业基金，以 71 亿元作为资本金投入粤科金融，撬动了社会资本超过 250 亿元;另一方面争取国家科技成果转化引导基金首次在广东设立子基金,总规模达10亿元。作为改革开放的桥头堡,深圳的创投大潮初起,各路资本纷纷涌入,创投业蓄势待发。如今,深创投、达晨、松禾资本、东方富海、同创伟业、高特佳等已成长为本土机构的佼佼者。与外资机构风格迥异,深圳创投帮不追热点,重技术创新,投资主要集中于智能制造、生物医药、新一代通信技术、新材料等硬科技项目。

(二)广东省创新型集群培育政策

2020年5月发布的《广东省人民政府关于培育发展战略性支柱产业集群和战略性新兴产业集群的意见》(粤府函〔2020〕82号)与十大战略支柱产业和十大新兴产业发展政策组成的"1+10+10"政策体系预计将成为广东科技创新产业未来发展所遵循的纲领性文件(见表5.4)。

积极发展十大战略支柱产业集群具体要从以下十个方面入手。

1.新一代电子信息产业集群的发展目标是做优做强珠江东岸电子信息产业带,推动粤东、粤西、粤北积极承接珠三角产业转移发展配套产业。

2.绿色石化产业集群的发展目标是打造以湛江、茂名、广州、惠州、揭阳等为核心的沿海石化产业带,形成"一带、两翼、五基地、多园区协同发展"特色产业布局。

3.智能家电产业集群的发展目标是打造以广州,深圳、佛山为核心的创新网络和生产性服务业网络,以深圳、环海、佛山、惠州、中山、湛江等为核心的制造网络。

4.汽车产业集群的发展目标是以广州、深圳、珠海、佛山、单庆为重点的汽车产业区域布局。

5.先进材料产业集群的发展目标是在广州、深圳、珠海、佛山、韶关、惠州、东莞、阳江、湛江、茂名、肇庆、清远、云浮等地形成若干个特色优势产业集群。

6.现代轻工纺织产业集群的发展目标是构建以广州、深圳为核心的创新创意中心,以沿海经济带、各特色产业集聚地为重点的先进制造基地网络。

7.软件与信息服务产业集群的发展目标是强化广州、深圳等中国软件名城的产业集聚效应和辐射带动作用,支持珠海、佛山、惠州、东莞、云浮等地市大力发展特色软件产业。

8.超高清视频显示产业集群的发展目标是促进珠三角核心区超高清视频产业各有侧重、紧密协作,带动沿海经济带和北生态发展区配套发展上下游产业。

9.生物医药与健康产业集群的发展目标是打造广州、深圳、珠海、佛山、惠州、东莞、中山等创新集聚区。

10.现代农业与食品产业集群的发展目标是科学布局"一县一圆、一镇一业、一村一品"现代农业产业平台,重点推进数字农业试验区等"三个创建",推动数字农业产业园园区等"八个一批培育"。

表5.4 广东省"1+10+10"系列产业创新政策

总纲	广东省人民政府关于培育发展战略性支柱产业集群和战略性新兴产业集群的意见(粤府函〔2020〕82号)
十大战略性支柱产业集群相关政策	①关于印发广东省发展新一代电子信息战略性支柱产业集群行动计划(2021—2025年)的通知(粤工信电子〔2020〕138号)
	②关于印发广东省发展绿色石化战略性支柱产业集群行动计划(2021—2025年)的通知(粤工信材料〔2020〕116号)
	③关于印发广东省发展智能家电战略性支柱产业集群行动计划(2021—2025年)的通知
	④关于印发广东省发展汽车战略性支柱产业集群行动计划(2021—2025年)的通知(粤工信装备〔2020〕111号)
	⑤关于印发广东省发展先进材料战略性支柱产业集群行动计划(2021—2025年)的通知(粤工信材料〔2020〕115号)
	⑥关于印发广东省发展现代轻工纺织战略性支柱产业集群行动计划(2021—2025年)的通知(粤工信消费〔2020〕119号)
	⑦关于印发广东省发展软件与信息服务战略性支柱产业集群行动计划(2021—2025年)的通知(粤工信信软〔2020〕137号)
	⑧关于印发广东省发展超高清视频显示战略性支柱产业集群加快建设超高清视频产业发展试验区行动计划(2021—2025年)的通知(粤工信电子〔2020〕122号)
	⑨关于印发广东省发展生物医药与健康战略性支柱产业集群行动计划(2021—2025年)的通知(粤科社字〔2020〕218号)
	⑩关于印发广东省发展现代农业与食品战略性支柱产业集群行动计划(2021—2025年)的通知(粤农农〔2020〕297号)

总纲	广东省人民政府关于培育发展战略性支柱产业集群和战略性 新兴产业集群的意见(粤府函〔2020〕82号)
十大战略性 新兴产业 集群政策	①关于印发广东省培育半导体及集成电路战略性新兴产业集群行动计划(2021—2025年)的通知(粤发改产业〔2020〕338号)
	②关于印发广东省培育高端装备制造战略性新兴产业集群行动计划(2021—2025年)的通知(粤工信装备〔2020〕113号)
	③关于印发广东省培育智能机器人战略性新兴产业集群行动计划(2021—2025年)的通知(粤工信装备〔2020〕112号)
	④关于印发广东省培育区块链与量子信息战略性新兴产业集群行动计划(2021—2025年)的通知(粤科高字〔2020〕219号)
	⑤关于印发广东省培育前沿新材料战略性新兴产业集群行动计划(2021—2025年)的通知(粤科高字〔2020〕217号)
	⑥关于印发广东省培育新能源战略性新兴产业集群行动计划(2021—2025年)的通知(粤发改能源〔2020〕340号)
	⑦关于印发广东省培育激光与增材制造战略性新兴产业集群行动计划(2021—2025年)的通知(粤科产字〔2020〕216号)
	⑧关于印发广东省培育数字创意战略性新兴产业集群行动计划(2021—2025年)的通知(粤工信数字产业〔2020〕134号)
	⑨关于印发广东省培育安全应急与环保战略性新兴产业集群行动计划(2021—2025年)的通知(粤工信节能〔2020〕131号)
	⑩关于印发广东省培育精密仪器设备战略性新兴产业集群行动计划(2021—2025年)的通知(粤科基字〔2020〕220号)

十大战略性新兴产业集群培育重点围绕着以下十类产业开展。

1.半导体与集成电路产业集群的培育目标是以广州、深圳、珠海等为核心形成两千亿级芯片设计产业集群,加快深圳、珠海、东莞等第三代半导体发展。

2.高端装备制造产业集群的培育目标是将广州、深圳、珠海、佛山、东莞、中山、江门、阳江等地打造成为主导产业突出的全国高端装备制造重要基地。

3.智能机器人产业集群的培育目标是支持广州、深圳等地市开展机器人研发创新,珠海、佛山、东莞、中山等地市建设机器人生产基地,其他各地市做好产业配套。

4.区块链与量子信息产业集群的培育目标是在广州、深圳、珠海、佛山、东莞等地打造全国领先的产业集聚区、创新引领区、应用先行区。

5.前沿新材料产业集群的培育目标是在广州、深圳、珠海、佛山、韶关、东莞、湛江、清远、潮州等地打造各具特色的前沿新材料集聚区。

6.新能源产业集群的培育目标是重点打造阳江海上风电全产业链基地,建设珠三角太阳能制造业集聚区,培育广州、深圳、佛山、湛江、茂名、云浮等地市氢能产业基地。

7.激光与增材制造产业集群的培育目标是促进以广州、深圳为核心,珠海、佛山、惠州、东莞、中山、江门等地各具特色的产业集聚区。

8.数字创意产业集群的培育目标是形成以广州、深圳为核心引擎,珠海、汕头、佛山、东莞、中山等地特色集聚的"双核多点"发展格局。

9.安全应急与环保产业集群的培育目标是在珠三角地区形成以技术研发和总部基地为核心的产业聚集带,在粤东、粤西、粤北地区形成以安全应急装备制造和资源综合利用为特色的产业聚集带。

10.精密仪器设备产业集群的培育目标是以珠三角为核心重点发展中高端产品,辐射带动粤东、粤北错位有序发展。

三、"十四五"广东省创新驱动发展战略的总体布局

"十四五"期间,广东继续坚持创新在现代化建设全局中的核心地位,深入实施创新驱动发展战略,携手港澳建成具有全球影响力的国际科技创新中心。

(一)创新驱动发展战略的总体布局

为补齐短板、增强优势,广东在"十四五"时期主要从原始创新能力培育、突破一批"卡脖子"的关键技术、增强企业创新能力、激发人才活力、注重区域协同创新等几方面布局。

1.强化战略科技力量

注重原始创新,强化基础研究能力,完善创新政策体系,提升资本保障水平,建设国家实验室,推动省级实验室、创新平台的重组升级,对标世界一流建设一批科研院所、研究型大学、应用型科技大学和前沿科学中心,优化科研

力量和科研资源共享。

2.打好关键核心技术攻坚战

着力突破一批关键共性技术、前沿引领技术、现代工程技术、颠覆性技术等,围绕战略性支柱产业、新兴产业和未来产业发展,加快在人工智能、生命健康、生物育种等前沿领域的研发布局。

3.提升企业技术创新能力

完善企业为主体、市场为导向、产学研融合的技术创新体系,构建以大企业引领支撑,大中小企业在产业链中的融通创新,支持企业组建创新联合体,承担重大科技项目,对企业投入基础研究实施税收优惠。

4.激发人才创新活力

完善人才的培养、引进、评价制度,健全创新激励和保障体制,健全职务发明成果权益分享机制。制定人才强省建设意见和三年行动方案,实施更加开放的人才政策,培养造就更多国际一流战略科技人才、科技领军人才和高水平创新团队,壮大具有国际竞争力的青年科技人才后备军。

5.增强区域协同创新能力

打造国际科技创新中心,加强与港澳科技创新交流合作,构建开放型融合发展的区域协同创新共同体,探索促进创新要素跨境流动和区域融通的政策举措,深化粤港澳创业孵化、科技金融、成果转化等领域合作,提高广深港、广珠澳科技创新走廊建设水平,增强珠三角国家自主创新示范区辐射带动作用,实现全省所有地级市的国家级高新区全覆盖。

6.运用系统观念系统方法深化科技创新体制改革

加快科技管理职能转变,改进科技项目组织管理方式,完善"揭榜制",推动重点领域项目、基地、人才、资金一体化配置,加大知识产权的保护力度,完善知识产权创造、运用、交易政策,建设珠三角国家科技成果转移转化示范区。健全政府投入为主、社会多渠道投入机制。

(二)推动科技与产业深度融合与相互促进

广东发挥强大市场优势和产业基础优势,打造科技产业创新策源地,加快建设具有全球影响力的科技和产业创新高地。广东将着力推进国际科技创新中心建设,加快建设河套深港、珠海横琴、广州等三大创新合作区建设,推动科研资金、设备和生物样本跨境便利使用,争取赴港澳"人才签注"尽快落地。

在创新方面,提出以大湾区国际科技创新中心建设为重点,强化对国家战略科技力量的支撑。着力提升以重大科技基础设施、高水平实验室和科研机构为核心的创新基础力量；强化与港澳资源协同配合，发挥企业创新主体作用，加快科技成果转化应用，聚力推进关键核心技术自主化等。

在产业方面，抢抓全球化深度调整的机遇，加快南沙粤港深度合作园、穗港智造合作区等平台建设，提升大湾区产业在全球产业格局中的地位；对标港澳及国际一流地区，大力发展金融、研发、设计、资讯、会计、税务、法律、会展等现代服务业，壮大总部经济。依托港澳现代服务业优势，构建错位发展、优势互补、协作配套的现代服务体系。

第二节　江苏省科技创新战略的主要经验

据最新发布的《2020 中国区域创新能力评价报告》可知，江苏省综合创新能力已连续多年保持第三，创新环境和企业能力突出，拥有强大的研发能力及加工制造能力，重视科技创新企业成长和科技成果转化，在新能源、新材料等新兴产业都有很强的持续竞争力。"十四五"期间，江苏将坚持以深化供给侧结构性改革为主线，全面把握发展要素资源优势的新变化，把科技自立自强作为贯彻新发展理念、推动高质量发展和构建新发展格局的战略支撑，强化科技自主创新能力，加强基础研究和原始创新，加快突破"卡脖子"技术，着力打造自主品牌，以创新驱动、高质量供给引领和创造新需求，用有效供给穿透循环堵点、消除瓶颈制约，实现供需在更高水平的动态平衡。

一、江苏省科技创新战略的实施重点与成效

江苏积极实施科技创新战略，大力开展苏南国家自主创新示范区和南京都市圈建设，有效提升了省域创新水平。"十三五"期间，江苏 R&D 经费投入规模和强度均处于全国前列，创新产出水平和中小型科技企业数量也再创新高。

（一）江苏省科技创新战略的实施重点

在长三角一体化背景下，江苏持续提高创新投入，加强区域间的协调和联动，有利于实现创新驱动发展。苏南国家自主创新示范区和南京都市圈建设是近两年江苏创新驱动发展战略的实施重点。

1.扎实推进苏南国家自主创新示范区(以下简称苏南自创区)建设

紧紧围绕"四个一"的建设要求,着力在建立实体化运作的一体化组织工作体系、一体化建设重大科技支撑平台、一体化实施重大科技攻关项目、建立一体化实施工作推进体系。按照"统筹布局、开放共享"的原则,进一步加强省与地方联动,共同部署实施一批跨区域、辐射带动面大、具有全局影响力的重大科技支撑平台和重大科研攻关项目,将其看作推进苏南自创区一体化发展的重要突破口。

2.建设南京都市圈,探索现代化都市圈的发展路径

创新不仅在社会主义现代化建设全局中占据核心地位,也是南京都市圈现代化发展的关键动力和独特优势。南京都市圈是长三角世界级城市群的重要组成部分,区域地位重要,经济基础发达,城乡协调发展,科教优势雄厚。南京都市圈建设的目标是强化创新优势、优化区域创新布局和协同创新生态,打造以关键核心技术为支撑、自主可控的现代产业体系。其主要从五个一体化入手。

一是坚持一体化协同创新思维。继续强化南京作为创新策源地的功能,立足都市圈创新优势,依托区域创新资源禀赋,成员城市各扬所长,着力破除阻碍创新要素自由流动的体制机制障碍,促进创新政策无缝对接和联动,实现优势互补,形成站位高端、特色鲜明、协同推进的区域创新一体化格局。

二是建立一体化协同创新体制。建议加强对于都市圈科技协同创新的顶层规划设计、政策制定统筹和重大事项协同。参照长三角区域合作办公室的做法,推动设立南京都市圈合作办公室,设立科技创新一体化专班,协调解决创新一体化推进中的难题,确保创新一体化有力有序推进。

三是打造一体化创新引领高地。都市圈创新的高度及深度,必然需要由其战略科技力量来决定。如今江苏举全省之力支持南京建设综合性国家科学中心,支持紫金山实验室争创国家实验室,以及推动重大科技基础设施的建设落地,这些都必将提升南京都市圈的原始创新能力和核心攻关能力,要健全都市圈创新高地的共建合作机制,推动重大科技资源向都市圈开放共享,在重大科学问题和关键核心技术上进行联合攻关,成为南京都市圈科技协同创新的强劲动力源泉。

四是提升产业一体化创新效应。没有创新链支撑的产业链必然只能在全球价值链中占据被"卡脖子"的中低端地位,缺乏抗风险能力。都市圈应聚焦信息技术、新能源汽车、生物医药、智能装备等优势产业链,围绕产业链部署创新链,围绕创新链布局产业链,实施科创森林成长计划,强化企业创新主

体地位,促进创新资源和产业需求有机衔接,实现产业基础高级化和产业链现代化,打造真正具有核心竞争力的先进制造业产业集群。

五是促进创新要素一体化流通。实现创新一体化的关键和难点在于能否真正推动实现资金、人才、信息等创新要素的自由流动。一体化的前提就是要实现利益的均衡兼顾,增强都市圈各方的认同感和积极性,从而形成共同支持都市圈建设的强大合力。要深化体制机制改革,充分发挥市场配置资源的决定性作用,推动科技创新要素的集聚和融合,建设富有活力的都市圈创新走廊,真正支撑起都市圈的创新发展。

(二)江苏省创新驱动发展战略成效

江苏省创新投入与强度长期处于全国前列,专利申请量和专利授权量也连续多年位居全国第二位,知识产权保护工作也取得重要进展,专利转让数量位居全国第三位,中小型科技企业再创新高。

1.江苏深入推进创新驱动战略,强化创新支撑和引领发展能力

作为区域创新和高新技术产业基地,江苏省不断加大科研投入力度,其研发经费投入和强度一直占据着全国前三的位置。如图 5.2 所示 2013—2020 年江苏省研究与发展活动经费投入强度百分比逐年上升。仅 2020 年,江苏省 R&D 经费投入 2927.5 亿元,占地区生产总值比重为 2.85%。江苏现有从事研发的人员有 89 万人,拥有中国科学院和中国工程院院士 105

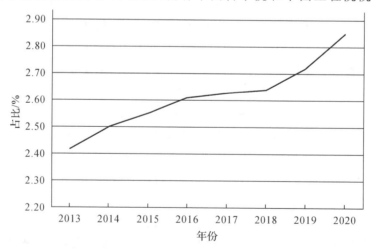

图 5.2　2013—2019 年江苏省研究与发展经费投入强度百分比
数据来源:江苏省统计公报。

人。各类科学研究与技术开发机构中,政府部门属独立研究与开发机构达435个。建设国家和省级重点实验室190个,科技服务平台276个,工程技术研究中心3978个,企业院士工作站126个,获批建设综合类国家技术创新中心1家。

2020年,江苏高新技术企业总数超过3.2万家,万人发明专利拥有量36.1件,科技进步贡献率达65%。数字经济规模超过4万亿元,战略性新兴产业、高新技术产业产值占规上工业比重分别达到37.8%和46.5%。国家重点实验室、国家级孵化器数量居全国前列。

2.科技投入的不断增加带来了创新产出的提高

从2013年到2020年,江苏省的专利申请量和专利授权量波动式上升,连续多年位居全国第二,仅次于广东省。2020年专利申请量达到破纪录的752000件比2019年增加了158000件,同比上升26.6%;2020年江苏专利申请授权数为499000件,比2019年增长了185000件,同比增长58.92%。(见图5.3)。此外,PCT专利申请量6635件,万人发明专利拥有量达30.16件。企业专利申请量、授权量占总量的比重分别达79.34%和79.35%,比2018年底提高了6.44个百分点和2.27个百分点,创新结构进一步优化。在其他创新数据方面,截至2020年,江苏省万人发明专利拥有量居全国省际第一;高校院所专利转让2673件,居全国第一位;全省通过专利权、商标权质押融资88.6亿元,融资企业数量全国第一;全国首单商标被侵权保险在江苏落地。

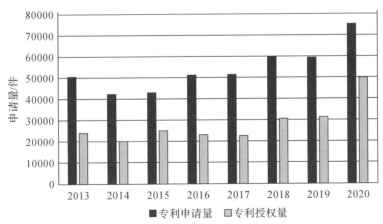

图5.3 2013—2020年江苏省专利申请量与专利授权量

数据来源:江苏省统计公报。

2019年底,江苏省有效发明专利拥有量242803件,企业和大专院校所占的比例高达91.94%,具体来看企业拥有175680件,占全省发明专利拥有量的72.35%;大专院校拥有47556件,占全省发明专利拥有量的19.59%;科研机构拥有7697件,占全省发明专利拥有量的3.17%;个人拥有8641件,占全省发明专利拥有量的3.56%;机关团体拥有3229件,占全省发明专利拥有量的1.33%(见图5.4)。全省万人发明专利拥有量30.16件,同比增加3.71件。

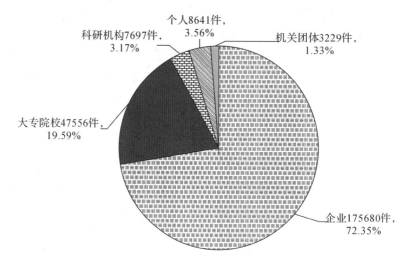

图5.4 2019年底江苏省有效发明专利量按权利主体统计图
数据来源:《2019年江苏省知识产权发展与保护状况白皮书》。

二、江苏省创新驱动发展战略的重点平台和政策创新

江苏积极落实创新驱动发展战略,布局重大科技创新平台,推进创新载体建设。为有效保障创新驱动发展战略的落实,江苏不断推动完善科技创新政策,以更好适应科技创新水平提升。

(一)创新驱动发展战略实施的重点平台

高级科研平台载体不仅是拔尖创新人才培养的基地,也是高水平科学研究和重大项目的重要支撑和保障。"十三五"时期,江苏围绕"高新专",积极融入国家创新体系,抢先布局重大科技创新平台,大力推进载体和平台建设,

促进产业加快向中高端迈进。

1. 布局重大科技创新平台

江苏加快建设未来网络国家重大科技基础设施、国家超级计算（无锡）中心等重大创新平台，推进国家空间信息综合应用创新服务平台项目建设，支持南京建设综合性科学中心。鼓励和引导苏南五市加强协同配合，在前沿交叉、优势特色领域超前布局若干省级重点实验室，共同争取建设国家重点实验室。

2. 建设综合性科技创新中心

围绕新兴产业布局建设技术创新中心，支持长三角先进材料研究院、江苏第三代半导体研究院等创建国家领域类技术创新中心；支持省先进封装与系统集成创新中心、物联网创新促进中心争创国家级创新中心；支持苏南地区领军型创新企业牵头，通过产学研合作，加快培育一批省级产业创新中心，创建一批国家产业创新中心。

3. 加快科技资源统筹服务中心建设

构建"一站式、全链条"的科技资源统筹服务体系。推进跨地区综合性科技服务平台建设，支持江苏国际知识产权运营交易中心等载体市场化运作；支持建设国家质检中心；支持布局一批行业分中心，加快推进服务业集聚区建设；鼓励苏南五市建设一批跨区域的产业技术创新战略联盟，贯通产业上下游科技服务链条。

（二）科技创新管理的制度创新

政策密集出台为科技创新提供有力服务保障。江苏科技事业的快速发展离不开国家和地方的政策支持，江苏省委、省政府历来高度重视科技创新工作，把落实和完善科技创新政策作为"一把手"工程来抓。

由表 5.5 可知，江苏省在深入实施创新驱动方面不断迭代政策，以适应不断变化的现实情况。江苏先后出台了《江苏省"十三五"科技创新规划》《中共江苏省委江苏省人民政府关于实施创新驱动战略推进科技创新工程加快建设创新型省份的意见》。江苏先后出台了《关于加快推进产业科技创新中心和创新型省份建设的若干政策措施》（创新"40 条"）、《关于聚力创新深化改革打造具有国际竞争力人才发展环境的意见》（人才"26 条"）、《关于知识产权强省建设的若干政策措施》（知识产权"18 条"）、《江苏省贯彻国家创新驱动发展战略纲要实施方案》《江苏省促进科技成果转移转化行动方案》等一系列鼓励和支持科技创新的政策文件，全省形成了一个涉及人才引进培养使用、企业财政税收研发减免、促进创新型省份建设等优惠政策的创新创业生态环境,企业创新积极性极大提高,全省科技创新工作实现了跨越式发展。

表5.5　江苏省相关政策创新

年份	政策名称	主要内容
2015	《关于深入实施创新驱动发展战略的意见》	深化体制机制改革,建设成为全球有影响的科技创新中心
2016	《江苏省"十三五"科技创新规划》	是"十三五"时期江苏省实施创新驱动发展战略的行动指南,是江苏省科技创新领域的纲领性文件
2016	《关于加快推进产业科技创新中心和创新型省份建设的若干政策措施》(创新"40条")	从创新型企业培育、科研成果转化、人才引进、创新载体建设、金融支持及政府引导等多方面增强江苏创新能力培育
2016	《江苏省促进科技成果转移转化行动方案》	健全市场化技术交易服务体系,优化科技成果转移转化制度环境,打造功能完善、运行高效、市场化的科技成果转移转化体系,形成以企业技术创新需求为导向、以市场化交易平台为载体、以专业化服务机构为支撑的科技成果转移转化新格局
2016	《江苏省贯彻国家创新驱动发展战略纲要实施方案》	确定江苏省提高创新型省份建设水平、建设科技强省的"三步走"目标
2017	《关于知识产权强省建设的若干政策措施》(知识产权"18条")	进一步加大知识产权保护力度,激发创新活力
2017	《关于聚力创新深化改革打造具有国际竞争力人才发展环境的意见》(人才"26条")	明确目标任务、责任处室(单位)、工作举措、序时进度,相关措施和政策力求精、准、实,确保省委部署落地落实
2017	《江苏省2017年度企业重点技术创新导向计划》	列入计划的项目总数为1565个。其中,核心技术突破项目373个,新产品研发项目1080个,质量攻关项目112个

续表

年份	政策名称	主要内容
2018	《创新型省份建设工作实施方案》	重点培育 13 个先进制造业集群,着力提升区域创新发展整体水平,提高创新平台集聚能力
2019	《江苏省高新技术企业培育"小升高"行动工作方案》	加快培育科技型中小企业,夯实高新技术企业发展基础
2020	《苏南国家自主创新示范区一体化发展实施方案(2020—2022年)》	紧扣"一体化"和"高质量"的要求,明确了苏南自创区一体化发展的总体目标、重点任务和关键举措

三、"十四五"江苏省创新驱动发展战略的总体布局

"十四五"期间,江苏省要突出创新在现代化建设全局中的核心地位,坚持"四个面向",构建与新发展格局相适应的区域创新体系和产业创新模式。

(一)创新驱动发展战略的总体布局

深入实施创新驱动发展战略,必须坚持把创新作为第一动力。"十四五"期间,江苏为实现擘画的蓝图,在坚持探索性、创新性、引领性的基础上,《纲要》重点布局了加快建设科技强省的四大任务。

1. 构筑区域创新高地

《纲要》在前瞻引领上突出战略科技力量培育,提出重点支持紫金山实验室、姑苏实验室和太湖实验室创建国家实验室,高水平建设江苏省实验室。关键抓手上强调大力发展沿沪宁产业创新带,支持南京建设综合性科学中心、苏州创建综合性产业创新中心。具体方式上提出要打造各具特色的一流产业创新载体,进一步发挥省产业技术研究院"试验田"作用等。

2. 加快关键核心技术攻坚突破

突出产业链和创新链协同融合,实施重点产业技术攻坚行动,组织实施关键核心技术攻关工程,力争形成一批具有自主知识产权的原创性、标志性技术成果。加强基础研究和原始创新,把提升原始创新能力摆在更加突出的位置。

3.强化企业创新主体地位

支持企业牵头组建创新联合体,推动产业链上中下游、大中小企业融通创新,量质并举壮大以高新技术企业为骨干的创新型企业集群,加快培育一批集成创新能力强、核心竞争优势明显的创新型领军企业、独角兽企业和瞪羚企业。

4.积极融入全球创新网络

实施更加开放包容、互惠共享的国际科技合作战略,深化与创新大国和关键小国等国的政府间的产业研发合作,拓展科技创新合作的领域、层次和空间,积极参与国际大科学计划和大科学工程,提高海外知识产权运营能力和对创新资源的全球配置能力。

(二)完善科技创新体制机制

江苏实体经济发达、科技水平高、人才资源富集,形成了比较完备的产业体系和全国规模最大的制造业集群,具有开放和创新先发先行优势,高质量发展的丰硕成果奠定了现代化建设的坚实基础。"十四五"期间,江苏坚持推进科技创新与体制机制创新的双轮驱动,实现关键核心技术重大突破和自主掌控、产业链供应链自主安全可控,形成应对新发展阶段风险挑战的抗压能力和反制能力。为全面释放科技创新潜力,江苏将围绕"完善科技创新体制机制",重点深化以下三项改革。

1.深化科技管理体制改革

建立战略产品牵引、重大任务带动的科研组织新模式,推动重点领域项目、基地、人才、资金一体化配置。赋予高校、科研机构更大自主权,赋予创新领军人才更大技术路线决定权和经费使用权。

2.健全科技成果转化机制

推动科技成果评价的社会化、市场化和规范化,大幅提高科技成果转移转化效率。深入推进苏南国家科技成果转移转化示范区建设,进一步探索成果转化新路径新模式。

3.完善人才价值实现机制

实施重点人才工程,强化人才分类评价导向,建立健全以创新能力、质量、实效、贡献为导向的科技人才评价机制,实行与国际接轨的人才评价办法和有市场竞争力的薪酬标准,对优秀青年人才实行举荐制、认定制、长周期考核制等举措。

第三节　上海市科技创新战略的主要经验

上海在我国经济发展中占据举足轻重的地位,创新基础良好,创新能力连续 12 年排名全国第四,且对外开放程度高,拥有较强的知识获取能力,聚集了一大批外资和大型国有企业。"十四五"期间,上海把科技自立自强作为国家发展战略支撑的总要求,坚持科技创新和制度创新双轮驱动,以提升基础研究能力和突破关键核心技术为主攻方向,推动国际科技创新中心核心功能取得重大突破性进展。

一、上海市创新驱动发展战略的实施重点与成效

上海在我国经济发展中占据举足轻重的地位,在经济高质量发展中发挥着引领示范作用。立足五大中心等核心功能提升,积极推动经济转型升级是上海"十四五"发展的主要任务。

(一)上海市实施创新驱动发展战略的重点举措

2017 年 12 月 15 日,国务院批复原则同意《上海市城市总体规划(2017—2035 年)》,进一步明确了上海市国际经济、金融、贸易、航运、科技创新中心的定位。五大中心建设过程中,全球科创中心为其他四大中心建设提供重要科技支撑。上海市依托现有的良好政策和制度环境,一方面持续推动全球科技创新中心建设,另一方面大力开展上海自贸区新片区建设、设立科创板并试点注册制、推动长三角更高质量一体化发展。

1. 深入推动全球科创中心建设

制定实施科技创新中心建设深化方案和科技创新"22 条",形成支撑科技创新中心建设的政策体系;建立"2+X"工作推进机制,举全市之力推进科技创新中心建设;率先开展国家重大创新改革试点。全面启动张江科学城第二轮 82 个项目建设,形成张江综合性国家科学中心基础框架,集聚高水平研发机构,加快形成一批聚焦关键核心技术、具有国际先进水平的功能型研发转化平台。推进众创空间建设。深化全面创新改革试验,健全知识产权保护体系。

2.设立科创板试点注册制

科创板俗称"四新板",即指的是新材料、新能源、新装备、新医药这四个高新产业企业上市的市场板块,是专为科技型和创新型中小企业服务的板块。在经济转型的大背景下,科创板将继续充分发挥资本市场服务实体经济、促进科技创新的重要功能,直指"补齐资本市场服务科技创新短板"这一重要命题。随着资本市场发育的进一步完善,上海科创板有望成为一个连接全国上下的金融纽带,带动周边地区的金融运作,同时也是国际切入国内资本市场的一大平台窗口。

3.高标准打造上海自由贸易试验区临港新片区

持续推动临港新片区投资自由、贸易自由、资金自由、运输自由、人员从业自由和信息快捷联通政策加快落地,实施具有国际竞争力的税收制度和全面风险管理制度。为培育提升创新能力,新片区开展了实施自由便利的人员管理、实施具有国际竞争力的税收制度和政策以及建立以关键核心技术为突破口的前沿产业集群等多种举措。

4.推进长三角技术创新中心建设

立足长三角协同发展,积极牵头推进长三角技术创新中心建设工作,以长三角科技资源共享服务平台为抓手,推进长三角科技资源的开放共享。长三角技术创新中心的定位是全球创新资源的配置枢纽、产业技术的创新枢纽、人才价值的转化枢纽;聚焦集成电路、生物医药、人工智能等领域;创新体制机制,打破区划界限,试点一体化组织实施;突破关键核心技术,实现重大基础研究成果产业化;推动长三角区域成为全球科技创新中心和未来产业高地。

(二)上海市创新驱动发展战略成效

上海 R&D 经费投入强度连续多年位居全国省市前列,创新潜力巨大。一大批国际领先的基础研究成果纷纷涌现,知识产权竞争力不断提升,产业转型升级成效显著。

1.上海 R&D 经费投入强度连续两年超过 4%

全社会研发经费投入 R&D 占地区生产总值的比例,是体现一个地区科技创新治理体系和治理能力的核心指标之一。研发经费投入不像基建、产能等固定资产投入,不会立即产生效益。研发经费支出发挥作用,是一个持续的、长期的、甚至"不计回报"的过程。继 2019 年上海全社会研发(R&D)经费投入首次占全市生产总值的 4% 之后,到 2020 年,已连续两年超 4%(见图 5.5)。

而超过 4％的 R&D 经费投入强度,原本是由 2017 年 5 月上海市第十一次党代会提出,2022 年实现的目标。

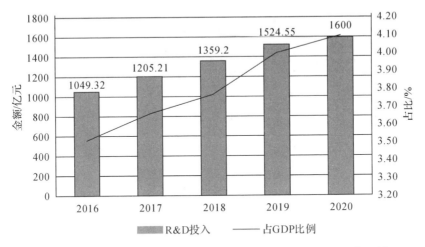

图 5.5　2016—2020 年上海市 R&D 经费投入及占地区生产总值比例
数据来源:上海市统计公报。

2.国际领先的基础研究成果竞相涌现

上海持之以恒加强基础研究,使得原始创新能力持续升级,着眼世界前沿的"科技梦想"正在成真。随着一批世界级大科学装置集群相继建成,在诸多重大科技问题和项目布局的带动下,国际领先的基础研究成果竞相涌现。2020 年,上海科学家在脑科学、基因与蛋白质、量子、纳米、精准医疗等诸多前沿领域取得多项具有国际影响力的成果。全年上海科学家在国际顶尖学术期刊《科学》《自然》《细胞》发表论文 124 篇,比上年增长 42.5％,占全国总数的 32.0％。

截至 2020 年底,上海累计牵头承担国家科技重大专项 929 项,牵头承担国家重点研发计划项目 458 项。在布局实施的市级科技重大专项中,已启动硬 X 射线预研项目、国际人类表型组计划、脑图谱、脑与类脑、硅光子、智慧天网、量子信息技术、超限制造、糖类药物、自主智能无人系统等十个市级科技重大专项。其中,2020 年新启动糖类药物、超限制造、自主智能无人系统三个市级科技重大专项;脑机接口、类脑光子芯片等新一批专项加快布局。同时,上海加快国家重大科技基础设施建设步伐,推进光源二期、上海超强超短激光实验装置、X 射线自由电子激光试验装置、硬 X 射线自由电子激光装置等在建重大科技基础设施建设,提升已建重大科技基础设施能级。截至 2020

底,建成和在建的国家重大科技基础设施 14 个,设施数量和投资金额均全国领先(见图 5.6)。

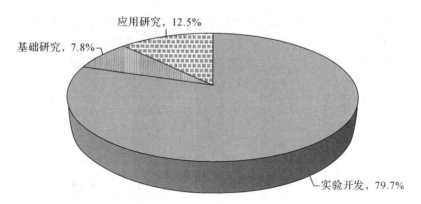

图 5.6　2018 年上海全社会研发经费投入分类
数据来源:上海市统计公报。

3.知识产权竞争力持续提升

2020 年全年,上海市专利申请量 21.46 万件,比上年增长 23.6%。全年专利授权量为 13.98 万件,比上年增长 39.0%。全年 PCT 国际专利申请量为 3558 件,比上年增长 29.9%。至年末,全市有效专利达 54.25 万件,比上年增长 22.3%。其中,发明专利 14.56 万件,增长 12.2%;实用新型专利 32.03 万件,增长 26.9%;外观设计专利 7.67 万件,增长 24.8%。每万人口发明专利拥有量达 60.2 件,增长 12.5%。

2020 年全年商标申请量为 50.53 万件,比上年增长 15.1%;商标注册量为 30.74 万件,下降 14.9%,均位于全国第七。至 2020 年末,商标有效注册量达 173.74 万件,比上年末增长 18.0%,位列全国第五;商标活跃度(每新增 1 户市场主体同时新增注册商标)达到 0.64 件,下降 23.8%,平均每新增 1.55 个市场主体就新增 1 件注册商标;商标集聚度(每万户市场主体的平均有效注册商标拥有量)为 5931 件,增长 8.8%,平均每 1.69 个市场主体就拥有 1 件注册商标。全年经认定登记的各类技术交易合同 26811 件,比上年减少 26.2%;合同金额 1815.27 亿元,增长 19.3%。

4.产业转型升级成效显著

2020 年,全市新增科技小巨人企业和小巨人培育企业 190 家,累计超 2300 家;新认定技术先进型服务企业 19 家,累计认定 235 家。年内新认定高新技术企业 7396 家,有效期内高新技术企业数达 17012 家,每万户企业法人中高新技术企业达 380 家。全年共认定高新技术成果转化项目 845 项,比上年增长 2.8%。至 2020 年末,共认定高新技术成果转化项目 13785 项,建成软 X 射线、超强超短激光等一批国家重大科技基础设施和 15 个研发与转化功能型平台。

二、上海市创新驱动发展战略的重点平台和政策创新

深入实施创新驱动发展战略,上海积极引导各区参与功能型平台建设,深入推进科技创新管理改革,为科技创新发展提供坚实保障。

(一)上海市实施创新驱动发展的重点平台

上海深入推进研发与转化功能型平台建设,积极引导各区参与功能型平台建设,围绕集成电路、人工智能、生物医药、新材料、新能源等重点领域,带动形成一批新兴产业集群。

1.上海战略性科技力量不断壮大

国家实验室建设取得重大进展,世界级大科学设施集群初具规模。积极争取各类国家级科研基地落户上海,长三角国家技术创新中心获批启动,省部共建国家重点实验室、国家野外科学研究观测站、国家创新人才示范基地等一批国家级科研基地加快布局或获批组建。积极发起"全脑介观神经连接图谱"国际大科学计划,深度参与平方公里阵列射电望远镜(SKA)和国际大洋发现计划(IODP)等大科学计划(工程),上海人工智能实验室、期智研究院揭牌成立,脑科学与类脑研究中心、上海应用数字中心等一批高水平科研机构加快发展。

2.高水平研究机构建设不断取得新进展

积极推动上海量子科学研究中心、上海清华国际创新中心、期智研究院等数十家新型研发机构加快发展。其中,期智研究院、树图区块链研究院、上海浙江大学高等研究院、上海人工智能实验室、上海应用数学中心揭牌成立,李政道研究所、上海交通大学张江科学园的主体建筑基本建成,复旦张江国际创新中心、上海朱光亚战略科技研究院建设稳步推进,上海微纳电子研发中心加快组建,为承接国家级重大平台和任务奠定基础。

3.深入推进创新空间和载体建设

张江科学城、临港新片区、闵行零号湾创新创业集聚区等重点区域加快发展,中以(上海)创新园、北外滩创新港、苏州河金融科技集聚区、东方美谷

等区位的科创特色和产业优势进一步凸显,青浦华为研发基地、金山科创湾、徐汇全国双创示范基地、杨浦环同济、宝山环上大等创新空间载体、大学科技园等发展各具特色。持续强化市区联动,共同打造成果转化活跃、创新资源集聚、创新链产业链融合的特色创新创业集聚区。

4.国内国际科技合作务实开展

主动融入和服务"双循环"新发展格局,累计与五大洲 20 多个国家和地区签订政府间国际科技合作协议,建设"一带一路"国际联合实验室 22 家,5 家国际科技组织在沪设立代表处,更好集聚和配置全球创新要素与资源。浦江创新论坛、世界顶尖科学家论坛、世界人工智能大会等品牌创新活动成功举办。长三角科技创新共同体加快建设,牵头形成长三角国家技术创新中心建设方案,获科技部批复并启动建设《长三角 G60 科创走廊建设方案》发布实施,"一廊一核多城"的总体空间布局初步形成。长三角科技资源共享服务平台建设加快推进,加强国内科技合作,推进同海南、北京、重庆、深圳、乌鲁木齐等地跨区域协同创新。

(二)上海市科技体制机制改革

上海深入推进科技创新管理改革,优化科技政务服务、项目管理、财政投入、科研诚信制度建设等,健全外国人才审批服务制度,有力地推动了上海科技进步和产业升级。

1.推进国企体制机制改革激活创新潜力

针对上海国资占比高的现状,上海 2015 年 2 月专门出台《关于鼓励和支持本市国有企业科技创新的若干措施》等系列政策措施,一方面破除体制机制障碍,最大限度地激发国企创新的活力和动力;另一方面突破制约技术、资本、人才等创新要素流动的制度性障碍,推动科技成果的转移和转化。

2.完善创新政策体系

上海在 2015 年 5 月出台的《关于加快建设具有全球影响力的科技创新中心的意见》(科技创新"22 条")是上海建设科技创新中心的纲领性文件。随后又陆续研究出台了人才发展、科技成果转移转化、科技金融、知识产权、国企创新、加大财政投入、政策专项联动统筹、众创空间、开放合作等九个配套文件,形成了"1+9"政策体系,为上海科技创新中心建设奠定了政策基础。此后,张江综合性国家科学中心建设、上海全面创新改革试验逐步呈现在世人面前,勾画出一个科技进步、世界创新策源地的美好蓝图。

3.破解科技体制机制顽瘴痼疾释放创新潜能

2019 年上海布了《关于进一步深化科技体制机制改革 增强科技创新中心策源能力的意见》(又称"科改 25 条")。"科改 25 条"重点提出了以下四项改革任务举措：一是深化科技体制机制改革；二是激发各类创新主体活力；三是积极融入全球创新网络；四是营造根植社会的创新精神。深入落实"科改 25 条"，发布实施《上海市推进科技创新中心建设条例》，持续健全符合科研规律、人才发展规律和成果转化规律的科技政策制度体系和法规保障机制，持续激发各类创新主体活力。

上海市科委 2019 年新制定发布的《上海市科技计划项目管理办法(试行)》《上海市科技专家库管理办法(试行)》《上海市科技计划项目综合绩效评价工作规范(试行)》《上海市科技计划科技报告管理办法》等规范性文件则进一步增强了科技政务服务的透明度，通过设立相关信息公示、公开条款，实现项目评审专家名单、项目立项结果的全公开(见表 5.6)。

表 5.6　上海相关政策创新

时间	政策名称	主要内容
2015 年 2 月	《关于鼓励和支持本市国有企业科技创新的若干措施》	从建立健全以创新为导向的考核评价体系、完善以企业为主体的科技创新投入机制等方面推出相应政策,激发全市国有企业的科技创新活力
2015 年 5 月	《关于加快建设具有全球影响力的科技创新中心的意见》(科技创新"22 条")	作为上海建设科技创新中心的纲领性文件
2016 年 2 月	《上海张江综合性国家科学中心建设方案》	以张江地区为核心承载区,以重大科技基础设施为基础,以高水平大学、科研院所和高新技术企业等深度融合为依托,为科技创新中心建设提供强大的源头创新支撑
2016 年 4 月	《上海系统推进全面创新改革试验加快建设具有全球影响力的科技创新中心方案》	围绕政府管理、激励分配、成果转化等重点领域深化体制机制改革,力求在 1~3 年实现突破,形成可复制、可推广经验

续表

时间	政策名称	主要内容
2017 年 5 月	《关于创新驱动发展巩固提升实体经济能级的若干意见》	围绕着建设具有全球影响力的科技创新中心及上海建设"四个中心"和卓越全球城市的重要实践提供制度保障
2018.04	《全力打响"上海制造"品牌加快迈向全球卓越制造基地三年行动计划(2018—2020 年)》	掌握产业链价值链核心环节的高端制造,满足市场多元化需求的品质制造,融合人工智能和互联网因子的智能制造,体现资源高效集约利用的绿色制造
2019.03	《关于进一步深化科技体制机制改革 增强科技创新中心策源能力的意见》(又称"科改 25 条")	着力加强具有全球影响力的科技创新中心建设,聚焦"增强创新策源能力"的政策目标,围绕科技创新中心的战略定位和核心目标,统筹科技创新和体制机制创新
2020.05	《上海市推进科技创新中心建设条例》	将行之有效的改革举措转化为制度安排,破解制约创新的制度瓶颈,有利于通过制度创新推动科技创新,将制度优势转化为制度效能

4.深入开展科技创新建设的顶层设计和制度创新

加快建设具有全球影响力的科技创新中心,是党中央、国务院交给上海的重大战略任务,也是上海当好改革开放排头兵、创新发展先行者的内在要求。为深入贯彻中央指导意见,上海出台《上海市推进科技创新中心建设条例》(以下简称《条例》)。《条例》着力将"最宽松的创新环境、最普惠公平的扶持政策、最有力的保障措施"的理念体现在制度设计中,体现鲜明的改革和创新导向,以"创新主体建设、创新能力建设、创新承载区建设、创新环境建设"为逻辑主线,充分发挥市场对各类创新要素配置的导向作用,有效发挥政府在协调创新活动、整合创新资源、衔接创新环节等方面的积极作用,最大限度激发全社会创新活力与动力。《条例》主要表现为以下五方面:一是注重创新策源能力的提升;二是注重激励人才的创新活力;三是注重创新主体的培育;四是注重营造宽容失败的创新氛围;五是注重创新载体的建设。

三、"十四五"上海市科技创新战略的总体布局

"十四五"期间,上海按照把创新放在国家现代化建设全局核心地位、把科技自立自强作为国家发展战略支撑的总要求,坚持科技创新和制度创新双轮驱动,以提升基础研究能力和突破关键核心技术为主攻方向,努力成为科学新发现、技术新发明、产业新方向、发展新理念的重要策源地。

(一)科技创新战略总体布局

"十四五"期间的上海提出要进一步强化科技创新的策源功能,扩大高水平科技供给,其科技创新战略总体布局主要围绕着以下六方面展开。

1.增强基础研究水平

统筹优化基础研究重点领域布局,进一步提高张江综合性国家科学中心的集中度和显示度,加快建设一批综合性战略科技力量,具体包括:加强重大战略领域前瞻布局、打造高水平基础研究力量、优化基础研究领域的多元投入方式等内容。

2.加大力度攻坚一批关键核心技术

聚焦制约产业发展的关键领域,构建市场化和政府投入协作并举的新型举国体制,打好关键核心技术攻坚战,加速科技成果向现实生产力转化,提高创新链整体效能。包括以下六方面:一是建立关键核心技术攻关新型组织实施模式;二是建立重大战略任务直接委托机制;三是采用定向择优或定向委托方式;四是构建政产学研合力攻关体制;五是支持企业牵头组建创新联合体;六是明确利益分享和风险分担机制。

3.促进多元创新主体蓬勃发展

稳步加大全社会研发投入力度,优化投入结构,加强政府科技投入保障,完善系统性的引导激励政策,强化企业创新主体地位,促进各类创新要素向企业集聚,发挥企业家在技术创新中的重要作用,持续提升企业研发支出占全社会研发支出比重。具体包括,培育壮大更多高成长性企业,进一步激发市场主体创新动力活力,大力发展新型研发机构,推动上海产业技术研究院深化改革和功能升级,加大转制院所混合所有制改革力度,充分释放科研活力,加快向科技研发服务集团转变。

4.加快构建顺畅高效的转移转化体系

加快实施新一轮全面创新改革试验,着力破解科技成果有效转化的政策

制度瓶颈,加大引导激励力度,激发成果转化主体的创新动力,完善科技金融服务体系,促进创新链上下游紧密衔接联动。具体包括:建立更加市场化、专业化的技术转移机制,完善高校技术转移机构成果转化的考核机制和专门激励政策,完善知识产权服务体系,加大相关服务业开放力度;健全与创新发展相适应的投融资体系,完善"股权＋债权"管理模式,推动商业银行在信贷准入、考核激励和风险容忍等方面建立匹配科创企业轻资产、无抵押等特点的融资模式,推动国有创投机构市场化改革,实施核心团队持股、薪酬体系改革等举措。

5.强化支撑国际科创中心功能的人才优势

全面确立人才引领发展的战略地位,扩大"海聚英才"品牌影响力,进一步实行更加开放、更加便利的人才引进政策,大规模集聚海内外人才,加快形成具有全球吸引力和国际竞争力的人才制度体系,促进人才要素市场化配置,为科创中心建设提供强劲持续、全方位全周期的智力支撑。具体包括:大力集聚海内外优秀人才,加强创新型人才培育,尤其是基础研究人才培养,建立面向未来的顶尖人才早期发现、培养和跟踪机制,构建更加灵活有效的人才评价和激励机制,加大对各类青年才俊扎根上海的服务保障,充分发挥子女教育、住房、医疗等优质公共服务体系在吸引和服务人才中的作用。

6.以张江科学城为重点推进科创中心承载区建设

以张江科学城、临港新片区等重点区域为核心,提升创新浓度和密度,优化科创中心承载区的功能布局,加快建设各具特色的创新要素集聚点和增长极。具体包括:加快把张江建设成为国际一流科学城,持续发挥张江高新区产业载体功能,统筹资源配置,完善服务机制,提升创新创业生态能级;加快构建各具特色的科创中心承载区,强化临港、杨浦、徐汇、闵行、嘉定、松江等关键承载区承接科学技术转移、加快成果产业化等功能,放大创新集成和辐射带动效应。

(二)进一步增强基础研究能力

"十四五"期间,上海持续推进脑科学与类脑人工智能、量子科技、纳米科学与变革性材料、合成科学与生命创制等领域研究;加快推进硬 X 射线、上海光源二期、海底观测网、高效低碳燃气轮机等重大科技基础设施建设;优化基础研究领域的多元投入方式,引导社会资本以共建新型研发机构等方式加大对基础研究的投入。提升更多基础研究能力,努力实现更多"从 0 到 1"的突破。

1.完善基础研究科研保障机制

统筹各方利益,将投入大、周期长、成效慢的基础研究落到实处。一是多元化投入,"十四五"期间要一如既往地争取服务国家重大项目;二是融通发展,在全市层面部署重大科研项目时,要做到让基础研究、应用研究和产业化项目融通发展;三是完善评价机制,不能让科研人员带着镣铐跳舞,要优化项目、人才、机构评价机制,让上海成为科研人员理想之城。

2.破解科技成果有效转化的政策制度瓶颈

"十四五"规划《纲要》提出建立更加市场化、专业化的技术转移机制,健全与创新发展相适应的投融资体系。建立健全赋予高校、科研机构科研人员职务科技成果所有权或长期使用权的激励流程和管理制度,推动成果转化政策适用的主体范围和成果类型进一步扩大。

3.持续推出让人才得到激励的好政策

深化科技成果使用权、处置权和收益权改革,让科研机构和人员拥有更大自主权。持续提供让人才感到舒心的服务,提供更好宜居环境、更多创业空间,让科学家、企业家、投资者、创业者的"朋友圈"越来越大、创新活力越来越强。

4.鼓励企业加大研发投入

《上海市科技创新中心建设条例》提出了支持企业研发活动的具体举措。例如,通过提供研发资助,落实研发设备加速折旧、研发费用加计扣除和高新技术企业所得税优惠政策等方式,对企业投入基础研究实行税收优惠等形式对企业的科技创新活动给予支持。

5.大力发展新型研发机构

新型研发机构是提升上海创新策源能力和产业竞争力的重要途径。对于事业单位类新型研发机构,细化落实不定行政级别、编制动态调整、不受岗位限置和工资总额限制的管理机制,给予研发机构更大自主权。新型研发机构的"新"在于:投资主体多元化、管理制度现代化、运行机制市场化、用人机制灵活化,这些新特点,使其在开展周期较长的基础研究、交叉学科研究、工程化与中试、产业化推广等方面独具优势。

第四节　四川省科技创新战略的主要经验

四川省作为我国西部经济和科技大省,也是我国西南地区的经济、科技、人才、政治、文化、教育中心。近年来,四川以西部陆海新通道、成渝地区双城经济圈等重大建设为契机,积极实施创新驱动发展战略,加快建设具有全国影响力的科技创新中心,强化创新在现代化建设全局中的核心地位。"十四五"期间,四川进一步推进协同创新,加强关键核心技术攻关和成果转化,强化重大创新平台建设,培育健全科技创新主体,加快建成国家创新驱动发展先行省。

一、四川省创新驱动发展战略的实施重点与成效

近年来,处于长江经济带与丝绸之路经济带结合点的四川省积极开展成渝地区双城经济圈建设和西部大通道建设。成渝地区双城经济圈位于长江上游,是我国西部人口最稠密、产业最集中、城镇最密集的区域。数据显示,2019年,成渝地区实现地区生产总值近7万亿元,是继长三角、粤港澳大湾区和京津冀三大增长极之后,我国又一个国家级区域经济体。2021年2月15日,科技部印发了《关于加强科技创新促进新时代西部大开发形成新格局的实施意见》,将成渝科技创新中心建设排在了任务的首位。

(一)四川省创新驱动发展战略的实施重点

"十三五"期间,四川省获批建设成德绵国家科技成果转移转化示范区、重大新药创制国家科技重大专项成果转移转化试点示范基地、国家新一代人工智能创新发展试验区,成都国家自主创新示范区、绵阳科技城加快发展,自贡、泸州、德阳、遂宁、内江、宜宾等加快建设省级创新型城市,金堂县、隆昌市、什邡市国家创新型县(市)建设有效推进。

目前,四川省已建成各类科技创新平台1800余个,其中国家级科技创新基地171个。作为全球重要的电子信息产业基地,成渝地区已形成"芯、屏、器、核、网"世界级产业集群,产能约占全球三分之一,已成为全球电子信息产业链、供应链不可或缺的重要环节。在《四川省"十三五"战略性新兴产业发展规划》中明确了新一代信息技术、高端装备、新材料、数字创意等重点产业的发展方向、重点工程和空间布局,并提出到2020年,四川要建成国家战略性新兴产业发展的聚集高地和全国产业创新发展转型先行区。

1.支持成渝科技创新中心建设

加快构建"两极一廊多点"创新格局。其中,"两极"是以成都高新区为支撑的中国西部(成都)科学城和以重庆高新区为核心的中国西部(重庆)科学

城;"一廊"即成渝科技创新走廊,涵盖成渝地区12家国家高新区,承载创新成果转化、高新技术产业化功能;"多点"即成渝地区多个创新功能区和创新节点。支持布局超瞬态物质科学实验装置、长江流域地表过程与生态环境模拟实验系统等重大科技基础设施,培育建设川藏铁路等国家技术创新中心,加快成都国家新一代人工智能创新发展试验区建设,着力打造综合性国家科学中心。

2.创新孵化环境不断优化升级

科技孵化对于培育市场创新主体,推动科创中心建设具有重要的作用。未来,各方将充分挖掘、结合两地医疗创新资源,充分发挥成渝电子信息产业优势,在创新研发、临床研究、智慧医疗、大健康等领域进一步加强合作,实现优势互补,推动成渝地区生物医药产业快速发展。四川省国际医学交流促进会、Square one 中国创新中心(重庆)、四川生物医药产业技术研究院、百创汇(重庆)国际医学转化中心签约未来共同建立成渝国际医学成果转化合作常态化联动机制,促进国际医学双创资源互融互通,推进医学技术、人才、产业应用及产业孵化生态圈深度链接与高效协同。

3.大力实施人才强省战略

推进人才工作的制度创新和方法创新,加快人才资源向资本的转变。四川省持续完善人才评价机制,落实科技创新支持政策,进一步激励科技人才创新创业。让科技人员、青年大学生、海外高层次人才和草根能人"四路大军"在科技创新、自主创新的实践中主动有为。

一是"广开进贤之路,广纳天下英才",为增强人才吸引力和竞争力,采取诸如安家补助、岗位激励、项目和平台支持等优惠政策,确保高层次人才引得进、留得住、用得好。

二是完善的人才制度,在与各大高校、各大企业签订人才引进计划的同时,也要建立健全完善的人才体制机制,聚焦人才引进聚集、培养开发、评价激励、流动配置和人才管理等关键环节,着力破除制约人才发展的体制机制障碍和政策藩篱。

4.成渝校企携手加快关键核心技术攻关

成渝两地充分发挥"1+1>2"的作用,科技创新合作正在多领域、多层面加速展开。从产业分布上看,重庆主要以汽车和电子为主,成都在电子信息、汽车、航空、生物等领域基础雄厚,两个城市产业发展有一定共通性,两地既有同质竞争,也有优势互补,是一种竞合关系。四川大学机械工程学院、重庆大学机械学院、成都耐视特科技有限公司、成都青山实业有限责任公司、北京理工大学重庆创新中心联合成立数控装备工业智能制造川渝产学研协同创新中心。利用大数据、人工智能、5G等新一代信息技术,结合数控加工创新技术创建智能制造新技术、新模式,把这些技术应用到工业互联网领域,提高川渝地区精密器械加工厂商生产制造能力。

(二)四川省创新驱动发展战略成效

"十三五"时期,四川科技事业加速发展,创新体系更加健全,创新环境不断优化,创新能力显著增强,创新治理形成新格局。主要包含以下四方面成效。

1.R&D研究经费投入再上新台阶

2020年四川省研究与试验发展(R&D)经费投入达到970亿元,是2015年的近2倍,基础研究经费年均增长率超过14%,实施十个重大科技专项,研发出具有自主知识产权的创新产品200余个,组织实施513个重大科技成果转移转化示范项目,支持培育627个重大创新产品,四川创新能力排名从"十二五"末全国的第16位提升到第11位,创新型省份建设取得重大进展(见图5.7)。

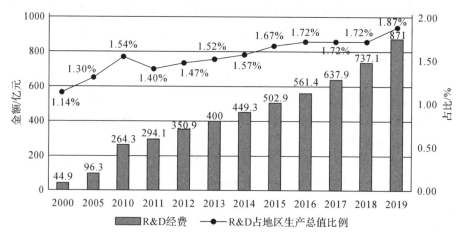

图5.7 2000—2020年四川省R&D经费支出及强度

数据来源:四川省统计公报。

从R&D经费投入增速来看,2020年四川省R&D经费投入增长11.4%;R&D投入强度达到2%,比上年提高0.13个百分点,与全国平均水平差距缩小到0.15个百分点,排全国第13位、西部第3位,全国名次比前一年上升一位(见图5.8)。

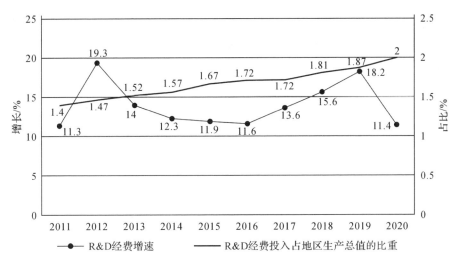

图 5.8　2011—2020 年四川省 R&D 经费增速及投入强度

数据来源:四川省统计公报。

2.科技创新成果不断涌现

2020 年 PCT 专利申请 530 件;专利授权 108386 件,拥有有效发明专利 70421 件,商标申请 351668 件,商标注册 202200 件。专利新增实施项目 13406 项,新增产值 2198.9 亿元。

科技成果总量扩大的同时,结构也不断优化。应用技术类成果有 13117 项,占比 51%,基础研究类成果有 10262 项,占比 40%,软科学类成果 239 项,占比 9%(见图 5.9)。应用技术和基础研究成果占比的扩大,进一步促进了航

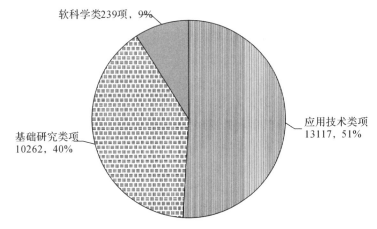

图 5.9　2019 年四川省科技成果构成

数据来源:《2019 年度四川省科技成果转化报告》

空、航天器及设备制造业、医疗仪器设备及仪器仪表制造业、计算机及办公设备制造业、电子及通信设备制造业、新能源汽车、太阳能电子等高技术产业的增长。

科技创新活力不断释放。企业、科研机构、高等院校三大执行主体科技成果转化收入进一步加大。2019 年,企业科技成果转化收入 58.1 亿元,占比85%,科研机构科技成果转化收入 4.1 亿元,占比 6%,高等院校科技成果转化收入 6.4 亿元,占比 9%(见图 5.10)。

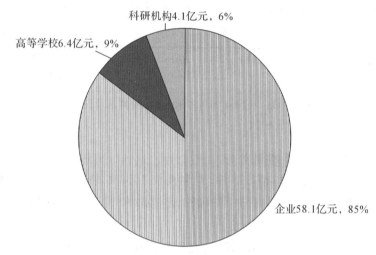

图 5.10　2019 年四川省科技成果转化收入结构(按主体)

数据来源:《2019 年度四川省科技成果转化报告》

3.高新技术产业发展良好

截至 2020 年末,四川省新增高新技术企业超过 2000 家,入库科技型中小企业 1.2 万家,备案瞪羚企业 100 家,持续实施十个重大科技专项,高新技术产业主营业务收入接近 2 万亿元,科技服务业主营业务收入达到 2900 亿元,技术合同成交总额达到 1248 亿元。高新技术企业总数达到 8154 家,高新技术产业营业收入近 2 万亿元,科技对经济增长贡献率达 60%。"一干多支"发展战略深入实施,七个区域中心城市经济总量均超过 2000 亿元。

4.战略科技力量持续加强

2020 年末,四川省拥有国家级高新技术产业开发区 8 个,省级高新技术产业园区 18 个;国家级农业科技园区 11 个;国家级科技企业孵化器 41 个、省级科技企业孵化器 130 个;国家级大学科技园 5 个,省级大学科技园 14 个;国家级众创空间 76 个(其中专业化示范众创空间 2 个),省级众创空间 153 个;

国家级星创天地96个;国家级国际科技合作基地22个,省级国际科技合作基地64个,省级工程技术研究中心305个。

二、四川省创新驱动发展战略的重点平台和政策创新

四川省实施创新驱动发展战略过程中,积极推动科研平台建设,促进政府、企业、科研院所等各方协同创新迈上新台阶。同时,四川不断强化创新在现代化建设中的核心地位,推进科技体制改革,增强省内重点城市创新能力。

(一)创新驱动发展战略实施的重要平台

四川深入实施创新驱动发展战略,其中一项重要举措就是促进四川现代产业发展与高端研究领域,市(州)、高校院所、企业与院士领衔项目,四川高层次专家人才与院士"三个对接"。在川合作平台不断升级,促进协同创新不断走向更高层面。

1.高端研究平台搭建的起步阶段

从2003年中国工程院院士钱清泉提出设立院士基地的建议开始,到2004年按"省市共建"原则成立服务中心,为院士和地方政府、企业架起合作桥梁,再到2011年首批院士工作站成立,企业和院士从零星项目合作升级到长期牵手。

2.高端研究平台搭建的发展阶段

四川省院士(专家)产业园正成为吸引高层次创新创业人才向优势产业和特色园区聚集、打造区域性人才高地和智力引擎的重要阵地。一方面,加快中科院成都分院、光电所、成都生物所、成都山地所等7家单位整建制集中聚集在成都科学城核心区,中国科学院大学成都学院也落子成都科学城,形成中科院成都科学研究中心科教融合发展新格局,为争创综合性国家科学中心奠定坚实的科技支撑。另一方面,四川省与中科院在2019年6月携手签署深化合作协议,共同发力"一干多支、五区协同"的区域发展新格局。

3.高端研究平台搭建的成熟阶段

2018年12月,中国工程院和四川省政府签署合作协议,共建中国工程科技发展战略四川研究院,围绕高质量发展,开展战略性、前瞻性、综合性咨询项目研究。2020年一大批科技创新平台在四川落地建设。四川国家应用数

学中心、成都国家新一代人工智能创新发展试验区等国家级平台落地建设，新增省重点实验室 9 个、省级工程技术研究中心 56 个。

(二)四川省实施创新驱动战略的体制机制创新

"十三五"期间,四川省按照"深入推进创新驱动发展"的部署和要求加快建设具有全国影响力的科技创新中心,强化创新在现代化建设全局中的核心地位,坚持"四个面向",深入实施创新驱动发展战略,大力推动科教兴川和人才强省,塑造更多依靠创新驱动、更多发挥先发优势的引领型发展。

1. 推动四川省整体创新能力再上新台阶

四川省出台了一系列鼓励科技创新政策,进一步完善了四川创新驱动发展体制机制,明确未来的发展目标。持续提高企业研发投入,增强企业自主创新能力,进一步完善以企业为主体、市场为导向、产学研相结合的技术创新体系。2019 年 8 月印发的《财政厅 经济和信息化厅关于加大企业创新主体培育力度的通知》(川财建〔2019〕165 号)强调鼓励推动重点工业企业普遍建立研发机构和重点企业加大技术创新投入有关政策落地落实。

2. 推进激励科技人员创新创业改革

让有贡献的科技人员名利双收,释放出巨大的创新力量。激励科技人员创新创业是四川省深化科技体制改革的一项核心任务,重点是要改变导向单一的评价体系、构建多元细分的激励机制,最大限度激发科技人员创新创造创业动力活力。一是开展激励科技人员创新创业改革试点。二是改革完善科技创新奖励制度。三是建立科技创新分类评价机制。四是"精准发力＋提升承载能力",实现技术群体性突破。五是突破科技成果转化障碍,打通创新"最后一公里"。

3. 培育省内重点城市创新能力

2018 年成都市出台《关于深入实施创新驱动发展战略加快建设国家重要科技中心的意见》,提出将构建创新驱动发展体制机制及成都实施创新驱动十大计划。"十大计划"包括基础科研提能计划、蓉城科技聚变计划、创新生态链培育计划、企业创新能力提升计划、创新创业人才汇聚计划、科技金融创新升级计划、知识产权强市计划、开放创新拓展计划、科技惠民行动计划,以及创新文化培育发展计划。此外,十大计划包含 25 条具体举措,以增强高质量科技供给(见表 5.7)。

表 5.7　四川相关政策创新

时间	政策名称	主要内容
2016 年 6 月	《四川省系统推进全面创新改革试验方案》	加速军民深度融合发展,开展系统性、整体性、协同性改革举措的先行先试
2016 年 11 月	《四川省激励科技人员创新创业十六条政策》	激励科技人员创新创业,加快推进科技成果转移转化,优化全省创新创业环境
2017 年 1 月	《四川省"十三五"科技创新规划》	开展高参数先进超超临界机组、开展燃气轮机整机设计技术和试验验证研究等关键零部件的设计制造技术攻关
2018 年 8 月	《关于加强企业创新主体培育的指导意见》	提升企业自主创新能力,增强企业核心竞争力,加快产业结构调整和转型升级
2018 年 9 月	《关于深入实施创新驱动发展战略加快建设国家重要科技中心的意见》	提出将构建创新驱动发展体制机制,并明确了未来的发展目标
2018 年 11 月	《关于加快构建"5+1"现代产业体系推动工业高质量发展的意见》	充分发挥先进制造业的支撑引领作用,加快构建具有四川特色优势的现代产业体系,推动全省工业高质量发展
2019 年 8 月	《财政厅 经济和信息化厅关于加大企业创新主体培育力度的通知》	鼓励推动重点工业企业普遍建立研发机构和重点企业加大技术创新投入有关政策落地落实
2020 年 6 月	《关于推进四川省国家级经济技术开发区创新提升打造改革开放新高地的实施意见》	构建国家级经济技术开发区开放发展新体制,发展更高层次开放型经济,带动地区经济高质量发展
2020 年 8 月	《四川省深入推进全面创新改革试验实施方案》	开展新一轮全面创新改革试验的决策部署,加快建设创新驱动发展先行省

续表

时间	政策名称	主要内容
2020 年 9 月	《四川省加快推进新型基础设施建设行动方案(2020—2022 年)》	建成技术先进、高效协同、天地一体的信息基础设施,初步形成具有全国影响力的创新基础设施体系,打造原始创新策源地

4. 推动形成各类市场主体融通创新的发展格局

为开展新一轮全面创新改革试验,加快建设创新驱动发展先行省,2020年8月发布《四川省深入推进全面创新改革试验实施方案》提出建成一批支撑能力强、带动作用大的重大创新发展平台,培养一批具有创新精神、敢于担当使命的创新型人才,培育一批具有国际影响力、拥有自主知识产权的创新型企业和产业集群。主要内容包括以下四方面:一是融入国家重大战略;二是聚焦重点领域精准发力;三是注重复制推广经验;四是更加突出终端见效。

三、"十四五"四川省创新驱动发展战略的总体布局

四川省为深入实施创新驱动发展战略,提升创新资源集聚和转化能力,积极部署开展新一轮全面创新改革,从全局层面布局四川战略创新驱动发展。其中,综合性国家科学中心建设是四川"十四五"时期重点建设任务。综合性国家科学中心是国家科技领域竞争的重要平台,是国家创新体系建设的基础平台。

(一)创新驱动发展战略的总体布局

四川省在《四川省国民经济和社会发展第十四个五年规划和二〇三五年远景目标纲要》中指出深入实施创新驱动发展战略,增强创新资源集聚转化功能,深化新一轮全面创新改革试验,加快建成国家创新驱动发展先行省。为此,"十四五"期间四川省将从以下四个方面深入推进创新驱动发展,加快建设具有全国影响力的科技创新中心。

1. 强化重大创新平台建设

推进综合性科学中心建设,打造大科学装置等创新基础设施集群,建设西部(成都)科学城,支持中国(绵阳)科技城建设科技创新先行示范区。聚焦空天科技、生命科学、先进核能、电子信息等优势领域,组建天府实验室,争创

国家实验室。推进国家应用数学中心、川藏铁路技术创新中心、高端航空装备技术创新中心、国家高性能医疗器械创新中心四川分中心、中国工程院四川战略研究院等建设，布局一批省级创新平台。启动建设电磁驱动聚变原型装置、西部光源系列装置。

2.加强关键核心技术攻关和成果转化

实施重大科技专项和产业技术路线图计划，遴选支持重大创新产品，努力解决一批"卡脖子"问题。成立两院院士基金，加强原始创新和基础研究。加快成德绵国家科技成果转移转化示范区等建设，实施100个科技成果转移转化示范项目。川渝联合建设"一带一路"科技合作示范区和国际技术转移中心。加强知识产权全链条保护，深化国家引领型知识产权强省试点示范。

3.大力推进协同创新

一方面开展军地需求对接、规划联动、人才互派，聚焦重点领域、重大装备、重大科技基础设施，强化科技协同创新，推动国防科技成果转移转化。另一方面推动省内各经济区间协同创新及与东西部各省在产业结构、技术优势等方面协同发展。

4.培育健全科技创新主体

强化企业创新主体地位，支持领军企业牵头组建产学研深度融合的创新联合体，带动中小企业创新活动。发挥企业家作用，鼓励企业加大研发投入，培育创新型企业和知识产权密集型企业。发挥好重要院所高校国家队作用，推动科技力量优化配置和资源共享。依法推进职务科技成果权属改革，试行科研攻关项目"揭榜挂帅制"和科研经费"包干制"，扩大科研单位和科技领军人才科研自主权。加快集聚"高精尖缺"人才和创新团队，统筹推进国家高端外国专家项目、天府高端引智计划。完善科研人员、大学生、返乡农民工等群体创新创业服务体系，推动大众创业万众创新蓬勃开展。

（二）推进综合性国家科学中心建设

2020年2月25日，科技部印发《关于加强科技创新促进新时代西部大开发形成新格局的实施意见》，支持成渝科技创新中心建设，重点支持布局超瞬态物质科学实验装置、长江流域地表过程与生态环境模拟实验系统等重大科技基础设施，培育建设川藏铁路等国家技术创新中心，加快成都国家新一代人工智能创新发展试验区建设，着力打造综合性国家科学中心。在"十四五"时期，四川省推进科学中心建设主要有五项任务。

1.推广全面创新改革经验成果

复制推广国务院部署的三批56条创新举措和四川省探索形成的三批56条经验,更大力度推广科技成果转化新机制、金融创新融资新模式、知识产权保护新机制、人才管理创新举措等,确保终端见效。

2.深化职务科技成果混合所有制改革

围绕解决转化机构、转化人才、中试孵化等关键问题,强化落实职务科技成果转移转化激励制度和相关税收优惠政策,赋予科研人员职务科技成果所有权或长期使用权,赋予高校、科研院所职务科技成果转化自主权。

3.建立促进创新主体融通的技术创新体制机制

强化企业创新主体地位和多主体创新协作,探索建设专业化、市场化的省级创新服务平台,支持建设一批高水平新型研发机构,推动高校、科研院所人才和创新资源综合开发,完善以企业为主体的产业技术创新机制。

4.加快推动各类创新要素融合聚集

充分发挥市场配置创新资源的决定性作用,大力建设知识产权获权用权维权高地,强化金融创新支持科技型中小企业发展,推进高端创新要素市场化配置,汇聚国内外一流大学和高水平研发机构,打造环高校知识经济圈和世界一流科技研发平台。

5.加快布局区域创新重大平台

围绕建设具有全国影响力的科技创新中心,推进区域协同创新,创建综合性国家科学中心,打造国家重大科技基础设施集群,推进前沿引领技术创新平台集聚,推动全省产业创新发展,增强创新驱动发展支撑能力。

第六章 浙江省实施科技创新战略的成功实践

改革开放以来,浙江全面实施科技创新战略,深化科技体制改革,科技创新能力显著提升。浙江作为科技资源小省,通过不断努力探索,已连续 13 年区域创新能力居全国第 5 位,企业技术创新能力连续 5 年居全国第 3 位。近些年来,浙江省深入推进"八八战略"再深化、改革开放再出发,始终坚持创新型省份建设一张蓝图绘到底,充分发挥创新引领发展的重要作用,加快建设新时代全面展示中国特色社会主义制度优越性的重要窗口,科技创新进入了从量的积累向质的飞跃、从点的突破向系统能力提升的关键阶段,基本建成创新型省份。"十四五"期间,浙江将人才强省、创新强省确定为首位战略,加快建设高水平创新型省份。

第一节 浙江省科技创新战略实施与经济转型升级

改革开放以来,浙江最大限度地激发科技第一生产力、创新第一动力的巨大潜能,积极实施科技创新战略,走出了一条具有浙江特色的科技创新与体制改革路子,促进了全省自主创新能力大幅上升,成为经济发展的战略支撑。2020 年,全省 R&D 经费投入达 1840 亿元,占地区生产总值比重为 2.8%,分别比 1990 年增长 901 倍,提高 2.57 个百分点。浙江科技创新战略实施主要分为四个阶段。

一、浙江省科技创新战略实施的主要阶段

(一)科技事业发展阶段(1978—1990 年)

1.科技事业开始步入健康发展轨道

在 1978 年的全国科学大会上,邓小平同志系统阐述了科学技术是生产力、知识分子是工人阶级的一部分等重要论断,为科学技术事业发展奠定了坚实的思想理论基础。十一届三中全会的召开进一步将全党工作的重点转移到社会主义现代化建设上来。我国进入改革开放的历史新时期,真正迎来了科学发展的春天。以浙江为例,1978 年 6 月,省政府批准建立浙江省科学院,同年 8 月恢复浙江省省科协建制。

为深入贯彻中央关于发展科学技术的方针政策,中共浙江省委于 1979 年召开全省科学大会,会议决定采取多种措施落实对知识分子一系列政策,平反科技人员中的冤假错案,释放科技人员长期受到压抑的积极性。在此后较短时间内,浙江省恢复和重建了一大批科研机构、科技管理机构和学术组织;具体包括:增加科技机构人员编制、增拨科技经费、发展对外科技交流合作。由此,全省科技工作迅速恢复并全面发展。技术要素的市场化配置也逐步解冻,部分乡镇企业开始向大专院校、科研单位和大中企业有偿聘请科技人员、受让科技成果。

2.出台一批地方性法规促进科技发展

随着改革开放的进一步深化,浙江省的科技交易市场化配置走到了全国的前列。浙江省石化厅在 1981 年举办了省内第一个技术交易大会,开创了国内有组织规模化开展技术交易的先河。此后,浙江省于 1987 年出台《浙江省技术市场管理条例》,成为全国最早出台的地方性技术市场法规之一。1988年出台《关于科研机构和科技人员的若干政策规定》,则对科研机构和科技人员自由度进一步放开,规定科技人员可通过辞职、停薪留职等形式流动,增强科研机构面向经济建设的活力和自我发展的能力。1982 年以后,浙江省先后组织实施科技攻关计划、星火计划等六个专项计划及农作物新品种选育与栽培技术等 18 项重点项目,有力地促进了科研成果向实用型的转化。1989 年,浙江组织实施的火炬计划为浙江开发高新技术产业奠定了扎实的基础。1990 年 3 月,浙江省进一步规范高新技术产业发展,建立杭州高新技术产业开发区。

（二）实施科教兴省战略阶段（1991—2001 年）

1. 确立科教兴省战略

1992 年邓小平同志南方谈话进一步推动了改革开放和现代化建设的步伐，促进了我国科技事业的快速发展。同年 7 月，浙江省委、省政府就作出《关于大力推进科技进步、加速经济发展的决定》，成为全国较早提出科教兴省战略、以发展科技教育振兴经济的省份。1996 年 5 月，浙江省委、省政府作出深入实施科教兴省战略，加速科技进步的重大举措。

2. 加强科技立法和执法

为进一步加强浙江科技立法和执法能力建设，浙江采取了诸多举措：一是在 1993 年 7 月，进一步完善《浙江省技术市场管理条例》。二是 1996 年下发《关于实行市、县党政领导科技进步目标责任制的通知》，率先在全国实行市县党政领导科技进步目标责任制，把科技进步列入各级领导干部政绩考核。三是在 1997 年，浙江制定颁布了《浙江省科学技术进步条例》，首次将科技进步的重要举措上升到法规的高度。四是在 1998 年，浙江制定并出台《浙江省专利保护条例》和《浙江省鼓励技术要素参与收益分配若干规定》等一系列法律法规，提升科技成果转为生产力的水平。

3. 深化科技体制改革

随着改革开放的深化，浙江于 1993 年开始陆续进行以人事、分配制度为重点的内部管理体制改革，逐步扩大院所的科研自主权。此后，浙江省在 1997 年出台了《关于"九五"期间深化科研院所体制改革决定》，开展以"结构调整、人才分流、机制转换、制度创新"为主要内容，以知识产权制度改革为重点的科研院所改革试点。2000 年，浙江省在试点工作取得了成功的基础上，又出台了《浙江省全面推进科研院所体制改革实施意见》，进一步加快科研院所改革的进程，深化浙江省科技体制改革步伐。

（三）建设创新型省份和科技强省阶段（2002—2011 年）

1. 提出科技强省的奋斗目标

进入 21 世纪，浙江省委、省政府在 2002 年召开的省十一次党代会上提出了建设科技强省的战略目标，进一步深化科教兴省战略，赶上和超过全国平均水平，进而推动浙江科技事业迈向新的更高目标，进入全国先行行列。在 2003 年 7 月召开的在省委十一届四次全会上，时任浙江省委书记的习近平在首次提出的"八八战略"中的第八条就明确强调："进一步发挥浙江的人文优

势,积极推进科教兴省、人才强省,加快建设文化大省。"省人大常委会在 2004
年通过的《浙江省促进科技成果转化条例》,更加规范科技成果转化各主体的
权利义务,加速科技成果的转化和产业化。

2.提高自主创新能力,建设创新型省份

在 2006 年 1 月召开的全国科技大会上,党中央、国务院作出提高自主创
新能力、建设创新型国家的战略决策。同年 3 月,时任浙江省委书记习近平主
持召开全省自主创新大会,明确提出到 2020 年建成创新型省份的战略目标。
为此,浙江出台《关于加快提高自主创新能力、建设创新型省份和科技强省的
若干意见》和《浙江省科技强省建设与"十一五"科学技术发展规划纲要》,全
面部署到 2020 年浙江省科技发展的总体目标和战略重点,提出诸如:加强科
技人才队伍建设,实施知识产权、标准化和品牌战略等一系列重大任务。在
2007 年召开的省第十二次党代会上,省委提出"创业富民、创新强省"的总战
略,将提高自主创新能力作为经济转型升级、实现又好又快发展的核心战略,
把全面加强自主创新作为经济建设的首要任务,全面提升自主创新的战略地
位。2008 年初,新一届浙江省委提出并实施"自主创新能力提升行动计划",
促使浙江的科技综合实力、区域创新能力居于全国前列,为率先建成创新型
省份和科技强省打下坚实基础。由此,浙江科技事业开始进入以提升自主创
新能力为基础,创新发展能力不断增强的新阶段。

3.培育民营科技企业和引进创新载体

为培育壮大民营科技企业,浙江省在 2002 年召开的民营科技企业工作会
议上出台《关于进一步加快民营科技企业发展的若干意见》,明确鼓励民营科
技企业发展。创新载体培育方面,省委、省政府在 2003 年提出与大院大所共
建创新载体的战略,鼓励各地以企业为主体,以引进科研领军人才和核心技
术为重点,先后与清华大学、中科院等大院大所共建清华大学长三角研究院、
中科院材料所、浙江加州纳米研究院等一大批创新载体。一系列的科技创新
动作,有效拓展和增强了民营企业与省内外高校、科研院所的产学研合作的
广度与深度。

(四)实施创新驱动发展战略阶段(2012 年至今)

1.加强科技创新发展规划

2011 年出台的《浙江省科学技术"十二五"发展规划》,为浙江省设定了未
来五年的科技发展的目标。作为"十三五"的开局之年,浙江省在 2016 年出台
的《浙江省科技创新"十三五"规划》,更是为浙江科技创新发展规划到 2020 年

的战略目标和发展路径。浙江省出台的《浙江省高技术产业发展"十二五"规划》,为高技术产业发展明确了发展路径,推动了浙江高技术产业发展迈向更高水平。

2. 全面实施创新驱动发展战略

为建设创新型省份,浙江省在 2012 年出台《坚持和完善市县党政领导科技进步目标责任制考核评价工作》,进一步细化市县科技进步目标和考核机制,推进创新体制机制改革。同年,浙江出台《关于进一步培育和规范浙江网上技术市场的若干意见》,进一步促进网上技术市场规范化,促进科技成果转化产业化。2013 年,浙江省委十三届三次全会作出《全面实施创新驱动发展战略加快建设创新型省份的决定》,把创新驱动发展放在全省的核心战略位置,明确提出"坚持以深化改革开放促创新、着力激发创新活力和提升创新效率"等七大举措。

3. 突出创新强省工作导向

省委、省政府在 2016 年以高规格召开全省科技创新大会,明确提出将创新放在全省发展全局的核心位置,同年省政府出台的《加快推进"一转四创"建设"互联网＋"世界科技创新高地行动计划》,提出加快推进全省科技创新能力建设,打造"互联网＋"世界科技创新高地。浙江省于 2016 年全面推进杭州市、嘉兴市、新昌县、长兴县、滨江区、余杭区等县(市、区)的"两市两县两区"全面创新改革试点,其中新昌县域创新驱动发展经验在全国推广。

2017 年召开的省十四次党代会强调全省要突出"创新强省"工作导向。省委十四届二次全会上进一步提出浙江要"以超常规力度建设创新型省份"。时隔一年,省政府在 2018 年出台《关于全面加快科技创新推动高质量发展的若干意见》,提出努力打造创新生态最优省,不断完善创新环境建设。到 2020 年,省委十四届七次全会时,进一步将人才强省、创新强省确立作为全省的首位战略,印发《关于建设高素质强大人才队伍打造高水平创新型省份的决定》,提出了建设高水平创新型省份"两步走"目标任务以及 25 条政策举措,进一步明确创新型省份建设目标。2021 年,浙江省出台的《浙江省国民经济和社会发展第十四个五年规划和二○三五年远景目标纲要》中明确提出浙江坚定不移实施人才强省、创新强省首位战略,加快建设高水平创新型省份。

改革开放以来,浙江直面发展中存在的问题,充分发挥科学技术第一生产力功能,以科技创新战略的实施推进经济持续健康发展。浙江始终坚持把创新放在现代化建设全局中的核心位置,统筹各方力量推进科技创新、产业创新和制度创新,打造"互联网＋"、生命健康、新材料三大科创高地,构建具有全球影响力、全国一流水平和浙江特色的全域创新体系,助力浙江创新型省份建设。

二、以创新驱动发展推动发展模式转型

(一)浙江发展模式面临挑战

改革开放以来,通过浙江人民的探索实践,以温州模式为基础,形成了一个比较具有共性的浙江经济发展模式,其特征是市场为主导、民营经济为主体、地方政府无为而治。

学界对浙江模式的研究形成了如下三方面观点:一是从新制度经济学的产权激励与创新意识视角,运用科斯定理论述民营企业这一市场主体相较传统国有企业其产权更为明晰化的优点,提升资源配置效率。二是从准需求诱致型制度变迁与摩擦成本最小化视角,强调温州模式在制度变迁方面的重要意义在于其探索出一条解放思想且最小化摩擦成本(即政治成本)的改革路径。三是从哈耶克自生秩序与自发秩序视角,研究发现浙江模式的内核体现为三类模式,即市场解决模式、自发自生发展模式和自组织模式。政府在经济发展过程中起着促进性、辅助性、倡导性、主持性的作用,而不是传统意义上理解的经济管理作用,地方政府通过制度模仿和创新,发挥了熊彼特所谓的公共企业家精神,推动地区经济的向好发展(肖云忠,2018)。

21世纪初期,浙江经济发展探索出具有自身特色的浙江模式,实现了从农业省份向工商业大省的转变,省域综合实力不断提升,主要表现为以下五点:一是经济主体从传统单一化转变为多元化;二是社会主义市场经济机制基本形成;三是全省产业结构呈现"轻小集加"特征,充分体现了浙江依托地域特色形成的比较优势;四是全省的民间资本积累不断丰富,经济发展资本不足的瓶颈得到了摆脱,区域经济增长的内在机制初步形成,民间投资日益成为重要生产要素;五是区域经济体系整体开放度不断提升,与国内兄弟省份和域外经济体均建立了广泛的经济联系(盛世豪,2007)。

受益于浙江市场化改革和比较优势的发挥,浙江经济发展过程中逐步形成了独具特色的浙江模式。在经济规模和发展空间的快速扩张基础上的地方经济发展,其增长方式也较为集中地体现了要素驱动和投资驱动为主要标志的外延扩张特征。

盛世豪(2005)分析 1991—2003 年的浙江省经济运行数据,发现浙江省地区生产总值年均增长率为 14.4％,要素投入中资本投入、劳动投入对经济增长的贡献率分别为 67.4％和 35 ％,拉动经济增长 9.7 和 0.5 个百分点,即外延式增长率达 10.2 个百分点,贡献率为 70.9 ％,而内涵式增长率仅为 4.2 个百分点,贡献率为 29.1％。因此,从研究结果可知,浙江在 21 世纪初的发展模式在总体上还属于以要素与投资驱动为核心的粗放型增长,亟待加快转型升级。

浙江经济发展转型升级的迫切需要主要来自两方面,一方面是不断强化的土地生态环境等资源约束,使得以外延式增长为特征的要素驱动或投资驱动的基础不复存在,传统的粗放型增长不可持续,经济发展空间大大压缩,急需"腾笼换鸟"。另一方面国内外经济竞争环境的变化,这使得浙江传统比较优势不断弱化,伴随着浙江经济规模的迅速扩大以及由此带动的各种要素价格上升,这也导致许多建立在成本竞争基础上的劳动密集或低附加值产业发展空间不断缩小,"浙江制造"的传统优势正在迅速弱化。因此,浙江发展模式面临的经济转型压力,不仅来自要素资源的瓶颈制约,而且还需要为培育浙江经济新的竞争优势提供基础。而实现这一切的办法只有通过探索新发展模式才能实现。

(二)"八八战略"和"科技强省"指引浙江经济发展新模式新方向

针对新的时期浙江经济发展面临的转型压力,在 2003 年前后,浙江省委、省政府加快推进经济转型升级,特别是把创新作为浙江新时期、新阶段进一步发展的关键之举和制胜一招,前瞻性地把创新摆到重要议事日程上来。2003 年 7 月的省委十一届四次全会上,时任浙江省委书记习近平首次提出的"八八战略",其中第八条就强调,进一步发挥浙江的人文优势,积极推进科教兴省、人才强省建设,加快建设文化大省,明确把"科教兴省、人才强省"作为浙江创新发展的根本要求。

在 2005 年 8 月的省委十一届八次全会专题研究文化大省建设时,习近平同志强调,必须深刻认识科技进步和创新是经济社会发展的首要推动力量,进一步加快浙江的科技强省建设步伐,把浙江建设成为科技综合实力、区域创新能力均处于全国前列的创新型省份。要充分认识到科技对经济社会发展发挥的关键性作用,推动高新技术产业成为经济发展中的主导产业,同时全面改造提升传统产业,不断完善创新创业环境,提高全省公众的科学素养。在此基础上,省委、省政府于 2006 年 3 月制定了《关于加快提高自主创新能力建设创新型省份和科技强省的若干意见》,意见明确提出创建的创新型省份和科技强省的目标任务和政策举措。意见提出到 2020 年,浙江省基本建成科技综合实力、区域创新能力及公众科学素质均处于全国前列的科技强省和具有持续创新能力的创新型省份。

通过实施"八八战略",加快创新型省份和科技强省建设,提高自主创新能力与发展创新型经济逐渐成为助推浙江经济转型的主要方向与核心动力,浙江经济发展新模式的探索速度大大加快,呈现出新时代的发展特征。从经济增长方式来看,浙江经济增长方式从传统投资驱动型开始向创新驱动型转变,经济发展的要素支撑从依靠资本、劳动力等传统生产要素向依靠创新要素转变。浙江通过不断加大对企业的技术创新激励,增强对高新技术产业培育力度,消除由于要素不断投入导致生产率下降的边际递减趋势。浙江创新能力的不断提升也为经济长期增长突破资源和要素短缺的瓶颈提供了可能。

从政府职能转变的角度来看,浙江从传统经济建设型开始向创新引领型转变,进一步加强对高新区等空间平台、高新产业等创新型产业培育,加强对高新企业以及科研院所等创新主体培育等创新政策实施,不断做大做强创新型经济,推动浙江经济发展结构不断优化调整。

从经济发展效果来看,创新要素不断向企业集聚的过程中,浙江逐渐形成以企业为主体、市场为导向、产学研用结合的技术创新体系。为鼓励企业增加研发强度,仅 2008—2012 年,浙江全省企业研发经费累计扣除额 573.39 亿元,实际减税 127.69 亿元,其中高新技术企业的税收减免 257.14 亿元,居全国第 3 位。至 2012 年底,浙江省认定的高新技术企业累计达 4500 家,居全国第 4 位。浙江通过引进大院名校共建创新载体的效果显著,创新载体建设的总投资超过 230 亿元,现已引进包括浙江清华长三角研究院等各类创新载体在内 882 家,引进科技人员 1.6 万多人,引进成果 1300 多项,引进发明专利 1500 多项。

(三)创新驱动发展战略实施使创新型经济加快发展

2013 年,省委十三届三次全会作出《全面实施创新驱动发展战略加快建设创新型省份的决定》,对浙江全面实施创新驱动发展战略进行布局。浙江省从 2013 年之后,通过全面实施创新驱动发展战略以及建设创新型省份等行动,大大加快了以杭州模式为代表的创新型经济发展模式的形成。

1.明确创新驱动发展的主要目标

坚持把创新驱动发展摆在现代化建设的核心战略位置,针对浙江经济发展中科技投入与科技产出不匹配、产学研用结合不紧密、科技成果评价考核的标准不科学、科技创新的体制机制不适应等"四不"问题。浙江明确创新驱动发展的主要目标:到2020年,一是建立比较完善的区域创新体系;二是有效集聚创新资源;三是显著增强创新能力;四是大幅提升创新效益。通过一系列的举措,助力浙江跨入创新型省份行列,基本形成创新驱动发展格局。

2.加快创新驱动发展主要指标"倍增"

浙江省创新驱动发展的主要目标体现在R&D经费支出、研发人员数、发明专利授权量、规模以上工业新产品产值、高新技术产业产值、技术市场实现交易额、高新技术企业数量、科技型中小企业数量等经济创新型主要指标的"八倍增",进一步力促科技进步贡献率、全社会劳动生产率"两提高"。

3.加快形成创新驱动经济发展的新模式

具体举措包括:一是坚持将优化产业结构作为经济转型的主攻方向,着力打造浙江经济"升级版";二是坚持以企业为主体,着力构建产学研协同创新体系;三是坚持以市场为导向,着力从需求端推动科技成果产业化,提升产业发展层次;四是坚持以创新平台为载体,着力拓展经济转型升级和创新发展空间;五是坚持以人才为根本,着力加强创新团队和创新人才队伍建设,提升创新潜力;六是坚持以深化改革促创新,着力激发各创新主体的创新活力及提升创新效率;七是坚持以优化创新环境为基础保障,着力形成"党委领导、政府引导、各方参与、社会协同"的创新驱动发展新格局。

浙江省为进一步深化实施创新驱动发展战略。省委在2016年召开全省科技创新大会,提出要深入贯彻全国科技创新大会精神,研究出台《关于补齐科技创新短板的若干意见》和《加快推进"一转四创"建设"互联网+"世界科技创新高地行动计划》等系列政策文件,为创新经济发展提供了坚实的政策保障。2020年召开的省委十四届七次全会进一步将人才强省、创新强省确立为首位战略,印发《关于建设高素质强大人才队伍 打造高水平创新型省份的决定》,推动浙江创新型省份建设更上一层楼。

随着创新驱动发展战略的全面实施,浙江经济加快转型升级,其经济发展模式转型取得突破。在浙江的经济版图上,杭州的数字经济异军突起,以"新四军"为主体的双创团队迅速成长,杭州城西科创大走廊与特色小镇群加速发展,之江实验室等一批重点实验室加快布局,县市创新发展模式也"百花齐放",形成了具有浙江特色的创新型经济发展的新模式、新特点、新路径。

截至2020年底,浙江省创新驱动发展战略成效显著,从科技投入来看,全社会R&D经费支出从2015年的1011.2亿元增加到1840亿元,占地区生产总值比重从 2.36% 提升到 2.8%；企业 R&D 经费支出占营业收入比重从 1.35% 提升到 1.85%，居全国第 2 位。高新技术企业数从 6437 家增加到 22158 家，特别是高新技术产业增加值占规上工业增加值比重从 37.2% 提升到 59.59%。科技投入的增加和高技术产业的快速发展，使得浙江科技进步贡献率从 57% 提升到 65%，经济发展模式转型取得突破，科技创新开始成为驱动经济发展的"主发动机"。

第二节　浙江省科技创新战略的实施成效与发展短板

浙江省通过积极实施科技创新战略，充分发挥科学技术第一生产力功能，不断化解科技工作与经济社会发展中的难题，自主创新能力显著提升，加快推进区域经济转型升级，逐渐从科技资源小省向创新型省份和科技强省转变。

一、浙江省实施科技创新战略的成效

浙江省科技创新战略实施取得显著成效，整体创新能力显著提升，居于全国前列，目前科技创新进入了从量的积累向质的飞跃、从点的突破向系统能力提升的关键阶段，基本建成创新型省份，科技创新对区域经济高质量发展的贡献度越来越高。

（一）创新能力整体提升

1.整体创新能力居于全国前列

浙江省区域创新能力连续 13 年居全国第 5 位、省区第 3 位，企业技术创新能力连续 5 年居全国第 3 位。创新投入强度持续增强，2008 年至 2020 年，浙江省全社会 R&D 经费支出从 345.76 亿元增加至 1840 亿元，增长了 432.16%；R&D 经费占地区生产总值的比重从 1.61% 提升至 2.85%，达到美国创新投入强度。企业 R&D 经费支出占营业收入比重从 2015 年 1.35% 提升到 2020 年 1.85%，居全国第 2 位。高新技术企业数从 6437 家增加到 22158 家，超额完成"倍增"任务，高新技术产业增加值占规上工业增加值比重从 37.2% 提升到 59.59%，科技进步贡献率从 57% 提升到 65%（见图 6.1、表 6.1）。

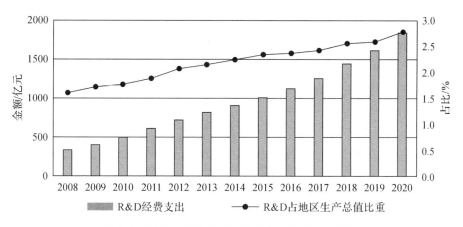

图 6.1　2008—2020 年浙江省 R&D 经费支出情况

表 6.1　浙江省创新型省份主要指标情况

指标	2015	2016	2017	2018	2019	2020
R&D 经费占地区生产总值比重（%）	2.36	2.39	2.45	2.57	2.68	2.85
基础研究经费占 R&D 经费比重（%）	2.63	2.84	2.45	2.75	2.86	3.02
高新技术产业增加值占规上工业比重（%）	37.2	40.1	42.26	53.4	57.09	59.59
企业 R&D 经费支出占营业收入比重（%）	1.35	1.43	1.56	1.65	1.75	1.85
高新技术企业数（家）	6437	7705	9152	11931	16316	22158
科技型中小企业（家）	23930	31584	40440	50898	63677	69119

2.创新产出质量显著提高

专利申请量从 2008 年的 89965 项增加至 2020 年的 5.31 万项,增长了 490.23%;其中,发明专利授权量从 3269 项增加至 5 万项,增加了 1429.52%,发明专利授权量占专利申请量的比重从 3.63% 提高至 9.42%,万人发明专利授权量从 2015 年 12.9 件增长到 2020 年 32 件,浙江创新产出质量也有显著提升(见图 6.2)。

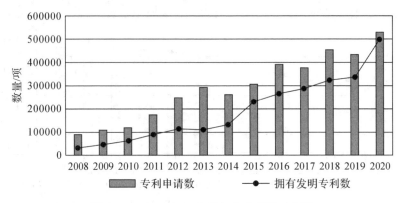

图 6.2　2008—2020 年浙江省专利活动情况

3.人才引进培育能力大幅度提高

近年来,浙江聚力打造全球人才"蓄水池",实施"鲲鹏行动"计划、海外引才计划、万人计划、领军型创新创业团队计划等重大人才工程,形成覆盖引进和培养、塔尖和塔基、个人和团队、创业和创新的高素质人才引进培育体系,"高精尖缺"人才加速集聚。

截至 2020 年底,浙江入选国家级人才工程 2160 人次,比 2015 年增长151.7%;每万名劳动力中研发人员为 148 人年,增长 50.1%;高技能人才占技能劳动者比例从 24.2% 提升到 31.8%;全社会 R&D 经费支出从 1011.2亿元增加到 1840 亿元,占地区生产总值比重从 2.36% 提升到 2.8%。入选国家海外引才计划 1081 人,入选国家万人计划 368 人,入选长江学者 241 人,获得国家杰青基金项目支持 176 人,获得国家优青基金项目支持 213 人。引进各类外国人才智力 21.5 万人次。2020 年,浙江省入围国家杰青 14 人、国家优青 33 人,入选人数创历史新高(见表 6.2)。

表 6.2　2015—2020 年浙江省高层次人才指标

指标	2015	2016	2017	2018	2019	2020
每万名就业人员中 R&D 人员数(人年/万人)	98.5	100.2	104.9	119.4	138.0	148.0
新增高技能人才数(万人)	25.0	28.0	30.7	21.9	22.2	23.6
入选国家级人才工程数（人次）	179	189	258	240	261	354

指标	2015	2016	2017	2018	2019	2020
入选全球高被引科学家数（人次）	4	6	15	23	27	32
新引进博士数（人）	—	—	—	4180	6463	10784

（二）创新平台能级与区域创新发展能力持续提升

1.杭州城西科创大走廊建设取得新进展

围绕"面向世界、引领未来、服务全国、带动全省的创新策源地"目标，省财政每年给予4.5亿元支持大走廊建设，研究制定"1＋N"政策体系，促进各类创新资源汇聚叠加。大走廊产业增加值、服务业增加值、高新技术产业增加值连破千亿大关，每年新增海外高层次人才占全省近三分之一，入选国家级重大人才工程人数占全省80％以上，获得国家科学技术奖占全省的60％。

2.实验室体系建设实现新突破

之江实验室、西湖实验室纳入国家实验室建设序列。创新性开展省实验室体系建设，之江、良渚、西湖、湖畔等四家省实验室正式挂牌，省财政每年给予每家实验室1亿元补助，省市区三级1∶1∶1联动给予支持。省政府与中科院签署合作共建之江实验室框架协议，共同打造智能计算战略科技力量，在信息经济、智能制造等优先发展领域布局建设国家重点实验室15家。

3.技术创新中心体系建设迈出新步伐

围绕产业链部署创新链，围绕创新链布局产业链，研究制订技术创新中心体系建设的实施意见，加快构建由国家及省技术创新中心、省级企业研发机构等共同组成的特色优势明显的技术创新中心体系。推动企业研发机构优化整合、提升能级，布局建设省级重点企业研究院251家、省级企业研究院1688家、高新技术企业研发中心5303家，阿里达摩院、万向研究院、吉利汽车研究院、华为浙江研究院等一批高端企业科研机构迅速发展壮大。

4.区域创新驱动发展趋势明显

近年来，各县（市、区）R&D投入强度稳步提升，全省R&D占比超过3％的县（市、区）从2012年的2个（滨江区、新昌县）到2019年的17个，R&D经费投入强度大于2的数量从2012年的27个增至2018的43个。入选国家创新型城市6个、创新型县（市）5个，分居全国第2位、第1位。

浙江省高新技术产业规模不断扩大，高新技术产业增加值占工业增加值比重不断增加。全省高新技术产业增加值占规上工业增加值比重从 2015 年的 37.2％提升到 2020 年的 59.59％。高新技术产业增加值占工业增加值比重大于 60％的县(市、区)数量从 2012 年的 5 个增至 2018 年的 29 个,比重大于 40％的县(市、区)数量从 2012 年的 12 个增至 2018 年 67 个,增加幅度明显。

(三)企业创新主体地位不断强化

1.深化科技企业"双倍增"

2015—2020 年,浙江高新技术企业数量从 6437 家增长到 22158 家,科技型中小企业从 23930 家增长到 69119 家,高新技术企业数、净利润、上缴税费分居全国第 4 位、第 2 位、第 3 位,并呈现"五个百分之八九十"的格局,即企业的科技投入、科技人员、研发机构、承担的科技项目、授权的专利均占全省的 80％～90％。完善"创业苗圃—孵化器—加速器"的创新孵化链条,拥有各类科技企业孵化器 363 家,其中国家级 83 家;各类众创空间 709 家,其中国家级 163 家。

2.健全研发投入激励机制

浙江省制定了《浙江省全社会研发投入提升专项行动方案》,完善"指标排名、季度通报"制度,建立研发投入与科技资源配置相挂钩的机制,加大倒逼与激励力度。推广应用企业研发项目信息管理系统,完善系统功能,加大培训力度,有效解决"企业研发项目鉴定难、研发费用归集难、加计扣除核算难、税收优惠兑现难"的"四难"问题。截止到 2020 年底,系统上线企业已多于 4.9 万家,享受研发费用加计扣除额 1299 亿元、引导企业研发投入 1904 亿元。

3.深化产业创新服务综合体建设

聚焦中小企业对公共创新服务的需求迫切,在国内率先建设产业创新服务综合体,建立以 KPI 指标体系为核心的建设运行机制,整合集聚技术研发、知识产权、成果转化、检验检测、人才招引、创新创业、科技金融等创新资源要素,打造一站式创新服务。累计建设省级综合体 138 家,共集聚创新服务机构 5494 家、引进大院名校 1184 家,为企业解决技术难题 2.1 万个,带动产业集群增加值增长 6.1％,成为浙江省推动产业、服务企业发展的重要载体,基本实现传统块状经济和现代产业集群"两个全覆盖",经验在全国推广。

(四)国内外创新网络不断拓展

通过加强区域协同和开放合作,国内外创新网络不断拓展,创新资源集聚能力不断提升,国际合作能力显著提升。

1. 推进国内外科技精准合作

与50多个国家和地区建立国际科技合作关系,与以色列等8个重点国家和地区签订正式合作协议并设立联合研发计划,建成省级以上国际科技合作基地111家(国家级40家)、海外创新孵化中心30家。2020年入选国家级"一带一路"联合实验室2家,当年入选数量在省(区、市)当中排名第一。在全国率先启动全球科技精准合作"云对接"系列活动,已举办日本、新加坡、芬兰、澳大利亚、奥地利等专场。

2. 引进大院名校共建创新载体

深入实施引进大院名校共建创新载体战略,持续加大对清华长三角研究院、中科院宁波材料所等高端创新载体的支持力度,新引进培育中法航空大学、北航杭州研究院、中科院肿瘤所、天津大学浙江研究院等高端科研机构,省市县累计引进共建创新载体近1000家。

3. 构建辐射全国、链接全球的技术交易平台体系

加快建立"招拍挂、股改投"联动的技术要素市场化配置模式,打造辐射全国、链接全球的技术交易平台体系,构建线上线下、有形无形、国际国内一体化的技术市场生态系统。以"浙江拍"为特色的科技成果转化机制日趋成熟,省市县联动建成55个实体技术市场和135个网上技术市场,"十三五"期间拍卖成交19.2亿元,技术交易总额从2015年的242亿元增长到2020年1527.68亿元。

4. 深化长三角创新合作

一方面,推进大型科研仪器一体化开放共享,出台《关于进一步推进我省重大科研基础设施和大型科研仪器设备开放共享的实施意见》,打造系统融合、综合集成、多业务协同应用的大型科研仪器共享平台,集聚30万元以上的大型科研仪器超万台(套),价值超过100亿元,成为全国范围内首个通过跨部门、跨层级实现大型科研仪器开放共享管理的省份,得到科技部高度肯定。另一方面,打通开放共享系统与创新券管理系统,截止到2020年底,创新券累计发放38.7亿元,使用18.7亿元,兑付14.3亿元,4000多家载体为3万余家企业提供科技服务14.6万次,其中1764家企业使用创新券1.26亿元在长三角其他地区科研服务机构购买服务8554次。

二、浙江省实施科技创新战略的成效与发展短板

虽然浙江省创新发展取得了阶段性成效,但从经济高质量发展的角度来看,浙江省还存在高端创新资源短缺、关键核心技术攻关源头技术供给不足、创新领军人才缺乏、高效协同的科研攻关体系还未真正建立、科技创新投入不足、企业创新质量不高等问题。

(一)创新基础设施薄弱,不适应高质量发展需求

1.人才队伍结构有待优化

人才队伍大而不强,缺乏具有全球影响力的顶尖人才,国际一流的科技领军人才和创新团队、高水平工程技术人才和高技能人才还比较少。比如高校科研院所关注的青年长江学者、优秀青年基金获得者等"四青"人才指标全面落后于江苏、广东。重大标志性成果偏少,"十三五"期间,浙江获国家科学技术奖 109 项,明显少于江苏(210 项)、广东(166 项),其中主持完成的国家自然科学奖仅 2 项,远少于上海(19 项)、江苏(12 项)、广东(4 项)。

2.高等院校、科研院所等创新资源较为缺乏

由于历史原因,国家科研力量布局有限。"双一流"建设高校只有浙江大学 1 家,而江苏、广东各有 2 家;"双一流"学科建设高校仅 2 家,而江苏、广东分别有 13 家、3 家。省级以上科研机构 87 家,少于上海(135 家)、广东(126 家)、江苏(115 家)。

3.创新平台载体发展相对滞后

浙江国家级高新区仅 8 家,与江苏(18 家)、广东(14 家)差距明显。发展水平相对滞后,规模超千亿的只有杭州、宁波两家。国家重点实验室仅 15 家,远低于上海(44 家)、江苏(29 家)、广东(28 家);国家级大科学装置仅 1 个,少于广东(10 个)、安徽(5 个)、江苏(2 个)。

4.多元投入体系尚未形成

与先进省份相比,浙江 R&D 投入存在总量不足、结构不优、地区不平衡问题。2019 年,浙江 R&D 投入 1669.8 亿元、R&D 占地区生产总值比重为 2.68%,远低于广东(3098.5 亿元、2.88%)和江苏(2779.5 亿元、2.79%);政府投入占 R&D 投入比重为 7.2%,低于广东(9.9%)、江苏(8.5%),更低于全国平均水平(19.8%);基础研究经费投入占 R&D 投入比重为 2.86%,低于全国平均水平(6.03%);杭州、嘉兴 R&D 占比超过 3%,滨江、新昌、西湖、余杭

R&D占比超过4%,比肩发达国家或地区水平,但全省还有6个市、49个县(市、区)R&D占比低于全国2.23%的平均水平(见表6.3)。

表6.3　2019年浙江主要创新指标与其他先进省市比较

指标	浙江	广东	江苏	上海
R&D经费占地区生产总值比重(%)	2.68	2.88	2.78	4.00
企业R&D经费支出占营业收入比重(%)	1.75	1.58	1.86	1.48
高新技术企业数(万家)(2020年)	2.2	5.3	3.3	1.7
国家级高新区(家)	8	18	14	3
国家重点实验室(家)	15	28	29	44
大科学装置(个)	1	10	2	14
"双一流"建设高校及"双一流"学科建设高校(家)	1+2	2+3	2+13	4+10
省级以上科研机构(家)	87	126	115	135
研发人员中硕博士比例(%)	13.1	17.4	17.3	32.4
全球高被引科学家(人)(2020年)	32	55	75	63
国家杰出青年科学基金项目(项)	176	327	220	567
"十三五"国家科学技术奖(项)	109	166	210	209

(二)产业层次亟待提升,关键核心技术"卡脖子"问题突出

1.产业结构有较大优化升级空间

浙江长期以纺织、机械、化工等传统产业为主导,虽然数字经济近年来快速发展,但主要集聚在杭州及周边一带,其他地区传统产业比例仍然较高,高端产业发展明显落后,产业发展效益还有很大的提升空间。数字经济、生命健康、新材料等产业的基础性创新布局不够,缺乏重大创新载体的前瞻性布局规划,支撑高端产业链的高强度投入机制和政策体系还有很大发展空间。

产业创新"有高原无高峰",高附加值、高加工度特征不够明显,产业升级还面临供应链安全、产业链转移等挑战。

2.重点领域关键核心技术"卡脖子"问题普遍存在

当前浙江省产业链依赖国外技术供给的领域依然集中在上游高端原材料,中游高性能关键零部件、核心元器件,下游高精度研发、测试、生产装备以及设备配件等,国外总体技术水平较高或形成垄断,省内乃至国内现有技术在稳定性、可靠性尚有较大差距。产业调研发现,生物(化学)试剂、科学仪器、工业软件、高端装备和汽车芯片等领域的"卡脖子"技术供给情况,形势严峻,打造自主安全可控的产业链仍任重道远。

3.产业链上下游协同创新生态不够完善

科技创新是一个系统工程,需要加强统筹协调,大力开展协同创新,集中力量办大事,形成推进科技创新的强大合力。在产业中,初创型科技企业大都专注自己的细分赛道,而企业间存在一定的信息屏障,难以发现和整合各方资源优势,联合承接产业大项目,这就需要政府能够为企业搭建更为广泛交流的平台,打破企业间的屏障,促进企业合作共赢。目前,科技创新层面体系已逐步建立起来,各类平台建设逐步推进,但如何有效协同还存在不少问题,包括部门协同、创新上下游研究机构协同,产业协同创新机制需进一步深化。

(三)企业创新能力不足,产学研合作机制不完善

1.具有强大治理能力的"链主"型企业太少

"链主"型企业往往是跨国公司,具有技术优势、市场优势。从创新层面看,这类企业具有实现基础研究、技术研究、产品研究到产业化的能力,具有承接国家创新平台的能力,是我国实现科技自立自强的关键力量之一。2020年,浙江高新技术企业仅有2.2万家,与广东(5.3万家)、江苏(3.3万家)有明显差距,特别是像阿里巴巴、海康威视等具有国际影响力的"链主"型企业还不多,尚未实现硅谷、深圳等地区由创新型领军企业群来带动区域整体研发能力的提升。

2.产学研合作机制不完善

在企业创新能力不足情况下,产学研合作是创新活动的主要方式,在实际合作中效率并不高。调查显示在科技成果转化方面,30.55%的企业认为缺少有效成果对接转化渠道,25.43%的企业认为重大科研专项与企业需求不匹配、高校与市场需求仍然存在脱节现象,科技成果转化机构的专业化、规

模化程度较低,20.95%的企业认为无法共享国家高端科研设备、仪器,创新成本居高不下(见图6.3)。

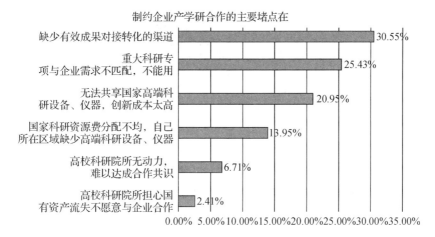

图6.3 企业产学研合作制约因素调查分析

3.企业在产业链安全中自主可控性差

对企业调查显示,仅25.56%的企业认为在1~2年制内即可实现,41.32%的企业认为其所在的产业链在2~5年之内可以实现自主安全可控,33.12%的企业认为在5年以上实现(见图6.4)。面对可能出现的国际局势波动,24.51%的企业认为产业链断点在基础原材料上,20.92%的企业认为在上下游产业配套,其他地方包括关键生产设备、核心软件、关键元器件等(见图6.5)。

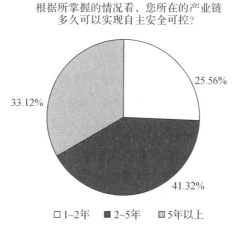

图6.4 企业的产业链自主安全可控实现时间

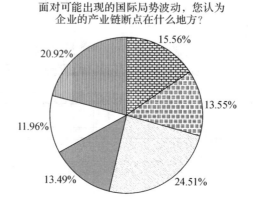

面对可能出现的国际局势波动，您认为
企业的产业链断点在什么地方？

15.56%

13.55%

24.51%

13.49%

11.96%

20.92%

▨其他　▤核心软件　▭基础原材料　▣关键生产设备　▨关键元器件　▥上下游产业配套

图 6.5　企业的产业链断点调查

（四）科技金融业不发达，金融支持科技创新存在堵点

1.科技金融业规模偏小

长期以来，浙江产业以传统产业为主，高新产业起步较晚，导致科技金融业整体规模小，亿元以上规模的创投机构所占比重为 43.47％，低于北京、上海的 75.52％、73.44％，同时政府产业基金管理市场化程度低，管理模式有待完善。实际上，科技企业金融需求迫切，巨额的研发投入与科技人才用工成本带来的资金短缺是科技型企业研发面临的主要难题。

2.科技金融发展空间巨大

近年来，基金小镇的崛起推动了浙江高科技产业链与金融的有机融合，但总体上浙江科技金融产业链不完整，金融集聚平台不多，创投机构国际化、品牌化、规模化水平不高，还不能完全满足科技创新活动的需要。从调研结果来看，企业研发中的融资渠道主要是银行贷款（占比 32.07％）与地方政府产业引导基金（占比 17.64％）。创业投资、风险投资等创新资本应用较少，仅有 2.82％和 2.12％的企业在研发中从私募股权投资基金、风险投资基金来募集资金。

3.科技金融业体制机制有待完善

浙江省区域交易市场服务功能有待下沉，投贷联动主要在总行层面开展，科技金融领域区域条块分割现象突出，科技金融发展活力不能够满足区域科技型企业和高新产业发展需要。金融资本对人才和创新的支撑作用有待加强,知识产权质押、投贷联动等融资产品的撬动作用有待进一步发挥。近年来,受互联网金融风波影响,科技金融企业的创办也受到制约。

调查显示,在大力发展支持创新企业直接融资方面,34.6％的企业认为进一步完善多层次资本市场体系最为有效,其后是健全市场化、规范化的投资退出机制,进一步加快发展风险投资、私募股权投资、创业投资基金,加快债券市场发展,丰富债券品种,支持、引导符合条件的企业发行项目收益债和重点产业专项债等方式(见图6.6)。

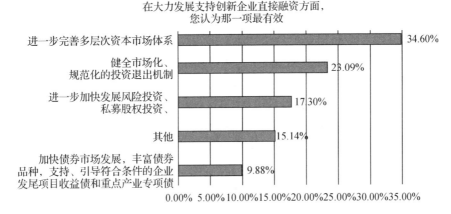

图 6.6　企业融资方式效率调查

(五)科技与产业脱节现象依然存在,科技创新政策有待落实

1.科技经济"两张皮"问题仍然突出

科技体制机制改革还不到位,创新生态有待优化,要素流动存在政策壁垒,不适应高效率资源配置,科技成果转化效率低。高校院所、科研院所、国有企业体制问题仍然突出,常常"老人老体制、新人老体制","唯论文"导向明显,创新活力不足,产学研合作动力不足、激励机制作用不明显,相关人才队伍活力还有待进一步释放。

2.创新产品推广应用机制仍未有效形成

对一些突破"卡脖子"技术形成的产品,可有望实现国产替代,但在首次推广应用中不愿用、不敢用的问题仍未解决,创新容错免责机制还未建立。对新技术、新业态、新模式和新场景还未建立包容审慎监管机制,市场和社会力量的内生动力有待进一步激活,如对国有投资项目推广使用国产替代产品,推广中出现的一些偏差失误,但程序没有问题的如何免责等。

3.创新政策体系有待完善与落实

近年来,随着创新驱动战略实施,研发费用的抵扣、增值税即征即退等科技政策创新频率大幅度提高,但是科技成果确权、知识产权保护、技术市场等高端要素优化配置的基础性制度还不健全。产业、科技、教育、人才、财政、审计、知识产权等部门在政策制定实施中存在一定的交叉重叠,统筹衔接和优化整合还不够充分,资源碎片化问题比较突出。调查显示,超过34%的企业认为当前细分领域的创新支持政策仍旧不足,17%的企业认为研发费用加计扣除难以落实、程序复杂,12.7%的企业认为首台(套)政策落实不好,创新产品缺乏应用场景。

4.人才支持政策需要更具针对性

浙江高新技术产业发展中,高端人才的缺乏非常突出,进人难,留人更难。人才支持政策力度不及广东、江苏、上海,如广东出台粤港澳大湾区个人所得税优惠政策,对短缺高科技人才给予个人所得税减免优惠,总税负控制在15%以内,超过部分由当地政府补齐,大大降低了高层次人才的税赋,能够吸引和留住更多具有核心竞争力的高端人才。人才服务供给跟不上人才日益增长的对优质服务的需求,职称评定、劳模申报、落户、购房、子女教育、医疗等方面的矛盾还比较突出,人才服务国际化、一体化水平有待提升。

第三节　浙江省人才强省、创新强省"首位战略"

2021年1月30日,浙江省第十三届人民代表大会第五次会议通过《浙江省国民经济和社会发展第十四个五年规划和二〇三五年远景目标纲要》(以下简称《纲要》)。《纲要》提出浙江省实施人才强省、创新强省首位战略,加快建设高水平创新型省份。浙江省科技创新战略新目标的提出,标志着浙江科技创新进入了从量的积累向质的飞跃、从点的突破向系统能力提升的关键阶段。以下对浙江省实施人才强省、创新强省首位战略的总体思路和重要举措进行分析。

一、浙江省人才强省、创新强省首位战略的思路与发展目标

《纲要》提出了浙江省人才强省、创新强省首位战略的总体思路与发展目

标,对浙江科技创新发展提出了更高要求,以下结合《纲要》的总体思路与发展目标进行解读分析。

(一)人才强省、创新强省首位战略的总体思路

《纲要》明确提出浙江省实施人才强省、创新强省首位战略,加快建设高水平创新型省份的总体思路是坚持创新在现代化建设全局中的核心地位,联动推进科技创新、产业创新和制度创新,打造"互联网＋"、生命健康、新材料三大科创高地,构建具有全球影响力、全国一流水平和浙江特色的全域创新体系。

1.浙江科技发展进入系统能力提升的关键阶段

浙江省明确提出实施人才强省、创新强省首位战略,加快建设高水平创新型省份,标志着浙江科技创新进入了从量的积累向质的飞跃、从点的突破向系统能力提升的关键阶段,基本建成创新型省份。浙江区域创新能力连续13年居全国第5位、省区第3位,企业技术创新能力连续5年居全国第3位。2020年,全社会R&D经费支出占地区生产总值比重达到2.8%,接近美国R&D投入水平。下一阶段,浙江科技创新战略的重点定位在加快建设高水平创新型省份,在科技创新、产业创新和制度创新三个方面寻求突破,通过打造"互联网＋"、生命健康、新材料三大科创高地,使产业链和创新链、人才链、金融链、政策链有机融合,构建具有全球影响力、全国一流水平和浙江特色的全域创新体系。

2.打造系统能力提升的五个新优势

一是注重提能造峰,打造创新策源优势。围绕国家战略和浙江需求,把主要战略聚焦在"互联网＋"、生命健康、新材料三大科创高地建设。长期以来,浙江科技创新发展的优势在于"市场驱动"胜于"政府激励",各类主体善于以市场应用拉动科技创新,以商业模式创新破题高新技术成果产业化。"互联网＋"、生命健康、新材料领域都具有市场应用前景广、商业模式创新活跃、科技研发预期稳定的特点。同时,在已有技术应用能力强基础上,进一步全面加强基础研究和应用基础研究,加速催生重大原创成果和创新特色品牌,加快实现优势领域的重点突破、跨越发展,形成新时代浙江科技创新的策源优势。

二是注重协同攻关,形成技术制高点竞争的制度创新优势。要解决关键核心技术的"卡脖子"问题,就必须发挥社会主义集中力量办大事的制度优势和市场机制配置资源的决定性作用,积极推进产业链和创新链、人才链、金融

链、政策链有机融合的新制度新机制,围绕产业链部署创新链,围绕创新链布局产业链,强力推进关键核心技术攻关,实现从跟跑、并跑到领跑的跨越,全面推动高质量发展,有力支撑新发展格局构建。

三是注重人才驱动,形成激发创新创业活力的环境优势。创新的本质是人才,全球人才竞争非常激烈。浙江必须坚持人才是第一资源,营造有利于创新创业创造的最优环境,引进集聚具有国际影响力的顶尖人才和团队,创新人才引进、培育、评价、激励机制,打通从人才强到科技强、产业强、经济强的通道,形成人才高地和创新经济体系。

四是注重开放联动,加强融入全球创新体系的开放优势。创新活动是复杂系统,浙江建立开放式创新网络,整合全球创新资源和长三角多元创新力量,才能坚持全球视野、区域联动、协同创新,深度融入长三角一体化发展和"一带一路"建设,加速嵌入全球创新版图,成为全球创新网络重要节点,才能形成国际一流创新竞争力与影响力。

五是注重系统谋划,形成科技治理能力优势。高水平创新型省份一定具有高水平科技治理能力和系统组织能力。科技创新涉及从中央到地方,不同部门与经济社会各个环节,需要跨地方、跨部门、跨领域的通力合作与体制机制建设。浙江需要按照"整体智治、唯实惟先"的要求,坚持系统观念,坚持改革创新,构建现代科技创新治理体系,形成多元参与、协同高效的创新治理新格局。

(二)人才强省、创新强省首位战略的主要目标

1."十四五"人才强省、创新强省建设目标

《纲要》提出到 2025 年,三大科创高地建设加速推进,基本建成国际一流的"互联网+"科创高地,初步建成国际一流的生命健康和新材料科创高地。创新体系更加完备,基本形成新型实验室体系、企业技术创新体系、区域性创新平台体系。关键核心技术攻关能力大幅提升,在类脑芯片、人工智能、量子信息、未来网络和智能感知等领域取得重大创新突破,在结构生物学、肿瘤与分子医学、脑与脑机融合、生命健康大数据、传染病医学等领域实现领跑。

"十联动"创新创业生态更加优化,涵养全球创新人才的蓄水池加快建设,体制机制改革成效凸显。科技创新走在全国前列,支撑引领高质量发展取得积极进展,初步建成高水平创新型省份和科技强省。着力实现重要指标"六倍增六提升",基础研究经费占研发经费比重、PCT 国际专利申请数、数字经济增加值、高新技术企业数、科技型中小企业数、顶尖人才和科技领

军人才数等方面奋力实现倍增。"十四五"创新型省份建设指标分年度目标见表6.4。

表 6.4　"十四五"创新型省份建设指标分年度目标

序号	指标	2021 年	2022 年	2023 年	2024 年	2025 年
1	每万名就业人员中 R&D 人员数（人年/万人）	155.0	162.5	170.0	177.5	185.0
2	新增高技能人才数（万人）	20	20	20	20	20
3	入选国家级人才工程数（人次）	200	200	200	200	200
4	入选全球高被引科学家数（人次）	32	34	36	38	40
5	新引进博士数（人）	10000	10000	10000	10000	10000
6	在站博士后数（人）	3600	3600	3600	3600	3600
7	R&D 经费占地区生产总值比重（%）	2.9	3.0	3.1	3.2	3.3
8	企业 R&D 经费支出占营业收入比重（%）	1.94	2.08	2.22	2.36	2.5
9	高新技术企业数（万家）	2.5	2.7	3.0	3.2	3.5
10	科技型中小企业数（万家）	7.7	8.3	9.0	9.7	10.5
11	高新技术产业增加值占规上工业比重（%）	61	62	63	64	65
12	基础研究经费占 R&D 经费比重（%）	4.0	5.5	6.0	7.0	8.0

2. 人才强省、创新强省建设的远期战略目标

《纲要》提出到 2035 年,全面建成三大科创高地,基本建成涵养全球创新人才的蓄水池,全面形成具有国际竞争力的全域创新体系,率先形成彰显中国特色社会主义制度优越性的创新体制,科技型智能化新生活普及普惠,科技引领现代化的作用进一步彰显,建成高水平创新型省份和科技强省,在世

界创新版图中确立特色优势,为高水平社会主义现代化建设奠定坚实基础。

二、建设高素质强大人才队伍

创新竞争的本质就是"人才竞争",在浙江省人才强省、创新强省首位战略实施过程中,高层次人才的引进、培育和使用是关键。因此,浙江省提出建设高素质强大人才队伍,推进人才激励机制改革。

1.大力引进和培养国际高端创新人才

实施"鲲鹏行动"等引才工程,大力引进国际一流的战略科技人才、科技领军人才和高水平创新团队。鼓励企业布局海外"人才飞地",支持外资研发机构与浙江省单位共建实验室和人才培养基地。建立面向未来的顶尖人才早期发现、培养和跟踪机制,构建拔尖创新人才培养体系。扩大高层次人才培养规模,加强重点关键领域基础研究、产业技术研发等人才培养。

2.壮大优秀青年人才队伍

优秀青年人才是浙江科技创新未来的希望。实施青年英才集聚系列行动,建立青年人才阶梯式支持机制。实施万名博士集聚行动,推动国内知名高校、科研院所和企业共建博士后工作站。发挥世界青年科学家峰会作用,进一步深化国内外人才交流合作,吸引更多海内外高校毕业生在浙创新创业(见表6.5)。

表6.5　人才强省六大行动

行动名称	主要内容
百名顶尖人才集聚行动	定向攻关、精准引才,引进200名左右在科技和产业发展前沿具有全球影响力的顶尖人才
千名领军人才集聚行动	实施海外高层次人才引进计划、万人计划、领军型团队计划等各类人才计划,集聚领军人才5000名以上,争取其中1000名以上入选国家级人才工程、500名以上入选国家级人才工程青年项目
万名博士集聚行动	补齐博士后工作短板,新引进(留浙)博士5万名以上,累计招收博士后5500名以上
百万大学生集聚行动	打造大学生实习应聘、就业创业全链支持体系,累计新增大学生500万名以上

行动名称	主要内容
百万工匠 培育行动	加快构建高技能人才培养体系,建设 15 所高水平技师学院,新增高技能人才 100 万名以上
人才高峰 支持行动	在重点研发计划、基金项目、创新平台和人才计划等方面支持三大科创高地的优秀人才

3.加快创新型企业家队伍建设

企业家是科技创新创业的真正主体,也是浙江核心创新资源与竞争优势所在。因此,需要实施"浙商青蓝接力工程"和新生代企业家"双传承"计划,引进和培育一批企业科学家。积极发挥浙商组织作用,加强企业家培训。鼓励支持科研人员兼职创新、在职或离岗创办企业,推动更多创新人才带专利、项目、团队创业,壮大优秀企业家队伍。

4.强化技能人才供给

实施新时代工匠培育工程和"金蓝领"职业技能提升行动,构建产教训融合、政企社协同、育选用贯通的高技能人才培育体系,打造与全球先进制造业基地相匹配的高技能人才集聚地。着力加强工程师队伍建设,建设一批工程师协同创新中心。注重名家大师技艺传承,加强绝技绝活代际传承。大规模开展职业技能培训,完善技术技能人才评价制度,健全高技能人才政府补贴制度,拓宽高技能人才职业发展空间。

三、集成力量建设创新策源地

坚持创新引领、错位布局、融通发展,形成以杭州城西科创大走廊为龙头牵引,其他科创走廊和国家自主创新示范区为核心支撑,高新区等为重要节点的创新空间布局。

1.加快构筑高能级创新平台体系

加强科技资源的战略空间布局,加快建设"1+5"科创大走廊为核心的高能级创新平台体系,促进浙江高端创新资源集聚能力的提升。一是集中力量建设杭州城西科创大走廊,按照创新链、产业链协同的导向优化区域创新空间布局,支持杭州高新区、富阳、德清成为联动发展区,打造综合性国家科学中心和区域性创新高地。二是深化国家自主创新示范区建设,加快建设宁波甬江、嘉兴 G60、温州环大罗山、浙中、绍兴等科创走廊,谋划建设湖州、衢州、舟山、台州、丽水等科创平台(见表6.6)。三是实施高新区高质量发展行动计划,建设世界一流的高科技园区,推动设区市国家高新区全覆盖、工业强县省级高新园区全覆盖。按照块状经济、现代产业集群"两个全覆盖"的总要求,打造标杆型创新服务综合体。

表6.6 浙江省六大科创大走廊的功能定位

名称	科技领域	功能定位
杭州城西科创大走廊	数字科技、生命健康、高端装备、新材料、量子科技	面向世界、引领未来、服务全国、带动全省的创新策源地
宁波甬江科创大走廊	新材料、智能经济	长三角重要创新策源地
温州环大罗山科创走廊	生命健康、智能装备	具备全球竞争力的生命健康、智能装备科创高地
嘉兴G60科创大走廊	数字经济	全球数字科创引领区、区域一体化创新示范区、长三角产业科创中心和科技体制改革先行区
浙中科创大走廊	信创产业、智联健康产业	具有全国影响力的科创高地和产业创新发展枢纽
绍兴科创大走廊	智能制造	长三角重大科技成果转化承载区、全省科技经济联动示范区

2.加快培育国家战略科技力量

一是加快构建新型实验室体系,全力支持之江实验室、西湖实验室打造国家实验室,推动国家重点实验室重组建设,加快建设甬江等省实验室。支持省重点实验室开展多学科协同研究,探索组建联合实验室和实验室联盟。二是充分发挥西湖大学、浙江清华长三角研究院等新型研究型高校和研发机构的作用。完善产业创新中心、技术创新中心、工程研究中心、制造业创新中心等重大创新载体布局。围绕三大科创高地,加快建设重大科技基础设施。

3.加强基础研究和关键核心技术攻坚

以"双尖双领"重大科技创新计划为抓手,坚持应用研究倒逼基础研究、基础研究引领应用研究,制定实施基础研究十年行动方案。一是实施"尖峰计划",发挥高校、重点科研院所和龙头平台企业科学研究的源头作用,实施一批重大科技基础研究专项。支持浙江大学等建设世界领先的基础理论研究中心,增加高校院所基础研究投入,探索与企业设立自然科学联合基金,加大对企业应用基础研究的支持力度,优化基础研究领域多元投入方式。积极参与国际大科学计划和大科学工程,开展国际科技合作载体提升行动。二是全面推进"尖兵""领雁""领航"等计划,实施重大科技攻关专项,积极承接国家重大科技项目,滚动编制关键核心技术攻关清单,打好关键核心技术攻坚战(见表6.7)。

表 6.7 "双尖双领"重大科技创新计划

名称	主要内容
尖峰计划	在量子信息、人工智能等领域,组织实施 100 项左右重大前瞻性基础研究项目
尖兵计划	在智能网联汽车、区块链、脑机融合等领域,每年实施 100 项左右重大关键核心技术攻关项目
领雁计划	在专用芯片、新材料等领域,每年实施 100 项左右重大引领性项目
领航计划	支持高校院所和优势企业主动对接国家重大战略任务,每年争取 100 项左右国家 2030 科技创新重大项目、重点研发项目等

实际上,以"双尖双领"重大科技创新计划为抓手,加强基础研究和关键核心技术攻坚,也实际上突破了长期以来浙江以应用创新为主的发展模式,通过参与基础研究为引领的各个科技创新活动环节来完善浙江全域创新体系,打通科技创新"大循环",开展浙江科技自立自强的实践探索。

四、完善以企业为主体的技术创新体系

企业是创新主体,重点在于充分发挥企业创新主体作用,加强培育创新型企业梯队体系有助于形成科技大循环的多层次主体体系,同时加快科技成果转移转化,促进高水平产学研合作机制完善。

1. 充分发挥企业创新主体作用

近年来高新技术企业和科技型中小企业"双倍增"工作卓有成效,下一步培育创新型企业梯队体系有助于形成科技大循环的多层次主体体系。一是实施企业技术创新赶超工程,完善梯次培育机制。实施高新技术企业和科技型中小企业"双倍增"行动计划,制定更加精准的扶持政策,加快培育一批"瞪羚""独角兽"企业,促进初创型成长型科创企业发展,形成一批有影响力的创新型领军企业。二是支持企业牵头建设高水平研发机构、院士专家工作站、

创新联合体、企业共同体、知识产权联盟和重点产业技术联盟,承担国家重大科技项目,着力打造"头部企业＋中小微企业"创新生态圈,加强创新链和产业链对接。推进技术创新与商业模式创新、品牌创新融合。

2.加快科技成果转移转化

一是构建辐射全国、链接全球的技术交易体系,建设专业化市场化技术转移机构和技术经理人队伍,打造网上技术市场 3.0 版和"浙江拍"品牌,大力推进专利公开许可。二是以推进市场应用激励自主创新。深入实施首台(套)、首批(次)、首版(次)提升工程,构建首台(套)产品大规模市场应用生态系统。三是成立科技成果转移联盟,支持高校、科研院所创新成果转化机制。打造"科创中国"浙江样板间。

五、优化创新创业创造生态

创新创业创造生态是科技资源优化配置的外部环境,通过加快科技体制改革、全方位激发人才创新活力、全面加强知识产权保护,不断优化创新创业创造生态。

1.加快科技体制改革

一是加快探索社会主义市场经济条件下关键核心技术攻关新型举国体制的浙江路径。完善科技创新治理体系,实施"产学研用金、才政介美云"十联动,推动重点领域项目、基地、人才、资金一体化高效配置。改革科研项目组织管理方式,有序推进创新攻关"揭榜挂帅"体制机制,完善科技评价和激励机制,扩大科研院所科研自主权。二是建立省市县三级联动财政科技投入稳定增长机制,加大科技成果应用和产业化政策支持,发挥创新券对企业研发投入带动作用,探索稳定支持基础研究的新机制。三是完善金融支持创新体系,支持发展天使投资、创业投资和私募股权投资,探索适合科技创新特点的信贷支持模式,完善投贷联动机制,加大政府产业基金对科技创新转化的支持力度,大力优化创业投资发展的政策环境。

2.全方位激发人才创新活力

优化人才创新创业创造环境至关重要,这是科技创新环境的源头,有助于全方位激发人才创新活力。一是深化人才体制机制改革,推进全省人才公共服务一体化,建设人才管理改革试验区,充分赋予人才"引育留用管"自主权。二是全面改革人才计划遴选方式和评价机制,健全创新激励和保障机制,完善科研人员职务发明成果权益分享机制。三是深化人才创新创业全周期"一件事"改革,加强人才创新创业服务综合体建设。

3. 全面加强知识产权保护

高水平创新创业创造活动迫切需要知识产权保护环境的优化。加快知识产权强省建设,开展知识产权保护试点示范区建设,严格知识产权执法。加快知识产权保护中心和快速维权中心建设。推进知识产权信用体系建设,完善知识产权黑名单和联合惩戒制度。加强知识产权海外布局,加大企业海外知识产权预警纠纷应对指导与援助力度。

六、加强制度创新和投入保障

为更有效实施人才强省、创新强省首位战略,加快建设高水平创新型省份,必须加强制度创新和投入保障。

1. 加强制度创新

建设高水平创新型省份需要高水平制度创新的规范、引导和激励。一是坚持和加强党对科技工作的领导,成立科技强省建设领导小组并实体化运作。完善省部属高校、国有企业、市县党政领导科技进步和人才工作目标责任制考核、督查机制。二是完善科技创新法规体系,加强科技领域创制性立法,加快重大科研仪器开放共享规定立法,推进《浙江省科学技术进步条例》等地方科技法规的修订。三是完善支持创新的政策体系,深化落实《关于全面加快科技创新推动高质量发展的若干意见》《关于建设高素质强大人才队伍打造高水平创新型省份的决定》等重大政策举措。促进科技、教育、产业、财税、金融、人才等政策协同,充分发挥系统效应和整体效能。

2. 强化财政投入

建设高水平创新型省份需要高水平稳定的投入机制,高水平稳定的投入机制及其运行效率评价本身也是高水平科技创新战略要回答的问题。一是建立省市县三级联动财政科技投入稳定增长机制,确保全省财政科技投入年均增长15％以上,五年全社会累计实现关键核心技术攻关专项投入、重大科研平台设施投入、重大人才引进投入"三个千亿"目标。二是探索稳定支持基础研究的新机制,研究高校院所基础研究投入、企业应用基础研究投入的长效机制,推动与企业设立自然科学联合基金。深入实施全社会研发投入提升专项行动,全面推广企业研发项目信息管理系统,引导各地加大"双倍增"行动财政激励力度,鼓励有条件的市县对高新技术企业和科技型中小企业再按25％研发费用税前加计扣除标准给予奖补。

第七章　浙江省科技体制改革的探索

　　1985年科技体制改革以来,我国一直高度重视科学技术的发展。科技体制改革的有效推进,明确了政府与市场的分工,发挥整体效能,提高科技资源的集聚程度和资源配置效率。

　　改革开放以来,浙江在科技体制改革的探索脚步从未停止,不断推进科技体制机制市场化改革、全面创新改革,打造了科技体制改革的"浙江样板",摸索出科技体制改革的"浙江经验"。浙江省在深入实施人才强省、创新强省首位战略过程中,应进一步发挥制度创新优势,以坚持创新在现代化建设全局中的核心地位为主线,深化科技体制改革,构建具有全球影响力、全国一流水平和浙江特色的全域创新体系。

第一节　浙江省科技体制改革的历程

　　改革开放以来,浙江不断深化科技体制机制改革,畅通政府与市场关系,强化政府战略资源配置、制度创新等功能,有效激发市场主体创新潜力,加强平台、人才、创新主体、金融等领域的科技体制改革力度,系统提升浙江省创新能力和创新资源效率。

一、科技体制改革的相关理论

　　中国科技体制改革可以从相应的标志性事件的发生和政策文件的出台作为阶段划分的界限。在综合已有研究的基础上,科技体制改革的理论基础大致可以分为阶段划分论、政府作用论以及诉求多元论。

（一）科技体制改革的阶段划分论

由于不同时间点上的国情变化导致的经济工作重点发生转移,继而科技工作的重点也会相应发生变化,因此科技体制改革会呈现明显的阶段特点。学者们的研究重点在于如何寻找到阶段划分的界限,对于改革进程能有一个清晰的界定。在科技体制改革的阶段划分上,学者们分别从不同角度进行了分析和界定。但最具广泛认可度的观点是,政府与地方的事权和财权从集权到放权和分权、从不匹配到匹配、从单向推动到双向推拉的转变,使得科技体制改革的阶段划分为"面向"和"依靠"阶段（1985—1992 年）、"稳住一头"和"放开一片"阶段（1992—1998 年）、"国家创新体系建设"和"加速科技成果产业化"阶段（1998 年至今）（彭华涛,2014;闫凌州,赵黎明,2014）。朱秋（2020）将中国科技体制改革划分为:计划经济体制框架下、构建社会主义市场经济体制框架下以及党的十八大以后的新时代全面深化改革三个阶段。有学者按照时间线将中国科技体制改革进程划分为六个阶段（马名杰,张鑫,2019）。

（二）科技体制改革的政府作用论

一直以来,由于体制机制等原因,政府在推进科技体制改革中担任着极具重要的角色,这也导致中央政府和地方政府在科技体制改革的决策以及相应的利益分配机制方面存在一定的二元性特征（闫凌州,赵黎明,2014）,并且在科技体制运行过程中,行政干预较多。虽然如此,但是在中国特定的国情条件下,政府的引导和干预对于推动科技体制改革有着积极的影响。为了实现全民参与的科技体制目标,应该打破局限政府体制的藩篱。应处理好政府与市场的关系、政府与企业的关系、政府与地方的关系,推动科技体制改革向着资源配置效率更加优化、市场化程度更高的方向发展。

（三）科技体制改革的诉求多元论

科技体制改革希望实现多种目标,由此使得科技体制改革突出表现为多元化的诉求。科技体制改革能够真正地实现其改革目的是问题的关键所在,而如何界定改革成效是一个难题。实际上,科技体制改革最根本的诉求在于解决科技与生产脱节的问题,且这一问题在科技体制改革的不同阶段均有所体现。科技体制改革诉求的实现是一项牵一发而动全身的系统工程,是整体与部分、中央与地方、民主与集中、集权与分权等辩证思考和协同统一的过程。

二、浙江省科技体制市场化改革

市场化是牵引浙江科技创新不断走向成功的核心。自改革开放以来,浙江科技体制改革不断以市场化为深化方向,推动改革向纵深推进,提高科技资源配置效率。

(一)浙江省科技体制市场化改革萌芽期

1978 年,邓小平同志主持召开了全国科学大会,提出"科学技术是生产力",这一重要论断为推动科技事业向前发展提供了理论基础。以此为重要契机,1979 年,中共浙江省委召开全省科学大会,促进了全省科技工作的快速恢复和飞速发展。自此,浙江省在技术要素的市场化配置问题上展开了相关探索,部分乡镇企业加快寻求科技人才并受让科技成果,同时将寻求的目标对象转向大专院校、科研机构和大中型企业。

(二)浙江省科技体制市场化改革发展期

1992 年初,邓小平南方谈话使我国改革开放得到进一步深化,向现代化迈进的脚步更稳更实,对于推动我国科技事业的发展具有重要意义。1992 年 7 月,省委、省政府发布《关于大力推进科技进步、加速经济发展的决定》,率先在全国提出科教兴省战略,依托科技教育的进步来助推经济振兴。1996 年 5 月,省委、省政府提出要不断深化科教兴省战略,制定一系列加速科技进步的重要举措。1998 年,制定出台《浙江省专利保护条例》《浙江省鼓励技术要素参与收益分配若干规定》等法规,为科技成果的转化提供了制度保障。

(三)浙江科技体制市场化系统推进期

2003 年,时任浙江省委书记习近平首次提出"八八战略",其中第八条强调,要进一步发挥浙江的人文优势,积极推进科教兴省、人才强省,加快建设文化大省。同年,省委、省政府提出引进大院名校共建创新载体,鼓励各地以企业为主体,以引进团队式人才和核心技术为重点,与国内外大院名校联合共建各类创新载体。2004 年,省人大常委会通过《浙江省促进科技成果转化条例》,该条例明确规定科技成果转化各主体的权利义务,对科技成果转化进行规范,有利于科技成果转化和产业化的加速推进。2006 年,全省自主创新大会上提出,计划用 15 年时间建设创新型省份和科技强省。2013 年,浙江省出台《中共浙江省委关于全面实施创新驱动发展战略 加快建设创新型省份的决定》,提出推动"展示、交易、共享、服务、交流"的五位一体科技大市场建设,关键是要健全网上技术市场体系。并对通过科技大市场交易且实现转化、产业化的项目,省财政和地方财政予以一定的补助。

三、浙江省全面创新试验改革

2015 年 5 月 5 日,习近平总书记主持召开中央全面深化改革领导小组第十二次会议,会议审议通过了《关于在部分区域系统推进全面创新改革试验的总体方案》,在全国范围内确定了 8 个全国全面创新改革试验区。并于2017 年底全面启动国务院授予的 169 项改革举措,各试验区先行先试总结出的首批 13 项改革举措已在全国或 8 个改革试验区域内推广。

2016 年 11 月,中共浙江省委办公厅、省政府办公厅联合出台《浙江省全面创新改革试验任务导则》,在省域范围内开启全面创新改革试验工作,先后确定杭州市、嘉兴市、长兴县、新昌县、滨江区和余杭区作为试点地区,形成"两市两县两区"试点格局;2018 年浙江省 19 个市、县(市、区)启动全面创新改革联系点建设。在省级相关部门支持下,各地区积极推进全面创新改革试点工作,完善科技成果转化机制、高新技术产业培育机制、创新人才制度、科技金融体制等,大力实施创新驱动发展战略,强化政策链、创新链、产业链、人才链、金融链"五链融通",积极探索各具特色的创新发展路径和创新引领示范高地,加强科技与区域经济社会发展有效对接,取得了一批重大改革成果,充分发挥了全面创新的示范引领和带动作用。

(一)破解制约创新驱动发展的"四不"难题

全面创新改革聚焦实施创新驱动发展的体制机制关键点,以破解"科技成果转化机制不顺畅、高新技术产业培育机制不够强、创新人才制度不健全、科技金融体制不完善"等四大瓶颈问题为主攻方向,破解政策链、创新链、产业链、人才链和资金链"五链融通"的制度难题,推进各领域、多层次的特色化改革,积极探索全面创新改革推动经济高质量发展的新机制、新模式。

(二)建立推进省市联动的协同试验工作机制

一是建立组织机制,上下协同不断加强。由省委、省政府分管负责同志牵头,省科技厅、省委改革办为召集人单位,省级相关部门参加,指导全面创新改革试验工作,统筹协调改革试验中的重大政策、专项试点、成效评估等。试点地区高度重视全面创新改革试验工作,建立市县党政一把手任组长的工作协调推进机制,负责提出改革试验方案。省市县三级上下联动,坚持科技创新和体制改革"双轮驱动",加快政府职能由研发管理向创新服务转变,在科技资金投入、资源集聚、环境优化、人才引进等方面协同推进全面创新改革。

二是省级部门出制度,试点地区抓落实。省直相关部门围绕高层次人才引进、高新技术企业等项目用地、财政资金保障、高新成果转化等方面制定了大量创新性制度,加强整体谋划和系统推进全面创新改革。各试点地区积极落实省直部门政策,围绕地方发展基础、比较优势制定相应办法进行推进。一方面,市县出台了全面创新改革试验实施方案,加快制度集成式落地;另一方面,市县在省级部门支持下积极探索创新制度改革。

(三)推进地方多改联动的模式创新

多改联动,探索各具特色的改革模式。各试点地区根据不同发展阶段,依托自身创新优势条件制定不同改革举措,系统破解创新难点,形成一批新制度。一是杭州市着眼于"全",打造"雨林式"创新创业生态体系,发挥高端要素集聚优势,加快科研院所科技成果转化,优化高新企业认定流程,出台了创新平台、科技金融等领域的系统政策体系。二是嘉兴市重在"联",把握长三角一体化战略机遇,构建沪浙创新协作机制,试点人才新政,建设孵化之城、G60科创走廊等平台。三是滨江区优势在"深",着眼于国际化、体系化,深化人才机制创新改革,推进产业创新服务体系建设,深化科技金融服务体系创新改革。四是余杭区发力于"尖",加快科技顶端突破,以重大平台集聚优质资源,利用之江实验室属地资源优势,支持建设超重力大科学装置、阿里达摩院重大创新平台体系。五是新昌县持之以"恒",坚持资源不足科技补、区位不足服务补、动力不足改革补,形成了"小县大创新"的县域创新发展模式。六是长兴县"特"色鲜明,设立"太湖科技板",实施特色产业职称改革,制定企业技术创新省级地方标准,创建全国创新型县(市)。

四、浙江省深化科技体制改革方向

浙江省"十四五"规划提出,要在创新型人才队伍建设、体制机制改革、重大平台打造、创新主体培育等取得重大突破(见表7.1),在科技创新、产业创新方面走在全国前列。

表 7.1　浙江省重点领域深化科技体制改革目的与重点

领域	改革目的	改革重点
平台	加强重大平台建设	完善创新策源地建设体制机制;构建新型实验室体系;构建技术创新中心体系;推进大科学装置建设
人才	加快人才体制改革	完善创新人才引育体系;改革人才评价激励机制;推进人才服务迭代升级
创新主体	推进创新主体培育	强化企业技术创新主体地位;提升高校和科研院所创新能力;培育发展高端新型研发机构
金融	健全科创金融服务	整合设立科技创新基金并推动市场化运作;创新金融服务模式和产品;灵活运用央行货币政策工具

(一)加强重大平台建设

完善创新策源地建设体制机制。围绕创新策源地建设目标,出台推进杭州城西科创大走廊打造创新策源地的实施意见。支持浙江大学、西湖大学等打造国家战略科技力量,推进之江实验室与中科院的战略合作和智能计算研究院建设,支持西湖实验室打造成为国家实验室的核心支撑。完善省实验室运行机制,实行个性化的目标责任制管理。制定技术创新中心体系建设实施意见和工作指引,修订省重点企业研究院建设与管理办法。加快建设超重力离心模拟和试验装置。支持之江实验室、甬江实验室、浙江大学等新型研发机构和研究型大学谋划建设新一代工业互联网系统信息安全、多维超级感知、超高灵敏量子极弱磁场和惯性测量、社会治理大数据与模拟推演实验、极端环境服役材料多因素强耦合综合研究装置等重大科技基础设施。

(二)加快人才体制改革

扩大"鲲鹏行动"、海外引才计划、"万人计划"支持规模。启动实施"三大人才高峰支持行动",探索建立顶尖人才"白名单"制度,实施青年英才集聚系列行动,建立以创新能力、质量、实效、贡献为导向的评价体系,推进科研人才减负行动,推行基于信任的首席专家负责制、基金项目经费使用"包干制",深化人才创新创业全周期"一件事"改革,推广"人才码",推进人才创新创业服务综合体建设,形成人才引进、服务和赋能等集成化功能。打造高层次人才来浙创新创业"绿色通道",完善住房、医疗、家属安置、子女入学等方面的政策体系。推进外国人来华工作许可、工作类居留许可纳入"一件事"办理,推行"告知＋承诺"方式,在全省有条件地区建立涉外人才政务管理新体系。

(三)推进创新主体培育

深入实施新一轮科技企业"双倍增"计划,建立科技企业全生命周期培育体系,制定建设单项冠军之省方案。完善"众创空间—孵化器—加速器—产业园"的全链条创新体系,大力推广企业研发项目信息管理系统,落实高校、科研院所主体责任,深化落实岗位科研相关自主权。完善科教协同、产教融合机制,实施省一流学科建设工程和学科"登峰计划",构建目标导向、层次清晰、聚焦重点、动态调整的学科建设体系。推动新型研发机构实行章程管理、理事会(合作委员会)决策制、院长负责制,支持中科院宁波材料所、中科院基础医学与肿瘤研究所、钱塘科技创新中心、浙江大学国际科创中心等新型研发机构建设和发挥作用,积极引进国内外知名科研院所及企业来浙共建高端新型研发机构。

(四)健全科技金融服务

整合设立科技创新基金并推动市场化运作,支持更多企业登陆科创板等资本市场。支持金融机构探索打造实体化服务科技和创新型创业人才的专营机构,创新金融服务模式和产品,推进科技贷、无还本续贷等业务模式扩面,扩大专利权、商标权等无形资产质押融资规模,探索技术产权资产证券化试点。灵活运用再贷款、再贴息等央行货币政策工具,引导金融机构加大对科创企业的定向支持。支持杭州、嘉兴争创国家级科创金融改革试验区。

第二节　打造全域创新平台体系

加快布局建设创新空间和创新平台、推动构建全域创新体系、强化自主创新能力是浙江全面实施创新驱动发展战略、打造高水平创新型省份的动力源、主平台和试验田。政府发挥战略资源配置作用,通过打造全域平台体系,克服市场失灵,加快创新资源集聚,营造创新生态体系。

一、区域科技创新平台基本概念

科技创新平台是创新体系的重要组成部分,是能够为创新链上各环节提供创新服务的组织和载体。区域层面的科技创新平台有国家和地方之分。构建国家科技创新平台是实现创新驱动发展战略的基础(李斌,裴大茗,廖镇,2016)。地方科技创新平台是根据地方经济发展特点,为当地的主导产业提供有效的科技支持。

科技创新平台吸引政府、高等院校、科研院所和企业等多方参与到科技创新体系的建设中来,有利于提高区域科技创新资源的有效整合和综合利用效率。企业是关键的创新主体,通过在创新平台内利用合作单位的优势技术与先进经验,企业的创新能力及其核心竞争能力能有效得以提升(张虎翼,邓文星,姚仪等,2020)。政府作为科技创新平台的政策制定者,在建立创新平台、提升创新能力方面有着义不容辞的责任(见图7.1)。

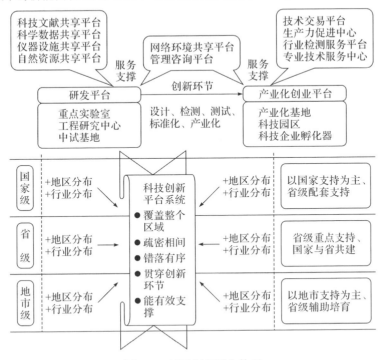

图 7.1　区域创新平台体系

资料来源:李葳、王宏起:《区域科技创新平台体系建设与运行策略》,《科技进步与对策》2012 年第 6 期。

二、浙江省创新平台体系建设路径

平台建设是破解浙江高水平科技创新资源不足、科研机构数量少、实力弱问题的方式,其重点在于打造全域创新体系,完善高能级平台体系。

浙江省高度重视创新平台和载体建设工作,从省级层面进行制度创新(见表7.2),在政策扶持上对平台建设予以倾斜,给予重点实验室、孵化中心、众创空间等创新载体广泛支持。如出台《浙江省海外创新孵化中心建设与管理办法(试行)》,采用事后资助、以奖代补的方式,对评价优秀的海外创新孵化中心给予奖励支持。每家奖励100万~200万元,5年内累计奖励支持不超过三次,支持总额最高不超过600万元。在"十三五"期间,浙江引进建设中科院肿瘤与基础医学研究所、中法航空大学、北航杭州创新研究院等一批新型研发机构,获批建设浙江省首个国家级重大科技基础设施——超重力离心模拟与试验装置及三家国家临床医学研究中心。3所高校入选"双一流",15所高校67个学科入围ESI前1%。阿里巴巴、海康威视等一批企业创新平台不断做大做强。

表 7.2　浙江省创新平台建设的主要政策文件

序号	年份	政策名称
1	2019	《浙江省海外创新孵化中心建设与管理办法(试行)》
2	2017	《浙江省国际科技合作基地管理办法》
3	2015	《关于加快发展众创空间促进创业创新的实施意见》
4	2014	《浙江省企业研究院管理办法》
5	2014	《浙江省重点企业研究院建设与管理试行办法》
6	2014	《浙江省重点实验室(工程技术研究中心)管理办法》
7	2010	《浙江省产业技术创新联盟建设与管理办法》
8	2009	《浙江省高新技术企业研究开发中心管理办法》

总的来看,浙江的科技创新平台体系建设大致可以分为三个层次。

(一)引进大院名校共建创新载体

浙江引进大院名校共建创新载体的工作开展时间在全国属于领先。应对浙江省重点高校少、科研院所创新能力较低的问题,通过名校共建可以全面提升浙江省自主创新能力。

自 2003 年开始,浙江引进大院名校共建创新载体工作走在全国前列。该项工作自启动以来,据统计,浙江共引进共建浙江清华大学长三角研究院、中科院材料所、浙江加州纳米研究院等一大批创新载体近 1000 家。2019 年制定出台《浙江省引进大院名校共建高端创新载体实施意见》,《意见》提出,以国内外知名高校、科研机构和企业为重点对象,力争到 2025 年,引进共建各类创新载体 200 家,促进浙江创新体系逐渐健全、创新要素逐步集聚、创新实力日渐雄厚,成为高能级创新载体集聚区和高端创新人才向往地。

(二)打造城市科创大平台

打造城市科创大平台是浙江在平台建设方面又一重大举措,打造青山湖科技城、杭州未来科技城、杭州城西科创大走廊等创新大平台。完善了创新创业生态体系,优化了营商环境,并且进一步增进产、城、人融合水平。

2009 年,省政府批准建立青山湖科技城并开始正式奠基建设。2010 年,杭州未来科技城开始集中建设。2011 年,杭州未来科技城获评国家级海外高层次人才创新创业基地,成为全国四大未来科技城之一(其他三个未来科技城所在城市为北京、天津、武汉)。

2012 年 9 月,杭州城西科创产业集聚区管委会挂牌。围绕"面向世界、引领未来、服务全国、带动全省的创新策源地"目标,省财政每年给予 4.5 亿元支持大走廊建设,研究制定"1+N"政策体系,促进各类创新资源汇聚叠加。大走廊产业增加值、服务业增加值、高新技术产业增加值连破千亿大关,每年新增海外高层次人才占全省近三分之一,入选国家级重大人才工程人数占全省80%以上,获得国家科学技术奖占全省的 60%。2016 年,杭州未来科技城与浙大科技城、青山湖科技城共同成为杭州城西大走廊的核心组成部分。

目前,浙江正加快科创大走廊建设,具体包括宁波甬江、嘉兴 G60、温州环大罗山、浙中和绍兴五大科创走廊。谋划建设湖州、衢州、舟山、台州、丽水等科创平台。推进实施高新区高质量发展行动计划,建设世界一流的高科技园区,推动设区市国家高新区全覆盖、工业强县省级高新园区全覆盖。

(三)建设高能级平台体系

推进高能级创新平台体系的建设,可以推动浙江省高层次创新格局加快形成,打造出一批创新策源地,是推进高质量发展的重要引擎。浙江在重点实验室、技术创新中心、新型研发机构等高能级平台地建设上下了"狠功夫、真功夫"。

1. 实验室体系建设实现新突破

创新性开展省实验室体系建设,之江、良渚、西湖、湖畔等四家省实验室正式挂牌,省财政每年给予每家实验室1亿元补助,省市区三级1:1:1联动给予支持。其中,之江实验室、西湖实验室纳入国家实验室建设序列。

2. 技术创新中心体系建设迈出新步伐

研究制订技术创新中心体系建设的实施意见,加快构建具备特色优势的技术创新中心体系。推动企业研发机构优化整合、提升能级,布局建设省级重点企业研究院251家、省级企业研究院1688家、高新技术企业研发中心5303家,阿里达摩院、万向研究院、吉利汽车研究院、华为浙江研究院等一批高端企业科研机构迅速发展壮大。

3. 新型研发机构实现新发展

省政府办公厅出台《关于加快建设新型研发机构的若干意见》,大力引进境内外一流高校和科研机构、知名企业、高层次人才团队来浙依法设立独立法人的新型研发机构,认定首批省级新型研发机构36家。

三、浙江省地方科技创新平台体系建设实践

重大创新空间和创新平台,是全面实施创新驱动发展战略、打造高水平创新型省份的动力源、主平台和试验田。在"十四五"期间,浙江将举全省之力建设创新策源地,引领带动科创走廊及自创区、高新区等创新空间提能升级,加快建设实验室和技术创新中心等创新平台,着力打造科创高地。浙江各地方结合当地需求,加快平台建设方式创新,在科技创新体系建设方面探索出一批可复制、可推广的建设经验。

(一)探索创新平台集聚整合机制

嘉兴积极探索引进大院名校和共建创新载体新机制,提升嘉兴现有高校办学水平。

1. 完善政策支撑体系

在创新成果转化上,制定《加大对高水平创新载体支持力度的操作细则》,明确高水平创新载体的定义、申报条件及申报流程。在科创平台分类评价和绩效考核上,制定《嘉兴市重点实验室建设与管理办法》《嘉兴市科技企业孵化器绩效考核评价管理办法》《嘉兴市创新载体绩效评价办法(试行)》等

一系列的绩效评价管理办法,并组织实施年度绩效考评,实行动态管理。

2.强化高水平创新载体的成果转化

依托浙江清华长三院"政、产、学、研、金、介、用"的北斗七星孵化模式,采用"一院一园一基金一政策一考核"的产业园建设模式,着力做大做强浙江清华长三角研究院总部,与之开展深层次的合作。

3.深化与在杭高校院所合作

与本地高校和科研院所制定合作备忘录,围绕共建校地合作机制、共建大学科技园区、共同开展科学技术研究和应用技术推广等方面进行深入合作。

(二)加强重大创新平台载体建设

杭州市建立重大战略项目建设服务保障迅速响应机制,建立重大创新平台在科研项目产业化空间、要素引荐机制,省委组织部给予之江实验室省级海外高层次人才申报自主权,在人才引进、科研投入方面实行捆绑考核机制,加大省市两级对创新平台硬件建设和基础设施的资金支持力度。

以未来科技城为案例,深入剖析重大创新平台建设模式。未来科技城围绕建设"互联网+"、生命健康、新材料三大科创高地,形成人才引领、载体建设、产业带动的创新发展模式,其具体举措为。

1.打造创新载体建设

未来科技城不断提升创新平台发展能级,强化重大创新载体建设,建设各类专业化创新园区,为区域经济发展打造重要平台。提升创新平台发展能级,持续提升企业自主创新能力。如集聚之江实验室、阿里达摩院等重大创新平台,吸引淘宝、中电海康等高水平研发企业。强化重大创新载体建设,首批四家浙江省重点实验室中,未来科技城独占三家,分别是之江实验室、良渚实验室、湖畔实验室。同时紧盯科学技术成果转化,打造科技创新策源地。建设各类专业化创新园区。积极实施大孵化器战略,大力推动专业化园区、科技型孵化载体建设,成功创建各类园区 62 个,涌现出恒生科技园、中电海康产业园、中国移动杭州研发中心、利尔达物联网科技园、区块链产业园、健康谷、5G 创新园、知识产权创新产业园等一批特色专业化园区。累计拥有各类孵化办公场地超 500 万方,成为支撑区域经济发展的重要载体。

2.打造特色小镇"集团军"

特色小镇顺应世界科技革命与产业革命的新趋势,锚定新兴领域、创新领域,集聚特色产业,成为推进经济转型升级和新型城镇化的重要抓手。其中,梦想小镇为首批省级特色小镇;人工智能小镇入选省级特色小镇创建名单;中国(杭州)数字·健康小镇依托主导产业发展优势和产业基础,以数字经济和生命健康产业融合发展为目标,聚焦数字经济和生命健康领域名校、名院、名所和龙头企业研发机构开展招引培育和产业生态集聚。未来科技城积极谋划布局未来产业,积极布局无人驾驶产业,聚焦人工智能产业发展创新。

3.全力建设人才高地

创新人才招引机制。在全球知名人力资源平台开设未来科技城"网上引才直通车",面向全球引进人才,探索跨境预孵化项目奖励机制。加大"灵魂式"人才引进力度。强化与名校名院名所的合作,支持科技城大企业大平台招引世界一流科技型企业的高管、技术负责人。推进人才创新载体建设。充分发挥国际创客港及众多海外引才站作用,引进第三方机构并强化行业协会(学会)专业人才招引和服务功能,提升人才发展环境国际化水平。目前已形成了海创园、健康谷、省人才大厦和"国际创客港"四大高能级人才创新平台,成为人才创新创业的重要载体。

(三)支持省级产业创新服务综合体创建

以高水平推进产业创新服务综合体建设为目标,省科技厅、省财政厅研究制订了《浙江省省级产业创新服务综合体管理考核办法(试行)》。滨江区、余杭区、新昌县等积极支持省级产业创新服务综合体创建与培育工作。

1.滨江区促进产业链、服务链深度融合,建设网络信息技术产业创新服务综合体。网络信息技术产业创新服务综合体列入第一批浙江省产业创新服务综合体创建与培育名单。综合体服务企业成效显著,2018年已集聚各类创新服务机构542家,其中创新平台载体307家。围绕网络信息产业链完善技术创新链,立足国产自主可控,主攻以新一代信息技术为支撑的网络信息技术产业"卡脖子技术"。围绕网络信息技术企业成长全过程,形成创业孵化、知识产权、科技金融等一站式优质科技服务。把高端人才引进培育作为首要任务,践行以平台聚人才、以人才带项目、以项目引人才,优化产业创新人才链。

2.余杭区借助产业互联网平台,打造家纺、服装产业创新服务综合体。搭建服装产业互联网平台,运用大数据、云计算、人工智能、虚拟现实等新技术、新模式,实现设计、制造、销售全链条"互联网+"。余杭家纺、服装产业创新服务综合体成功入选第一批浙江省产业创新服务综合体创建名单。为加快推进综合体建设,出台《关于印发余杭家纺、服装产业创新服务综合体(启动阶段)财政扶持实施细则的通知》,制定资金分配使用方案。

3.建立公共服务体系,余杭区、新昌县引进产业服务机构。余杭区引进浙江省家纺布艺产品质量检验中心、杭州市中小企业联盟等产业服务机构,集聚一批中介服务机构,为企业提供知识产权代理、科技中介、财务代理、小额担保、法律、管理咨询、人才培训等中介服务。新昌县整合县域创新资源,提升综合服务功能,投资近2亿元、面积近3万平方米的16层县产业创新综合服务体已建成投用。

第三节　创新人才体系机制改革

自改革开放以来,浙江在经济社会发展上取得了巨大成就,由原来的人才小省转变为人才强省,现在正在向人才生态最优省转变。通过梳理浙江省及各地方在创新人才队伍建设的路径机制,总结浙江在人才队伍建设的体制机制改革的实践举措。

一、创新人才体系机制的相关理论

学术界在创新人才方面的研究成果较为丰富,比如科技创新人才的内涵、人才集聚效应、人才评价体系建设等方面。人才不断在区域间的流动会形成人才集聚区并产生集聚效应,而地方上如何构建人才评价体系会对地方政府出台的人才政策产生重要影响,合理地构建人才评价体系有益于更好地引才、育才、用才。本书在对已有成果梳理的基础上,对科技创新人才的集聚效应与评价体系进行一定的总结。

(一)科技创新人才的内涵

科技创新人才是我国特有的学术名词。通过对相关文献的梳理,发现目前对其界定主要分为创新型科技人才和创业型科技人才两类。

1.创新型科技人才

邵铭康,李刚,刘周亮(2003)提出创新型科技人才必须同时具备较强的创新意识、能力,扎实的理论和实践基础,以及较强的适应力和团队意识等基本素质。李乃文和李方正(2012)对创新型科技人才的定义是直接参与科研活动,具有较强创新意识,拥有创新型科研成果的人才。赵伟,包献华,屈宝强等(2013)将创新型科技人才的界定进行细化并构建了相应的指标体系,具体分为工程技术类、基础研究类与创新创业类三大类。杨月坤和路楠(2019)以"三位一体"评价模型对创新型科技人才评价进行深入分析,认为在评价过程中应注意突出隐性知识价值评价、强化显性知识价值评价、重视流通知识价值评价。朱芬和孔燕(2021)基于扎根理论,认为科艺融合教育对于培养创新型科技人才具有重要价值。

2.创业型科技人才

创业型科技人才,又称科技创业人才、创业型创新人才以及创新创业人才,其内涵是一致的。徐坚成(2012)对创业型科技人才定义为,具有较高的创新素质和创新能力、较强技术研发能力和企业经营管理能力,以拥有技术、携带项目、投入资金等形式创办科技型生产企业或现代服务企业的创业人才。盛楠等(2016)认为,创业型科技人才要强调其创新创业精神、市场开拓和经营管理能力,是利用自主知识产权或掌握核心技术创办企业的科技人才。牛萍,唐梦雪,瞿群臻(2021)通过对高层次创业型科技人才进行问卷调查后发现,创业型科技人才是通过商品化、产业化的操作,将最新的科技成果转化为实际经济效益的技术创新推动者。

通过对已有研究的梳理,我们可以得出,学术界对创新型科技人才和创业型科技人才这两个概念界定有较多共同点,主要认为他们都是在优质的学习环境中成长起来,拥有扎实的理论功底和专业知识,有着较强的创新思维与能力,注重个人成长并且能有效参与科技创新活动的科技人才。

(二)科技创新人才集聚效应

人才作为一种独特的社会生产要素,由于不断在区域间进行流动,最终会在某几个特殊区域整体集聚,从而形成人才集聚区。人才集聚会产生不同于个体的集聚效应,对区域科技经济发展产生重要影响。

人才集聚是人才流动的特殊现象,在经济、科技、环境、利益等多重因素的诱导下,人才会在区域(或企业)间流动并聚集(朱杏珍,2002)。中国科技人才的空间集聚过程具有非均衡的特点,区域间差异仍存在扩大趋势(霍丽霞,王阳,魏巍,2019)。杨芝(2014)指出由于科技人才是具有能动性的生产要素,在受到某种外在或内在因素的诱导时将在区域间流动、聚集,因而科技人才集聚是一种长期的、较高级别的集聚。王伟和王海斌(2019)提出人才资源以组织为平台集聚,进而产生整体的系统效能大于部分之和的集聚效应。李敏,郭群群,雷育胜(2019)研究发现,我国科技人才集聚与战略性新兴产业集聚存在显著双向促进作用。郭金花和郭淑芬(2020)采用空间杜宾模型考察了创新人才集聚对全要素生产率(IFP)的影响,研究发现创新人才集聚可促进 TFP 增长且空间溢出效应明显。王黎明和王宁(2021)研究发现,人才集聚及科技创新在其后十年中对经济增长的正向效应都是逐渐增强的。

通过对已有研究的梳理,我们可以得出,科技创新人才产生跨区域的流动并形成人才的集聚,从而产生集聚效应,其会不断提升集聚地的科技创新水平,进而促进当地经济水平的提高。

(三)科技创新人才评价体系

科技创新人才评价体系会对人才激励产生积极正向作用,是人才选拔和开发的基础。20 世纪 90 年代初,我国就已经开始进行科技人才的评价研究。直到 21 世纪,科技人才评价方面的研究呈现蓬勃态势。

郭彩云,刘志强,曹秀丽(2016)从科技创新人才态度与行为研究出发,初步构建了科技创新人才创新绩效评价指标体系。盛楠等(2016)结合创新驱动战略实施需求,对科技人才评价体系进行了深入研究,提出有关建设流程、指标体系和管理流程等内容。薛昱,张文宇,杨媛等(2018)在综合七商以及32 个影响因素的基础上,构建了科技创新评价体系,并且建立了相应的匹配模型。刘颖(2019)指出科技人才评价体系的完善可以有效激发人才的创新和知识转化行为。

尽管有众多学者探讨研究了科技创新人才评价体系的构建,但是学术界尚未形成统一的标准。各地在筹划人才评价激励机制时,应结合当地实际,注重人才需求导向,合理选取人才评价指标,构建完善、科学的评价体系。

二、浙江省创新人才队伍建设路径

2003 年,时任浙江省委书记习近平主持召开全省第一次人才工作会议,作出大力实施人才强省战略的决定。2020 年省委十四届七次全会把人才强省、创新强省确立作为首位战略,印发《关于建设高素质强大人才队伍打造高水平创新型省份的决定》,提出了建设高水平创新型省份"两步走"目标任务以及 25 条政策举措。

总体来看,浙江省创新型省份建设取得显著成绩,主要指标大幅跃升,创新综合实力稳居全国第一方阵,进入了从量的积累向质的飞跃、从点的突破向系统提升的关键阶段,人才强省建设成效显著。截止到 2020 年底,全省累计入选国家级人才工程 2160 人次,比 2015 年增长 151.7%;每万名劳动力中研发人员为 148 人年,增长 50.1%;高技能人才占技能劳动者比例从 24.2%提升到 31.8%。

从省级层面来看,浙江在人才队伍建设方面进行了一定的制度创新,出台了一系列政策文件支持引进培养各类创新人才(见表 7.3)。

表 7.3 浙江省引进培养创新人才的主要政策文件

序号	年份	政策名称
1	2018	《关于深化科研人员职称制度改革的意见》
2	2018	《关于深化职称制度改革的实施意见的通知》
3	2017	《关于印发高水平建设人才强省行动纲要的通知》
4	2016	《关于深化人才发展体制机制改革支持人才创业创新的意见》
5	2014	《浙江省领军型创新创业团队引进培育计划实施细则(试行)》
6	2014	《关于实施领军型创新创业团队引进培育技术的意见》

通过梳理已有研究,浙江人才队伍建设主要从三个方面展开。

(一)抢抓机遇引育创新人才

聚力打造全球人才"蓄水池",实施"鲲鹏行动"计划、海外引才计划、万人计划、领军型创新创业团队计划等重大人才工程,形成覆盖引进和培养、塔尖和塔基、个人和团队、创业和创新的高素质人才引进培育体系,"高精尖缺"人才加速集聚。累计入选国家海外引才计划 1081 人,入选国家万人计划 368 人,入选长江学者 241 人,获得国家杰青基金项目支持 176 人,获得国家优青基金项目支持 213 人。累计引进各类外国人才智力 21.5 万人次。

(二)全方位激发人才活力

遵循社会主义市场经济规律和人才发展规律,以有利于发挥人才作用为根本,以增加知识价值为导向,以放权松绑为主要手段,不断深化人才发展体制机制改革,在人才评价上探索专家举荐、直接认定、市场机构评价等多元化方式,推动实行代表作制度,强化用人单位评价主体地位,纠正"四唯"偏向,让更多优秀人才脱颖而出。在人才激励上不断完善事业单位绩效工资政策,高层次人才激励、科研经费绩效奖励、科技成果转化奖励、横向项目劳务报酬、文创产业发展激励等五项内容不纳入绩效工资总量,实行以增加知识价值为导向分配政策,对重要贡献人员的成果转化奖励比例提高到不低于70％,高校院所科技成果转化合同金额年均增长33％。在人才流动上,支持事业单位科研人员离岗创业创新,推动企业科研人员到高校兼职,打破人才流动上的身份壁垒。

(三)持续优化人才发展服务

把服务作为人才发展的核心竞争力来抓,既服务发展大事,也关注人才关键小事,让人才能以更低的成本干事、以更快的速度干成事。深入推进"最多跑一次"改革,建设全省统一的人才服务平台,在全国率先上线"人才码",整合分散在各级部门的人才数据、服务事项,让数据多跑路、让人才少跑腿,让人才有用武之地、无后顾之忧。不断完善人才金融服务,成立全国首家人才银行和人才小贷公司,形成覆盖"贷款、投资、担保、保险"的全链条金融服务体系,整合各方力量,组建人才企业上市服务联盟,加快人才企业上市步伐,人才企业上市累计达到50家,位居全国前列。

三、浙江省地方创新人才体系机制改革

人才是创新活动的关键要素,是推动创新驱动转型的源头活水。浙江为了突破本地人才要素制约的瓶颈,创新了一系列人才招引培育政策,包括国际化高端化人才导入、人才平台打造、本地化人才培育、地区人才一体化合作、人才管理体制创新、人才评价体系改革、人才服务环境完善等,为地区创新创业提供了强大的智力支持。

(一)完善创新人才引育体系

聚力打造全球人才"蓄水池",形成覆盖引进和培养、塔尖和塔基、个人和团队、创业和创新的高素质人才引进培育体系。

1.打造人才集聚平台

一是建设新型研发机构(高校)。如杭州市推进西湖大学建设,引进北大信息技术高等研究院、中乌航空航天研究院、帝国理工先进技术研究院、诺奖国际创新中心等一批高水准新型研发机构。二是加强人力资源配套服务。如杭州市率先建设国际人力资源服务产业园,先后引进国际人力资源机构284家。

2.开展跨地区人才交流合作

一是开展人才交流活动。如杭州市举办国际人才交流与项目合作大会，首次邀请长三角地区企事业单位参会，共有长三角地区 200 余家龙头企业、科研院所、金融机构参与并且举行招聘事宜；又如嘉兴市与上海市共同举办2019"创响中国"长三角联盟首站活动等科技合作交流活动。二是打造地区合作人才平台。如嘉兴市规划建设"浙江长三角人才大厦"，在嘉兴经济技术开发区智创园挂牌成立"浙江长三角高层次人才创新园"，并且谋划建立服务长三角人才一体化发展"园中园"。三是创建人才"飞地"。如长兴县在杭州西湖科创园建成了湖州市首个人才"飞地"UNI 科创森林、新昌县在海外设立了 11 个研发中心，在上海、杭州等地建立了 32 个研发中心，在杭州滨江区、浙大紫金众创小镇均设有研发大楼。

3.集聚国际高端人才

一是加大国际人才招引力度。如杭州市采用美国硅谷招才引智工作站，与清华等校友会、华人科技协会、孵化器、当地领馆等政府驻外事务部门以及侨领群体构建常态化的人才联络网。二是为海外人才项目落地提供平台。如杭州探索建设全国首个国际人才创业创新园，引进高端外国人才项目 54个、签约金额 8.7 亿元。三是健全海内外人才创业生活配套服务制度。如杭州出台《杭州市外国高端人才服务"一卡通"实施细则》，实施外籍人才签证、停居留等七项出入境便利政策，滨江区发出全省第一张外籍高层次人才永久居留证，建立海内外高层次人才带成果创业创新机制，国际化医疗、教育、居住服务体系稳步推进。

4.紧盯高层次人才引进

一是倡导柔性引才的模式。如新昌县积极探索"户口关系在外地、平时工作在新昌"模式，鼓励更多高学历人才来新昌企业工作。二是加大财政投入力度。如新昌县开展"天姥精英"专项引才行动，导入市场化引才机制，县财政每年安排 5000 万元资金，引进资深专家、海外工程师、高层次海外留学人员和高端创新团队到新昌工作。三是创新党政人才招录模式和薪酬体系，引进高层次党政人才。如余杭区通过聘任制、政府雇员制等形式，在选才标准、考核方式、培养计划、薪酬体系等方面大胆改革创新，面向清华、北大和海外（境外）世界百强高校招聘硕研及以上毕业生。

5.培育本地化特色化人才

一是在高校增设紧缺专业。如省教育厅和杭州市指导和组织在杭高校开设跨境电商、大数据、云计算等新专业，加强数字经济、人工智能等方面的学科专业建设。二是在职业教育中加强实训。如长兴通过校企联合培养为当地产业提供高素质工匠；新昌筹建技师学院，加大实训基地建设。三是建立鼓励实用型人才的激励评价体制。如长兴立足本地产业和企业实际需求，探索实用型人才积分评价奖励机制、特色产业职称改革和技能人才自主评价，摒弃了传统的"唯学历、唯论文"导向。

（二）改革人才评价激励机制

遵循社会主义市场经济规律和人才发展规律，以有利于发挥人才作用为根本，以增加知识价值为导向，以放权松绑为主要手段，不断深化改革人才评价激励机制。

1.创新人才管理体制

一是创新人才管理机构设置。嘉兴市在全省率先完成职能部门增设（挂）人才处，嘉兴市发展改革委员会等12个市级部门增设（挂）"人才工作处"牌子。二是构建人性化的人才管理机制。如嘉兴市开辟非本地社保缴纳人才享受嘉兴"硕博人才倍增计划"通道，国有企事业单位科研人才因公出国分类管理，简化审批程序，参加高层次国际人才交流合作活动不计入本单位和个人年度因公临时出国批次限量管理范围。三是解决事业单位人员创业创新的体制障碍。省人社厅出台《浙江省鼓励支持事业单位科研人员离岗创业创新实施办法》《关于支持和鼓励高校科研院所科研人员兼职创新创业的指导意见》等文件，进一步细化事业单位科研人员有关管理办法，解决单位和个人后顾之忧。

2.推进人才评价改革

一是科研人员职称制度改革。省人社厅会同省科技厅深化科研人员职称制度改革，建立健全以创新能力、质量、贡献、绩效为导向的科研人员职称评价体系，打破"四唯"的传统评价体制，逐步下放职称评审权，杭师大、浙大城市学院将教师承接企业委托研发、测试等纳入考核评价体系。二是在引才中采取"举荐人制度"。余杭区探索以"举荐人"、用人主体评价、人才项目联动评审等方式为支撑的多元化人才评价办法，发挥好同行评议机制在人才评价中的作用，建立以人才薪酬、股权估值等贡献为影响因子的人才分类评价指标体系；嘉兴市探索青年人才举荐制度，聘请一批领军人才组建青年菁英举荐委员会，通过伯乐相才荐才的方式，举荐一批优秀青年人才给予重点培养和支持。

3.激发人才创新活力

一是健全科技成果转移转化机制。例如杭州市设立科技成果交易转化项目,制订科技成果交易转化项目资金管理办法,实行项目出入库管理和事后补助办法,对承接研究开发机构、高等院校的科技成果并实施转化的企业给予一定比例的补助,促进企业技术创新和重点发展产业转型升级。二是省市联动建立科技成果市场交易机制,促进科技成果落地杭州实现转化。出台加快科技服务业发展的实施意见,对高校院所技术成果转移转化和科技中介从事技术转移服务,分别按照实际技术交易额的一定比例给予财政补助,培育壮大科技中介队伍。三是建立创新高端人才引育机制。例如杭州市深入实施全球引才"521"计划、"115"引进国(境)外智力计划、市领军型创新创业团队引进培育计划、钱江特聘专家计划、高层次留学回国人员(团队)在杭创业创新项目、博士后工作站等高精尖缺人才智力集聚计划(专项)。四是建立可参股投资、可参与分配、科技人员可得大头的体制。例如新昌县为了调动研究生团队到企业协同攻关的积极性,组织力量到企业调研、开展试点,全面总结推广多项制度:支持企业建立与研究生团队协同创新的奖励制度;支持企业建立研究生团队攻克技术开发产品之后,按产品利润进行分成的制度。

(三)推进人才服务迭代升级

把服务作为人才发展的核心竞争力来抓,既服务发展大事,也关注人才关键小事,让人才能以更低的成本干事、以更快的速度干成事。

1.住房、教育、医疗等关键环节的优惠政策

如滨江区开发人才安居管理信息系统,落实人才房租赁和人才安居货币补贴工作;嘉兴市探索在新建商品房中按不低于5%比例配建人才安居房,全市拥有人才公寓2.6万余套,协调解决200余名人才子女就学问题;余杭区建立人才落户购房、子女就学等服务专道,实行人才购(租)房补贴申请即报即审服务。

2.在全社会营造尊重人才的氛围

如宁波市创新设立"谷雨"人才日,专门设立综合服务平台作为"人才之家",不断扩大优质服务覆盖面,打造优质服务生态圈;嘉兴市举办"人才日"活动、策划人才典型系列宣传、加强人才政治引领和政治吸纳等,引导全社会礼敬人才、厚待人才、激励人才、服务人才,形成海外引才"好口碑"。

第四节　完善创新主体培育机制

　　企业是科技与经济发展紧密结合的载体,健全企业创新主体的培育体系,是深化科技体制改革的重要任务。浙江在企业创新主体地位的培育上积累了丰富的经验,本节对企业作为技术创新主体地位的内涵进行剖析,梳理总结了健全创新主体培育体系的省级和地方经验。

一、企业技术创新主体地位的内涵

　　中国经济转型的核心是实现"创新驱动发展",关键在于提升企业的自主创新能力(路风,余永定,2012)。我国企业技术创新进步很快,在创新投入、活动和产出等方面都有着巨大的进步(张树良,马建华,2009),如企业 R&D 经费支出占 GERD 的比例在来源和支出上都超过了 70%。但是从实际情况来看,我国的企业在创新方面的竞争力与发达国家还存在一定的差距,核心技术受制于人,顶尖原创性创新成果较少,大部分企业仍是以引进技术和模仿产品为主。企业作为创新主体的地位已经基本得到确立但是学术界仍然存在争议,而对其内涵做进一步的梳理有益于更加明确如何健全创新主体的培育体系,加快升级企业创新能级。

　　"投入-产出"的理论分析框架在以往对于企业技术创新主体地位内涵的研究中发挥了主要作用,这一框架下对其内涵的探究主要是从研发投入和产出这两方面入手的。基于此,学者们不断丰富其研究内容和方法,对其内涵进行深入的研究,但是仍未形成统一的定义。不同学者对于企业创新主体地位有不同的见解,这就导致学术界对于企业创新主体地位是否已经确立产生了争议。然后,纵观相关文献研究,企业技术创新主体地位主要是基于企业技术创新体系展开的,具体包括企业内部创新体系,与其他企业、高校或科研院所合作创新体系,甚至包括区域与国家创新体系。

　　2012 年,中共中央、国务院印发的《关于深化科技体制改革加快国家创新体系建设的意见》中指出,充分发挥企业在技术创新决策、研发投入、科研组织和成果转化中的主体作用。明确指出了企业作为技术创新主体地位所应达到的具体要求。但是学术界对企业技术创新主体地位含义的讨论还没有休止。谷丰和张林(2017)认为在"双创"背景下,政府和市场定位清晰是进一步加强企业创新主体地位的前提,指出企业应发挥内源动力,全面推动创新驱动发展战略。周钟,熊焰,张林刚(2019)通过构建创新"结构-投入-绩效"的基础性 SIP 评价框架,以内蒙古企业为例,进行企业创新主体地位的分析。

在综合已有研究的基础上,本书认为浙江企业创新主体地位已基本形成。并且浙江围绕简化高新技术企业认定流程、加快推进优质企业上市、明确企业创新主体地位等方面着力破解体制机制障碍,保障企业更好的发挥创新主体。省发改委等部门出台文件,降低高新技术产业项目投资门槛,并将软投入纳入到高新技术企业总投资的操作办法,为高新技术企业发展提供了更为优渥的条件。同时,提升高校和科研院所创新能力,构建产学研合作创新长效机制。

二、浙江省完善创新主体培育体系路径

作为科技与经济发展紧密结合的载体,提升技术创新能力,强化技术创新主体地位,是企业深化科技体制改革的核心任务之一。浙江一直高度重视提升企业的自主创新能力,不断强化企业的创新主体地位。通过全省上下的共同努力,创新型省份建设取得了重大进展。2020 年,全省共有国家认定的企业技术中心 131 家(含分中心);新认定高新技术企业 6450 家,累计有效高新技术企业 22158 家;新培育科技型中小企业 16032 家,累计 69119 家。

(一)实施科技企业"双倍增"计划

深入实施"雄鹰行动""凤凰行动""雏鹰行动",实施企业技术创新赶超工程,完善梯次培育机制,实施"双倍增"行动计划,继续大力培育高新技术企业和科技型中小企业。大力培育"专精特新"企业,支持宁波打造全国制造业单项冠军之城。2015—2020 年,高新技术企业数量从 6437 家增长到 22158 家,科技型中小企业从 23930 家增长到 69119 家,高新技术企业数、净利润、上缴税费分居全国第 4 位、第 2 位、第 3 位,并呈现"五个百分之八九十"的格局,即企业的科技投入、科技人员、研发机构、承担的科技项目、授权的专利均占全省的 80%~90%。完善"创业苗圃—孵化器—加速器"的创新孵化链条,拥有各类科技企业孵化器 363 家,其中国家级 83 家;各类众创空间 709 家,其中国家级 163 家。

(二)健全研发投入激励机制

探索国企激励机制。浙江省国资委、杭州市国资委指导国有企业完善考核和薪酬机制,健全科技创新和成果转化激励制度,设立一次性特别奖励,奖励相关科技人员。

制定《浙江省全社会研发投入提升专项行动方案》,完善"指标排名、季度通报"制度,建立研发投入与科技资源配置相挂钩的机制,加大倒逼与激励力度。推广应用企业研发项目信息管理系统,完善系统功能,加大培训力度,有效解决"企业研发项目鉴定难、研发费用归集难、加计扣除核算难、税收优惠兑现难"的"四难"问题。截止到 2020 年底,系统上线企业已超过 4.9 万家,享受研发费用加计扣除额 1299 亿元、引导企业研发投入 1904 亿元。

全面增强企业自主研发能力,支持企业建设企业技术中心、重点企业研究院、工程研究中心、博士后和院士工作站等高水平研发机构,支持领军企业联合产业链上下游企业和高校、科研院所组建产业创新共同体,重点支持在三大科创高地的产业领域打造顶级科研机构,努力跻身全球领先地位。

(三)深化产业创新服务综合体建设

根据"科技新政",2018—2022 年省财政计划安排 38 亿元,省市县联动支持 100 个省级产业创新服务综合体建设,为块状经济和现代产业集群高质量发展提供全链条服务。截至 2020 年,全省已建和在建 138 个省级综合体。

浙江聚焦中小企业对公共创新服务的需求迫切,在国内首次建设产业创新服务综合体,建立以 KPI 指标体系为核心的建设运行机制,整合集聚技术研发、知识产权、成果转化、检验检测、人才招引、创新创业、科技金融等创新资源要素,打造一站式创新服务。累计建设省级综合体 138 家,共集聚创新服务机构 5494 家、引进大院名校 1184 家,为企业解决技术难题 2.1 万个,带动产业集群增加值增长 6.1%,成为浙江省推动产业、服务企业发展的重要载体,基本实现传统块状经济和现代产业集群"两个全覆盖",经验在全国推广。

(四)强化创新链产业链精准对接

以新一代信息技术、创新药物研发与精准医疗、关键战略材料为重点,促进基础研究、应用研究与产业化对接融通,推动数字经济、生物医药和新材料产业竞争力整体提升。组织实施产业基础再造和产业链提升工程,重点打造数字安防、集成电路、智能计算、网络通信、生物医药、炼化一体化与新材料等标志性产业链,加快产业链关键环节和协同创新项目建设,提升产业链自主可控水平。瞄准培育人工智能、航空航天、生物工程、量子信息、柔性电子、前沿新材料等未来产业,建立知识产权预警导航机制,加强科技创新前瞻布局,形成一批前沿科技成果,努力抢占发展制高点。

围绕数字安防、汽车及零部件、绿色化工、现代纺织和服装等世界级先进制造业集群和优势制造业集群,实施创新链贯通工程,全面提升自主创新能力和国际竞争力。实施"5G＋工业互联网"工程,加快 5G 技术在制造业领域的应用,打造工业互联网创新生态,推动以工业互联网改造产业链步伐。按照现代产业集群理念深化传统产业改造提升,以信息技术的应用和融合创新,推动制造方式创新、产品创新、业态创新和商业模式创新,建设一批未来工厂、数字工厂,打造一批高质量经典产业。

三、浙江地方的创新主体培育实践

浙江各地方在简化高新技术企业认定流程、加快推进优质企业上市、明确企业创新主体地位等方面推出了一系列措施。

(一)简化高新技术企业认定流程

建立高新技术企业认定简易流程,变多次审查为一次审查。进一步简化研发费用归集和核算管理流程,为企业提供加计扣除优惠政策"零次跑"的服务体验。提高研发费用核算的便捷性、及时性、准确性。

1.建设信息系统,便利企业申报

譬如,嘉兴市新建信息管理系统,实现企业研发项目资料管理信息化、项目鉴定网络化、辅助核算自动化和统计分析智能化,进一步简化研发费用归集和核算管理流程,为企业提供加计扣除优惠政策"零次跑"的服务体验。同时,嘉兴市率先在全省开发了"企业研究开发项目信息管理系统",实现了企业研发项目线上服务、数据共享、信息互通和工作联动。

2.整合申报流程,提高企业办事效率

新昌县将原先企业申报材料需国税、地税、科技等三个部门分别审核盖章简化为由县高企认定办统一审核盖章,简化审批流程,将由原先的企业自行准备安全生产、环保、质量无违规证明统一为认定办对接相关部门出具证明。

3. 常态化提供培训，为企业"少跑"打好基础

譬如杭州市全面持续开展高企申报辅导培训和申报预审工作，主动对接上级部门优化申报流程，争取工作支持。

(二)加快推进优质企业上市

浙江推进企业上市和并购重组，实施"凤凰行动计划"，不断提高直接融资的比重，加快优质企业上市的步伐。

1. 为企业上市提供制度保障

滨江区开展"百名干部联千企"活动，加快实施"百家上市公司"行动计划，研究出台了鼓励上市公司政策意见，建立政府专项支持经费，加强阶段性工作精准支持，努力形成拟上市公司梯队布局。

2. 积极拓展外部渠道扶持企业上市

滨江区建立上海证券交易所杭州服务基地、杭州高新区(滨江)企业上市培育基地，完成首批 42 家拟上市企业培训，并组织区内近 30 家上市企业高管进行了系统化培训。同时，与财通证券签署战略合作协议，为滨江区上市企业、拟上市梯队企业等提供一对一全流程顾问服务。联合上交所举办 400 余家企业参加的科创板主题培训。

(三)强化企业创新主体地位

夯实企业创新主体地位，积极推动科学研究向高精尖发展，加快应用基础研究成果转化，打通产学研用通道。

1. 开展产学研合作创新体制综合改革，加快校地合作示范区建设

譬如，余杭区建立高效顺畅的内部沟通机制，增强与高校合作的连续性和有效性，从项目合作上升到机制合作、整体战略合作，最终实现校地合作共赢。与高校共建研究生培养基地，先后与浙江大学、浙江农林大学共建基地，通过实施产学研联合导师团队构建等创新举措，探索高层次人才培养新模式。建立科技成果、技术难题双向推送机制。通过带企业到高校，请高校到企业，促进企业、高校院所研发团队接题解题。

2. 积极引导企业加大研发投入

余杭区对被认定为省级企业研究院、省级企业研发中心的企业分别奖励150 万元、50 万元，对被认定为区级及以上研发机构(包括科技、经信等政府部门认定的研发中心、技术中心、企业研究院)并符合相关条件的企业给予最高 200 万元的研发投入补助。

3.探索服务共享机制

余杭区与浙江江工业大学、杭州电子科技大学、浙江理工大学等高校签订合作协议,鼓励高校面向余杭企业开放各类科研设备,促进区校产学研合作,加快成果转移转化。

四、案例分析——浙江大华技术股份有限公司

浙江大华技术股份有限公司(以下简称大华股份),是全球领先的以视频为核心的智慧物联解决方案提供商和运营服务商。在全球安防视频监控市场占有率位列第二,民营企业位列第一。自主创新作为大华股份发展重要的源动力与核心竞争力,公司每年研发投入超过营业收入的10%。作为一家创新驱动型公司,技术创新是大华保持持续发展的最重要源动力。2020年,大华股份在视频核心技术和以人工智能为代表的新兴技术也取得了重大进展,并始终保持行业领先位置。其在加强企业创新能力的主要举措为。

1.提升产业链供应链稳定性竞争力

公司着眼国内外科技形态、行业竞争力和产业发展的战略布局,保持行业领军优势、智慧物联产业拓展及企业技术壁垒,持续加大的研发投入。计划实施《人工智能关键技术研发与产业化专项》《视频物联云与大数据研发与产业化专项》《超高清视觉感知关键技术研发与产业化专项》,构建公司技术的优势,培养产业人才,助力浙江省打造全球数字变革高地。

2.构建一流创新生态圈

与高校、科研院所积极开展合作。目前已有一项合作成果,项目名称为《视频多维多目标智能采集融合分析关键技术研究及其在公共安全领域的应用》。此项目通过视频多目标多维信息采集、多维精准识别、信息时空融合分析技术研究,实现全天候复杂场景视频采集、智能分析、多维全息模型构建。成果在公共安全等领域得到广泛应用,其中包括多项国家级重大工程和活动,取得了显著的经济和社会效益。

3.加快国产化自研工作

在研发、供应链等全领域积极布局并开展国产化自研工作,提升公司技术、产品与解决方案的抗风险能力,快速落实信创业务,目前桌面终端和服务器产品已入选目录。持续扩大国产化产品技术路线的覆盖范围和产品种类形态,计划实施《系列化国产服务器研发与产业化专项》满足业界对信创产品需求。通用服务器、智能服务器、存储服务器、行业服务器在内的四大

类高性能服务器产品。补齐国产服务器产业链短板,实现关键技术自主可控与产品领先。全力推动国产化软硬件生态在行业中更好地、更广泛地应用。

浙江省是全国数字安防高地,数字安防是浙江省数字经济的金名片,是实施数字经济"一号工程"2.0 版重要组成部分。大华股份作为数字安防行业的领军企业,将以自主创新为驱动,实现高质量发展新台阶。

第五节　强化科创金融服务体系

浙江正逐步实现从金融支撑科技创新,到科技、金融融通创新发展之路,从区域金融创新走向全域金融创新之路。浙江在健全科技创新金融服务体系方面有着自己独特的道路模式。本节以相关理论为基础,梳理总结出科技创新金融服务体系的浙江经验。

一、科技金融的内涵

科技金融的内涵较为丰富,学术界至今未形成统一的解释。本书通过梳理相关已有文献,谋求对科技金融的内涵做出一定的解释。"科技金融"一词产生于 20 世纪 80 年代的中国,但一直没有明确内涵。

赵昌文,陈春发,唐英凯(2009)首次提出科技金融的定义:科技金融是促进科技开发、成果转化和高新技术产业发展的一系列金融工具、金融制度、金融政策与金融服务的系统性、创新性安排,是由科学和技术创新活动提供金融资源的政府、企业、市场、社会中介机构等各种主体及其在科技创新融资过程中的行为活动共同组成的一个体系,是国家科技创新体系和金融体系的重要组成部分。房汉廷(2010)则从科技金融产生的目的角度来看,认为科技金融的产生是以培育高附加价值产业、创造高薪就业岗位、提升经济体整体竞争力为目标,是为了促进技术资本、创新资本与企业家资本等创新要素深度融合、深度聚合的一种新经济范式。冯永琦和邱晶晶(2021)认为,科技和金融结合会对地区产业结构高度化效率和产业结构合理化具有显著的改善作用,可以提高一线和二线城市产业结构高度化效率,促进三线城市产业结构高度化质量的提升。

综合以上研究,本书认为,科技金融政策有利于促进科技与金融的结合,属于产业金融范畴。科技产业与金融产业的融合,实质上是利用金融创新,高效可控地服务于科技创新创业的金融业态和金融产品。

二、浙江省强化科技创新金融服务体系路径研究

金融是血脉,科技是核心。高技术有了金融的支撑,才会做大做强。"新科技"正不断推动"新金融"走向迭代发展。浙江正逐步实现从金融支撑科技创新,到科技金融融通创新发展之路,从区域金融创新走向全域金融创新之路。浙江科技金融经验有以下几方面。

(一)加强金融供需渠道建设

通过"软创新"实现对科技企业融资需求的精准对焦。抓科技企业,精准化清单化管理。加强科技金融的有效供给,面向重点支持领域、科技资源密集区、金融机构,为企业发展的大田注入足量的活水。抓重点领域,激励性支持。财政科技资金的运用上,改"漫灌"为"滴灌"。设立浙江省中小企业发展(竞争力提升工程)专项资金,采取竞争法分配方式。围绕省委、省政府明确的中小微企业重点工作,选择某一重点领域,以市、县(市、区)为主体,开展竞争性遴选,安排一定资金择优在部分地区开展中小微企业竞争力提升专项激励。新设总规模为 20 亿元创新引领基金,重点投资对浙江省经济社会发展具有明显带动作用的重大创新项目和创新型企业,科创板重点培育企业,以及种子期、初创期、成长期等创业早期的科技型中小微企业和高新技术企业。

(二)打造科技金融融合载体

不断地吸引社会资本参与创新,抓"金融+"融合,推动成果产业化。浙江推出了"产学研用金、才政介美云"十联动的创新创业生态系统建设,即把产业、学术界、科研、成果转化、金融、人才、政策、中介、环境、服务十方面因素融合提升,打造一个创新创业的生态系统。浙江清华长三角研究院"一园一院一基金"模式作为优秀经验,全省推广。目前又在上述的基础之升级为"一园一院一基金一峰会",增加产业国际峰会,在产业链上下游项目整体规划和引入集聚产业集群基础上,汇聚行业大咖,共商行业发展大计。

(三)加强科技赋能金融

集聚科技金融创新人才、技术等要素,培育金融科技创新企业打造移动

支付之省和新兴金融中心。抓重点实验室建设,布局金融科技人才与技术,成立中国人民银行中钞区块链研究院、北京大学信息技术高等研究院、国际电联数字货币(中国)实验室、钱塘江金融港湾金融科技实验室,组建的"全球金融科技实验室联盟"与浙江省"金融科技产教融合联盟",搭建高校金融学科改革创新、金融人才教育、覆盖全球的金融数据库第三方投研和科技成果转化的多个平台。

三、浙江地方的健全科技创新金融服务体系建设实践

浙江各地方在深化科技金融改革、创新投贷联动模式、创新信贷担保等金融服务、发挥政府基金引导作用、加快科技金融机构发展等方面进行了一系列创新举措。各地的实践表明,在业务模式创新上,积极推动银行业支持高新技术企业,开展投贷联动试点;开展"贷款＋保险保障＋财政风险补偿"的专利权质押融资新模式。同时,积极探索创业投资试点,充分发挥创业投资在科技创新中的重要作用。在金融机构创新上,鼓励各银行设立科技支行、设立政策性融资担保公司等,为解决科技企业融资问题提供更大的空间。在融资服务创新上,缩短审批流程,组建金融组团,加快金融放贷速度,为科技企业融资提供良好的环境。

(一)深化科技金融改革

打通科技金融与区域创新的障碍,多层次探索科技金融产业发展新模式,不断深化科技金融改革。通过畅通科技金融服务链和政策链,搭建金融平台,加快金融集聚,培育具有地方特色的科技金融发展模式,不断优化金融发展的政策环节。

1.出台政策文件,优化科技金融发展环境

嘉兴市出台了《嘉兴市科技金融支持科技型中小企业发展的实施办法》,进一步完善科技金融信用服务、中介服务和协调机制;余杭区出台了支持金融总部机构发展等相关政策,加大对科技金融的扶持力度。

2.发挥地方优势,培育具有特色的科技金融发展模式

譬如,杭州市着力构建"无偿资助－政策担保－科技贷款－还贷周转－天使基金－引导基金－上市培育"科技金融服务链,形成了独具特色的"杭州模式";长兴县设立全省首个县域股权板块——浙江省股权交易中心"太湖科技板"(原"长兴科技板"),成立市场化运作的实体机构——太湖运营中心,积

极试点"区域股权市场＋县域经济"的合作新模式,从县域层面破题科技金融改革。

3.加快金融集聚

杭州市在玉皇山南基金小镇的基础上,谋划打造西溪谷互联网金融小镇;滨江区打造互联网金融服务特色小镇,支持高新区建设钱塘江金融港湾的重要创新基地。科技金融有效促进了高科技成果转化为生产力,支持传统行业的优化重组,促进产业链的整合,引导传统产业的剩余资本投资到新兴产业。同时,也带动了银行向有创投投资背景的企业发放贷款。

(二)创新投贷联动模式

创新投贷联动模式,化解科技型企业融资难问题,多元化探索企业投融资路径。通过引导银行开展投贷联动业务、引入战略投资者以及积极争取国家试点等举措,不断加快投贷联动的步伐。

1.积极引导银行开展投贷联动模式

譬如,新昌县出台银行业支持高新技术企业发展的专项政策,督促银行机构加大对科创企业信贷投放力度;长兴县通过政策引导和名单制推介,鼓励银行开展投贷联动业务。

2.有力推广"投贷联动"模式

在改革过程中,嘉兴市指导嘉兴银行、农业银行等借鉴上海市、杭州市等地银行的先进经验,先后引进了浙江科发资本管理有限公司、浙江浙科投资管理公司等战略投资者,共同开展合作,通过受益分成等形式,创新科技金融支持方式。

3.积极争取国家试点

杭州市出台科技金融机构贷款补助政策,鼓励支持在杭金融机构设立科技金融专营机构,支持银行开展投贷联动业务,加大对科技企业的信贷支持;余杭区加快推进投贷联动,争取将未来科技城纳入国家投贷联动试点地区。

(三)创新信贷担保等金融服务

支持金融服务创新,创新信贷担保等金融服务,着力强化政府"背书"功能,做好多种担保形式的服务工作,拓宽担保的模式,为科技型企业尤其是科技型小微企业的成长"保驾护航"。

1.着力强化政府"背书"功能

如嘉兴市明确政府性融资担保机构应重点支持符合产业政策导向、科技含量较高、成长性较强的小微企业,突出对科技型小微企业和拟股改、上市(挂牌)企业的服务,发挥政府的引导作用。

2.做好多种担保形式的服务工作

余杭区强化专利权质押登记、资产评估等流程性服务工作。设立政策性融资担保公司。2018年5月18日,依法设立余杭政策性融资担保公司,注册资金1亿元。2018年7月1日,余杭政策性融资担保公司与省担保集团签订合作协议,至2019年7月末,已发生合作业务1.4615亿元,有利于发挥增信分险作用。鼓励金融机构设立科技支行。未来科技城增设科技支行两家,招商银行高教路支行于2018年2月成立。

3.拓宽担保的模式

在风险可控、商业可持续的前提下,鼓励金融机构、非银行支付机构依法合规利用互联网技术为具有真实交易背景的跨境电商交易提供在线支付结算、在线小额融资、在线保险等一站式金融服务,解决中小微企业的融资难问题。

(四)充分发挥政府基金引导作用

加快科技资源的集聚,通过政府专项基金的引导作用,发挥好政府"看得见的手"的作用,努力建设高水平金融平台,做大科技金融产业。

1.充分结合政府产业基金和市场化项目,运作好基金

省政府和杭州市出台推进钱塘江金融港湾建设的政策意见,引导金融机构重点向钱塘江金融港湾集聚,支持金融龙头领军企业和金融高端人才招引、产业投融资引导、公共服务平台建设。余杭区金控加强与省金控天使梦想基金管理团队沟通交流,总结学习省天使梦想基金运作经验。

2.扩大政府引导基金规模

滨江区积极引进创投机构,鼓励创投机构利用资本市场支持区内科技型中小企业发展。充分发挥引导基金作用,通过采取战略合作、非同股同权、同股同权、合作基金等模式,发挥产业扶持基金在防范化解金融风险、解决企业融资难等方面的作用。现已阶段参股引导基金40支,基金总规模85.19亿元。

3.探索设立国家级创业投资综合改革实验区的工作方案

结合杭州市"一核两轴四路多点"打造国际金融科技中心的规划布局,滨江区正在调研完善《杭州高新区(滨江)创业投资改革试验区建设实施意见》,初步形成完善创业投资集聚机制、创投与科技创新的融合机制、创投与产业

发展的匹配机制。加强与区内银行的战略合作。

（五）加快科技金融机构发展

不断加快科技金融机构的发展速度，通过鼓励科技小额贷款公司、科技支行等金融机构发展、升级科技金融服务模式等方式，有力破解创新型、科技型中小企业的成长难题。

1. 鼓励科技小额贷款公司、科技支行等金融机构发展

嘉兴市制定出台《嘉兴市科技小额贷款公司管理办法（试行）》，明确对备案确认的科技小额贷款公司，在经营区域、机构设置、业务创新、持股比例等方面给予支持；余杭区依法设立余杭政策性融资担保公司，同时未来科技城增设科技支行两家。

2. 升级科技金融服务模式

滨江区鼓励银行机构在机构、人员、审批、风控、考核等方面不断探索拓展，形成各具特色的发展模式。吸引优质并购金融机构入驻与集聚，发挥钱江汇等并购基金的作用，鼓励企业根据发展需要开展境内外产业并购和产业链上下游并购，推动以获取高端技术、人才、品牌、营销渠道为目的的跨国并购。

四、浙商银行支持企业科技创新的案例分析

浙商银行股份有限公司是 12 家全国性股份制商业银行之一，于 2004 年正式开业。自成立以来，浙商银行一直着力打造"服务小企业"的商业品牌，开发了突破抵质押方式的"联保贷款""桥隧模式"等小企业业务产品，找准自身定位，不断做优做强。多年来，持续创新科技金融服务，通过出台配套政策、打造智能制造服务银行、创新人才银行金融服务、支持小微企业转型升级、破解科创型企业融资难题等多种举措，为浙江科技金融服务体系的高质量发展做出巨大贡献。

（一）出台配套政策支持企业科技创新

浙商银行坚决落实党中央国务院，浙江省委、省政府有关坚持创新驱动发展、发挥企业创新主体作用的决策部署，为支持企业科技创新提供政策支持。一是在授信基本政策中明确，要聚焦新一代信息技术、高端装备制造、生物医药和医疗器械、新材料、新能源等国家战略产业，优先支持生产或研发能力较强的优质企业；对省级中小企业主管部门认定或重点培育的"专精特新"

中小企业名单库中的企业给予重点支持。二是积极响应浙江省融资畅通工程,针对制造业企业出台经营资源专项补贴政策,确保经营资源供给;给予重点分行专项授信审批权限等差异化授信政策,进一步加大对制造业投放支持力度。三是对全省重点产业链协同创新项目建设提供下浮 10% 人民银行贷款基准利率,对"四个百项"重点技术改造示范等项目建设提供人民银行贷款基准利率。

(二)打造智能制造服务银行

服务"专精特新"优质制造业企业是浙商银行助力企业科技创新的重要方向。针对中小制造业企业在转型升级过程中普遍面临的融资难、担保难、上下游之间由于信任问题导致的交易难等问题,联合各级政府、经信部门,应用区块链技术,在业内首创智能制造全流程系统性金融解决方案,探索出一套"融资、融物、融服务"的综合金融服务模式。一是针对智能制造实施企业和工业信息工程公司之间供需双方信息不对称、相互不信任、交易难达成的难题,创新推出履约见证服务。二是针对中小智能制造企业有意愿进行技术改造,但又面临一次性投入大、成本回收期限长的痛点,浙商银行与租赁公司合作,通过引入区块链电子金融工具,将应付租金改造成为可支付、可流转、可拆分的"区块链应收款"电子金融工具,帮助中小企业仅支付定金就可以拿到设备,缓解中小企业智能制造"投不起"的烦恼。三是针对企业智能制造实施以后,订单增多,采购原材料、组织生产需要的日常流动性资金需求扩大等难题,创新搭建"池化融资平台"等流动性服务平台,通过盘活企业存量资产,保障其组织生产的流动资金需求等。截止到 2020 年末,浙商银行已累计为全国 1800 余户智能制造企业提供融资超 4500 亿元,其中服务省内智能制造企业 900 余户,累计融资超过 1700 亿元。

(三)创新人才银行金融服务

经济的竞争、科技的竞争,归根到底是人才的竞争。浙商银行围绕浙江省委、省政府人才工作总体要求,在省委组织部和省金融办的倡议和指导下,于 2016 年 5 月推出"人才银行"服务,是全国首个专门针对高层次人才的金融服务品牌。

在服务方式上,针对高层次人才创业多在高科技的新兴行业,研发周期长、资金耗用大、没有固定资产等特点,创新推出"人才支持贷"专属信贷产品。对于创业初期的人才客户,凭借人才证明文件、商业计划书和营业执照,就可以申请最高 1000 万元的信用贷款,无需抵押,流程简便,从提交贷款申请到资金到账平均只要三天时间,贷款资金可以线上提款、实时到账、随借随还,不仅用款方便,而且切实减少了企业的融资额度和使用天数,降低了融资成本。对于产品已经研发成功,但需要资金扩大生产的,可申请最高 5000 万元的信用贷款,业务审批享受绿色通道。此外,浙商银行还创新"分销通"服务模式,通过为人才企业下游客户或经销商提供全线上化融资便利,加速人才企业货款回笼,助力人才企业快速搭建销售体系,实现业绩增长;设立 3 亿元的人才银行专项基金,为不同发展阶段的人才客户提供针对性的股权融资等。

"人才银行"最早从杭州玉泉支行试点,后续由点及面逐步扩大范围,目前试点分行包括杭州、北京、南京、武汉、成都、深圳等 13 家分行,其中浙江省内已实现 11 个地市全覆盖。截止 2020 年末,人才银行累计服务客户 600 余户,服务授信客户 302 户,累计授信金额 110.12 亿元。服务的客户主要集中在生物医疗、信息技术和高端制造行业等国家重点扶持的战略新兴产业,其中 12 家已上市,15 家处于上市准备阶段,13 家被列入独角兽或准独角兽企业名单。

(四)支持小微企业转型升级

浙商银行从 2006 年开始探索小企业业务专营化之路,已形成较为成熟的小企业业务产品研发、风险管理、团队建设运行体系,小企业业务规模及品牌优势日益凸显。近年来,浙商银行凭借多年来积累的业务准入和贷后管理经验,找准小微企业金融服务突破口,以科技类新兴行业小企业客户为目标客群,围绕大数据、物联网、电子信息、浙江省智能制造等新兴行业,为小微企业转型升级提供融资服务。一是持续保持信贷资源支持力度。积极履行服务实体经济职责担当,聚焦在重点核心技术攻关中发挥作用的科技型小企业,配足专项信贷资源,将金融活水更多流向科技创新、产业转型升级等领域。二是创新产品和服务,支持小微企业科技创新。针对小微企业在科技研发、市场开发等转型升级中的融资需求,综合运用"智造贷""创业助力贷""双创菁英贷"等系列金融产品,为小微企业提供一揽子金融服务方案。截止到 2020 年末,累计服务浙江省内小微企业转型升级超过 2000 户,贷款余额约 7 亿元。三是借助互联网和大数据应用等手段,实现贷款线上申请、线上审批、精简审批等,提升审批效率,加强对小企业精准"滴灌"式融资供给,全面提升客户线上服务能力,提高业务办理效率,满足客户多元化金融服务需求。截止至 2020 年末,通过线上方式累计服务浙江省内小微企业超 3 万户,贷款余额 252.30 亿元。

(五)助力破解科创型企业融资难题

积极运用北京金融资产交易所债权融资计划,助力科创企业挂牌创投债,解决企业项目股权融资问题。该创投债主要聚焦科技创新推出的新品种,重点支持半导体、集成电路等国家核心前沿科创领域。2020 年 11 月,浙商银行通过北京金融资产交易所为上海某半导体企业以创投债的形式挂牌 1 亿元债权融资计划,期限三年,募集资金专项用于其开展的半导体项目的股权投资。同时,积极参与北金所举办的"北金所债权融资计划助力长三角 G60 科创走廊建设"等主题交流会,积极推动金融支持长三角 G60 科创走廊科创企业、先进制造业企业高质量发展。

参考文献

Autio E. Evaluation of R&D in Regional Systems of Innovation[J]. European Planning Studies,1998,6(2):131-140.

Andersson M,Karlsson C. Regional Innovation Systems in Small & Medium Sized Regions:a Critical Review & Assessment[C]//Sweden:JIBS Working Paper Series,2002(2):72-83.

Autantbernard C. Where do firms choose to locate their R&D? A spatial conditional logit analysis on French data[J]. European Planning Studies, 2006,14(9):1167-1170.

Adner R. Match your innovation strategy to your innovation ecosystem[J]. Harvard Busines Review,2006,84(4):98.

Bathelt H. Clusters andknowledge:local buzz,global pipelines and the process of knowledge creation[J]. Progress in HumanGeography, 2004, 28 (1): 31-56.

Bathelt H, Malmberg A, Maskell P. Clusters and knowledge: local buzz, global pipelines and the process of knowledge cre ation[J]. Progress in Human Geography,2004,28(1):31-56.

Bengtssona M, Slvell R. Climate of competition, clusters and innovative performance[J]. Scandinavian Journal of management. J. Mgmt,2004, 20:225-244.

Bode E. The spatial pattern of localized R&D spillovers:an empirical investigation for Germany[J]. Journal of Economic Geography,2004(4):43-64.

Braczyk H J,Coke P,HeidenreichM. Regional innovation systems:therole of governanceina globalized world[M]. London:UCL Press,1998.

Buck T. Innovation performance and channels for international technology spillovers: evidence from Chinese high-tech industries [J]. Research

Policy,2007,36(2):355-366.

Brett Anitra Gilbert,Patricia P. McDougall,David B. Auretsch. Clusters,Knowledge Spillovers and New Venture Performance: An Empirical Examination[J]. Journal of Business Venturing,2007(3):1-18.

Bode E. The spatial pattern of localized R&D spillovers:an em-pirical investigation for Germany[J]. Journal of Economic Geography,2004(4):43-64.

Boschma R,Lambooy J G,Schutjens V. Embeddedness and innovation[C]// Taylor M, Leonard S, eds. Embedded Enterprise and Social Capital. International Perspectives,2002:19-35.

Broekel T. The co-evolution of proximities-a network level study[C]//Utrecht University,Section of Economic Geography,2012:921-935.

Coe N,Hess M,Yeung H,Dicken P,et al. Globalizing Regional Development:A Global Production Networks Perspective[J]. Transactions of the Institute of British Geographers,2004,29(4):468-484.

Carland J. Innovationg: The soul of entrepreneurship[J]. Small Business Institute National Proceedings,2009,33(1):173-184.

Cirillo V,Martinelli, A, Nuvolari, A. , et al. Only one way to skin a cat? Heterogeneity and equifinality in European national innovation systems [J]. Research Policy,2019,48(4),905-922.

Coe N,Hess M,Yeung H,Dicken P,et al. Globalizing Regional Development:A Global Production Networks Perspective[J]. Transactions of the Institute of British Geographers,2004,29(4):468-484.

Cooke P,Heidenreich M,Braczyk H J. Regional innovation system:therole of governance inaglobalized world[M]. London:UCLPress,2004.

Doloreux D: What We Should Know about regional systems of innovation [J]. Technology in Society,2002,24 (3):243-263.

Ernst D,Kim L. Global production networks,knowledge diffusion and local capability formation[J]. Research Policy,2002,31(8/9):1417-1429.

Executive Office of the President. A strategy for American innovation:driving towards sustainable growth and quality jobs[EB/OL]. [2018-05-03]. http:// files. eric. ed. gov/fulltext/ED511653. pdf.

Folta T B,Cooper A C,Baik Y S. Geographic cluster size and firm performance [J]. Journal of Business Venturing,2006,21.

Gilbert B A, Mcdougall P P, Audretsch D B. Clusters, knowledge spillovers and new venture performance: An empirical examination[J]. Journal of Business Venturing, 2008, 23(4): 405-422.

Hart D, Simmie, J. Innovation, Competition and the Structure of Local Production Networks[J]. Local Economy, 1997(2): 16-28.

Iansiti M, Levien R. Strategy as ecology[J]. Harvard Busines Review, 2004, 82(3): 68-81.

Kenneth J. Arrow. The Economic Implications of Learning by Doing[J]. The Review of Economic Studies, 1962, 29(3): 35-49.

Liu X H, Buck T. Innovation performance and channels for international technology spillovers: evidence from Chinese hightech industries[J]. Research Policy, 2007, 36(2): 355-366.

Moreno R, Paci R, Usai S. Innovation clusters in the European regions[J]. European Planning Studies, 2006, 14(9): 1235-1264.

National Economic Council. A strategy for American innovation: securing our economic growth and prosperity[EB/OL]. [2018-08-03]. https://obamawhitehouse. archives. gov/sites/default/files/uploads/Innovation Strategy. pdf.

National Center for Science and Engineering Statistics (NCSES). Federal R&D obligations increase 3% in FY 2017: research obligations decrease slightly while those for development increase 7%[EB/OL]. [2018-08-03]. https://www. nsf. gov/statistics/2018/nsf18311/nsf18311. pdf.

OECD. Managing National Innovation System[M]. Paris: OECD, 1999.

Robert M. Solow A. Contribution to the Theory of Economic Growth[J]. The Quarterly Journal of Economics, 1956, 70(1): 26-41.

Slavo R. Regional Innovation Systems in Central and Ea stern Europe: Determinants, Organizers and Alignments[J]. Journal of Technology Transfer, 2002, 27(3): 87-96.

Stefan K. European-German efforts and policy evaluation in regional innovation [R]. Holland: University Utrecht Fraunhofer Institute Systems and Innovation Research, 2004: 1-25.

Sharif N. Emergence and development of the national innovation systems concept[J]. Research Policy, 2006, 35(5): 745-66.

Schumpeter,Joseph A. Business Cycles:A Theoretical,Historical,and Statistical Analysis of the Capitalist Process[M]. Vol. I & Vol. II,New York:McGraw-Hill Book Company Inc. ,1923 /1939.

Scott A,Storper J M. High Technology Industry and Regional Development:A Theoretical Critique and Reconstruction[J]. International Social Journal,1987(5):189-197.

Wang P. An integrative framework for understanding the innovation ecosystem[C]. Proceedings of the Conference on Advancing the Study of Innovation and Globalization in Organizations,2009.

Yeung W C,Coe N M. Toward a Dynamic Theory of Global Production Networks[J]. Economic Geography,2015,91(1):29-58.

阿瑟. 技术的本质:技术是什么,它是如何进化的 [M].曹东溟,王健,译.杭州:浙江人民出版社,2014.

奥尔森.集体行动的逻辑[M].剑桥:哈佛大学出版社,1965.

毕宁,沈曦.改革开放四十年浙江建设创新强省、人才强省成就[J].统计科学与实践,2018(12).

北京市地方志编纂委员会.北京志·开发区卷·中关村科技园区志[M].北京:北京出版社,2008.

薄一波.若干重大决策与事件回顾:下卷[M].北京:中共中央党校出版社,1991.

曹方,王楠,何颖.我国四大综合性国家科学中心的建设路径及思考[J].科技中国,2021(2).

长城企业战略研究所.我国高新区全面进入国际化发展新阶段[J].新材料产业,2017(6).

陈德宁,沈玉芳.区域创新体系理论研究综述[J].生产力研究,2004(4).

陈浩.习近平科技创新观及其时代价值研究[D].长春:东北师范大学,2019.

陈洪波.中国共产党科学发展思想研究[M].北京:群言出版社,2007.

陈健,高太山,柳卸林,等.创新生态系统:概念、理论基础与治理[J].科技进步与对策,2016(17).

陈劲,吴航,刘文澜.中关村:未来全球第一的创新集群[J].科学学研究,2014(1).

谌凯,王立军,方红,等.全国科技体制改革政策比较及其对浙江的启示[J].江苏科技信息,2016(7).

陈强,余伟.创新驱动发展国际比较研究[M].上海:同济大学出版社,2015.

陈万求.中国传统科技伦理思想研究[M].长沙:湖南大学出版社,2008.

陈志恒.失去的十年:日本经济的长期低迷及成因[J].现代日本经济,2007(1).

长三角一体化:推动科技创新共同体建设[J].华东科技,2021(1).

代瑞红,和金生,张自强.基于产业集群的高新区发展研究[J].现代管理科学,2009(6).

丁厚德.产学研合作是建设国家创新体系的基本国策[J].清华大学学报(哲学社会科学版),1998(3).

邓小平文选(第2卷)[M].北京:人民出版社,1994

邓小平文选(第3卷)[M].北京:人民出版社,1993

邓楠.营造创新政策环境建设国家创新体系[J].中国科技报,1999(2).

董微微.中关村创新集群的演化过程剖析及启示——基于复杂网络视角[J].工业技术经济,2014(11).

杜伟.关于技术创新主体问题的理论分析与实证考察[J].经济评论,2004(3).

弗里曼.日本:一个新国家创新系统[M].G·多西等编.钟学义等译.技术进步与经济理论.北京:经济科学出版社,1992.

樊继达,石建国.芬兰的国家创新驱动战略[N].学习时报,2016-7-2.

范内瓦·布什.科学:无尽的前沿[M].崔传刚,译.北京:中信出版社,2021.

方兴东,杜磊.中关村40年:历程、经验、挑战与对策[J].人民论坛·学术前沿,2020(23).

方卫华.创新研究的三螺旋模型:概念、结构和公共政策含义[J].自然辩证法研究,2003(9).

方新,柳卸林.我国科技体制改革的回顾及展望[J].求是,2004(5).

方新.中国科技体制改革——三十年的变与不变[J].科学学研究,2012(10).

房汉廷.关于科技金融理论、实践与政策的思考[J].中国科技论坛,2010(11).

冯之浚.国家创新系统的理论与实践[M].北京:经济科学出版社,1999.

冯永琦,邱晶晶.科技金融政策的产业结构升级效果及异质性分析——基于"科技和金融结合试点"的准自然实验[J].产业经济研究,2021(2).

傅家骥.技术创新学[M].北京:清华大学出版社,2003.

傅志才.新区建设与管理中的政府角色定位研究[D].武汉:华中科技大学,2004.

高春东,魏颖,金凤君.国家高新区发展定位和思路探讨[J].中国行政管理,2019(3).

郭彩云,刘志强,曹秀丽.科技创新人才创新绩效指标体系构建与评价——基于 SPSS 与隶属度转换算法[J].工业技术经济,2016(4).

郭金花,郭淑芬.创新人才集聚、空间外溢效应与全要素生产率增长——兼论有效市场与有为政府的门槛效应[J].软科学,2020(9).

郭熙保,王翊.现代经济增长理论的演进历程[J].当代财经,2001(4).

郭玥.浅析中小企业贷款的风险控制——基于浙商银行"联保贷"的分析[J].中国商贸,2011(21).

郭占恒.创新:浙江发展的灵魂和动力[J].浙江经济,2017(22).

谷丰,张林.强化企业的技术创新主体地位[J].宏观经济管理,2017(3).

国新办举行深入实施创新驱动发展战略 加快建设创新型国家发布会 https://www. xuexi. cn/lgpage/detail/index. html? id＝8063932959862996515&item_id＝8063932959862996515.

国新办就《新能源汽车产业发展规划（2021—2035 年）》情况举行吹风会 https://www. xuexi. cn/lgpage/detail/index. html? id＝423272592114251304&item_id＝423272592114251304

国新办举行深入实施创新驱动发展战略 加快建设创新型国家发布会 https://www. xuexi. cn/lgpage/detail/index. html? id＝8063932959862996515&item_id＝8063932959862996515

郝立勤,赖于民.公共科技基础条件平台建设与政策探讨[J].科学学研究,2006(S1).

何虎生.内涵、优势、意义:论新型举国体制的三个维度[J].人民论坛,2019(32).

霍丽霞,王阳,魏巍.中国科技人才集聚研究[J].首都经济贸易大学学报,2019(5).

霍影.经济体制改革、科技体制改革与战略性新兴产业协同发展机制研究[J].科技进步与对策,2013(11).

贺灿飞,郭琪,马妍等.西方经济地理学研究进展[J].地理学报,2014(8).

洪冰冰,张晓丽.1949—1956 年我国的科技战略思想浅探[J].安徽广播电视大学学报,2010(4).

洪银兴.科技创新中的企业家及其创新行为——兼论企业为主体的技术创新体系[J].中国工业经济,2012(6).

胡锦涛文选(第 3 卷)[M].北京:人民出版社.2016.

胡锦涛.坚持走中国特色自主创新道路为建设创新型国家而努力奋斗——在

全国科学技术大会上的讲话[M].北京：人民出版社，2006.

胡曙虹，黄丽，杜德斌.全球科技创新中心建构的实践——基于三螺旋和创新生态系统视角的分析：以硅谷为例[J].上海经济研究，2016(3).

胡强.列宁科技观研究[D].武汉：华中师范大学，2016.

胡萍，何丹，卢姗.日本技术创新模式的转型及相关政策研究[J].科技与经济，2007(3).

伦德瓦尔.创新是一个相互作用的过程：从用户与生产者的相互作用到国家创新体制[M].G·多西等编.钟学义等译.技术进步与经济理论.北京：经济科学出版社，1992.

雷家骕.建立自主创新导向的国家创新体系[J].中国科技产业，2007(3).

雷茜，唐菲.区域创新体系理论文献综述[J].中外企业家，2009(10).

雷少华.超越地缘政治——产业政策与大国竞争[J].世界经济与政治，2019(5).

李娣，任宇.新中国70年科学技术进步与创新发展研究[J].全球化，2020(1).

李玲.创新驱动发展战略背景下江苏省创新效果评价[J].江苏商论，2021(1).

李建民.战后日本科技政策演变：历史经验与启示[J].现代日本经济，2009(4).

李晔.新竹科学工业园区与中关村科技园区发展模式的比较分析[D].天津：天津大学，2005.

李明，刘松涛.从立国到兴国——试论毛泽东的科技创新思想[J].毛泽东思想研究，2010(7).

李文增.战略性新兴产业发展的现代金融服务体系研究——以天津滨海高新区的发展为例[J].天津师范大学学报(社会科学版)，2010(5).

李斌，裴大茗，廖镇.国家科技创新平台建设的思考[J].实验室研究与探索，2016(4).

李敏，郭群群，雷育胜.科技人才集聚与战略性新兴产业集聚的空间交互效应研究[J].科技进步与对策，2019(22).

李金华.世界制造强国创新战略与行动新动向[J].中国社会科学报，2019-07-05(4).

李鸿炜，崔玉亭.以色列奖励制度在其创新战略中的作用及启示[J].全球科技经济瞭望，2018(4).

李乃文，李方正.创新型科技人才集聚效应研究[J].徐州工程学院学报(社会科学版)，2012(2).

李平.改革开放40年科技体制改革发展历程[N].经济日报，2018-09-13.

李葳，王宏起.区域科技创新平台体系建设与运行策略[J].科技进步与对策，

2012(6).

李侠.障碍、协调与国家科学顾问委员会——关于科技体制改革的一些思考[J].科学与社会,2012(3).

李啸,朱星华.广东科技创新平台建设的经验与启示[J].中国科技论坛,2007(9).

李万,常静,王敏杰等.创新3.0与创新生态系统[J].科学学研究,2014(12).

李兴权,徐永昌.中国科技促进发展研究中心研究报告[现中国科学技术发展战略研究院调研报告].1995(20).

李兆友,远德玉.论技术创新主体[J].自然辩证法研究,1999(5).

李兆友.论技术创新主体间的协同[J].系统辩证学学报,2000(2).

李振.大国竞争格局下新型举国体制的实践与完善——以中国移动通信产业发展为例[J].国家治理,2020(4).

刘兰,徐来冬,王铁成.美国创新战略的基本原则探析[J].现代管理科学,2017(5).

刘红玉,彭福扬.创新理论的拓荒者[M].北京:人民出版社,2013.

刘敏,张伟.科技创新人才概念及统计对象界定研究——以甘肃为例[J].西北人口,2010(1).

刘肖肖,宋瑶瑶,张富娟,等.德国高科技战略对我国科技发展规划的启示[J].科技管理研究,2018,38(12).

柳卸林,孙海鹰,马雪梅.基于创新生态观的科技管理模式[J].科学学与科学技术管理,2015,36(1).

刘雪芹,张贵.创新生态系统:创新驱动的本质探源与范式转换[J].科技进步与对策,2016,33(20).

刘颖.构建多元化创新科技人才评价体系[J].中国行政管理,2019(5).

刘元芳,彭绪梅,彭绪娟.基于创新三螺旋理论的我国创业型大学的构建[J].科技进步与对策,2007(11).

刘宇濠,曾国屏.创新集群理论视角及中关村、张江和深圳高新区发展路径比较[J].特区经济,2012(10).

梁莉.对高科技企业金融市场融资模式的比较研究[J].时代经贸(下旬刊),2008(9).

梁正.从科技政策到科技与创新政策——创新驱动发展战略下的政策范式转型与思考[J].科学学研究,2017(2).

廖志豪.创新型科技人才素质模型构建研究——基于对87名创新型科技人才

的实证调查[J].科技进步与对策,2010(17).

列宁选集(第1卷)[M].北京:人民出版社,1995

列宁全集(第40卷)[M].北京:人民出版社,1986.

林建华,李攀.新型举国体制"新"在何处[N].北京日报,2019-07-15.

路风,余永定."双顺差"、能力缺口与自主创新——转变经济发展方式的宏观
　　和微观视野[J].中国社会科学,2012(6).

罗伟.中国科技体制改革可能需要换个思路[J].科学与社会,2012(3).

罗梓超,刘如,董晓晴.韩国5G+产业发展计划:以5G为核心的全球信息产
　　业发展促进[J].情报工程,2020(5).

罗伯特·M·索洛.经济增长因素分析[M].北京:商务印书馆,1991.

罗崇敏.论技术创新[M],北京:经济日报出版社,2002.

陆静超.经济增长理论的沿革与创新——评新古典增长理论与新增长理论
　　[J].哈尔滨工业大学学报(社会科学版),2004(9).

计海庆."创新"和"发明"的哲学分野——从熊彼特的创新理论说起[J].理论
　　界,2008(3).

江泽民文选(第1卷)[M].北京:人民出版社,2006.

江泽民.论科学技术[M].北京:中央文献出版社,2001.

江兵.论我国科技体制的改革历程[J].经济体制改革,2000(S1).

连玥晗.经济增长理论演进文献综述[J].经贸实践,2017(15).

马克思.1844年经济学哲学手稿[M].北京:人民出版社,1985.

马克思.政治经济学批判[M].北京:人民出版社,1955.

马克思恩格斯选集:第1卷[M].北京:人民出版社,1995.

马克思,恩格斯.马克思恩格斯全集:第2卷[M].北京:人民出版社,1957.

马克思,恩格斯.马克思恩格斯选集:第3卷[M].北京:人民出版社,1995.

马克思,恩格斯.马克思恩格斯全集:第4卷[M].北京:人民出版社,2007:135.

马克思,恩格斯.马克思恩格斯全集:第12卷[M].北京:人民出版社,1979.

马克思,恩格斯.马克思恩格斯全集:第22卷[M].北京:人民出版社,1972.

马克思,恩格斯.马克思恩格斯全集:第23卷[M].北京:人民出版社,1972.

马名杰,张鑫.中国科技体制改革:历程、经验与展望[J].中国科技论坛,
　　2019(6).

马宁.企业主导型产学研合作中科技资源配置模式研究[J].研究与发展管理,
　　2006(5).

马忠玉.进一步有效推进我国科技创新发展的问题建议.中国科学技术发展

战略研究院.国家创新指数报告[J].求是,2018(4)

毛泽东文集:第3卷[M].北京:人民出版社,1996.

毛泽东选集:第4卷[M].北京:人民出版社,1991

毛泽东文集:第6卷[M].北京:人民出版社,1999.

毛泽东文集:第7卷[M].北京:人民出版社,1999.

穆荣平.国家创新体系与能力建设的有关思考[J].中国科技产业,2019(7).

纳尔逊.美国支持技术进步的制度[M].G·多西等编.钟学义等译,技术进步与经济理论.北京:经济科学出版社,1992.

牛萍,唐梦雪,瞿群臻.高层次科技创业人才及其创业企业的成长特征、瓶颈及对策[J].中国科技论坛,2021(2).

邱丹逸,袁永.日本科技创新战略与政策分析及其对我国的启示[J].科技管理研究,2018(10).

邱爱华."熊彼特创新理论"对中国创新发展的启示[J].对外经贸,2020(7).

彭川宇.城市科技创新人才集聚与开发模式研究[J].现代经济信息,2011(9).

彭华涛.科技体制改革演进过程中的科技创新规律——基于《人民日报》1985—2013年标题的文本分析[J].科学学研究,2014(9).

邵铭康,李刚,刘国亮.关于创新型科技人才[J].成都理工大学学报(自然科学版),2003(1).

盛楠,孟凡祥,姜滨,等.创新驱动战略下科技人才评价体系建设研究[J].科研管理,2016(1).

盛世豪.发展模式转型的立足点与基本特征[J].浙江经济,2005(9).

盛世豪.创新强省与发展模式转型[J].浙江经济,2007(15).

盛世豪.国家创新体系的内涵及运行机制[J].科学学与科学技术管理,1995(6).

石景云.现代经济增长理论的演进[J].经济评论,2001(3).

宋思丽,陈向东.我国四大城市区域创新空间极化趋势的比较研究[J].中国软科学,2009(10).

宋瑶瑶等.美国创新战略分析及其对我国科技规划的启示[J].全球科技经济瞭望,2018(9).

孙梁,韦森.重温熊彼特的创新驱动经济周期理论[J].济南大学学报(社会科学版),2020(4).

孙思捷.我国三螺旋创新理论研究综述[J].科技经济市场,2020(11).

孙芙蓉.沿着清晰的目标和定位前行——访浙商银行行长龚方乐[J].中国金

融,2009(16).

孙庆,王宏起.地方科技创新平台体系及运行机制研究[J].中国科技论坛,
2010(3).

苏铮,李丽.发挥新型举国体制优势解决装备"卡脖子"问题的研究[J].制造技
术与机床,2021(1).

单寅.白宫发布《创新美国新战略》九大领域引爆新增长[J].世界电信,
2016(1).

赛迪智库政策法规研究所.全球典型发达国家制造业创新政策研究[J].中国
计算机报,2021(10).

拓晓瑞,曹银华,徐久香.广东新型举国体制科研模式的实践与发展[J].科技
管理研究,2021(2).

谈力.日本创新驱动发展轨迹与政策演变及对广东的启示[J].科学管理研究,
2016(5).

谭谊,彭艺,侯勇.基于创新能力差异的国家高新区发展阶段及发展策略研究
[J].湖南社会科学,2012(4).

谭文华,郑庆昌.论国家和地方科技条件建设的分工与互补关系[J].科学学与
科学技术管理,2007(4).

童晶.成都高新区探索创新驱动发展新路径[J].成都行政学院学报.2018(6).

吴敏.基于三螺旋创新理论的区域创新系统研究[J].中国科技论坛,2006(1).

汪海凤,赵英.我国国家高新区发展的因子聚类分析[J].数理统计与管理,
2012(2).

汪涛,李丹丹.知识网络空间结构演化及对 NIS 建设的启示——以我国生物
技术知识为例[J].地理研究,2011(10).

魏颖,张军,曹方,等.成渝地区双城经济圈国家高新区高质量发展研究[J].科
技管理研究,2021(4).

魏素敏,顾玲琍.上海张江示范区创新发展的借鉴与思考[J].科技中国,
2019(6).

魏旭,张艳.知识分工、社会资本与集群式创新网络的演化[J].当代经济研究,
2006(10).

王子丹,袁永.基于典型创新指数的德英法创新能力分析[J].科技管理研究,
2020(1).

王立军,王书宇.四大综合性国家科学中心建设做法及启示[J].杭州科技,
2020(6).

王来军.基于创新驱动的产业集群升级研究[D].北京:中共中央党校,2014.

王皓田.深化科技体制改革要注重发挥"新型举国体制"的制度优势[J].中国经贸导刊,2020(23).

王春法.国家创新体系的八个基本假定[J].科学学研究,2003(10).

王楚君,许治,陈朝月.科技体制改革进程中政府对基础研究注意力配置——基于中央政府工作报告(1985—2018年)的话语分析[J].科学学与科学技术管理,2018(12).

王德华,刘戒骄.国家创新系统中政府作用分析[J].经济与管理研究,2015(4).

王凯,邹晓东.由国家创新系统到区域创新生态系统——产学协同创新研究的新视域[J].自然辩证法研究,2016(09).

王丹,鲁刚.多元化企业科技创新人才培养与激励机制探析[J].中国人力资源开发,2015(22).

王松,胡树华,牟仁燕.区域创新体系理论溯源与框架[J].科学学研究,2013(3).

王广民,林泽炎.创新型科技人才的典型特质及培育政策建议——基于84名创新型科技人才的实证分析[J].科技进步与对策,2008(7).

王聪,何爱平.创新驱动发展战略的理论解释:马克思与熊彼特比较的视角[J].当代经济研究,2016(7).

王维国,杜修立.现代经济增长理论及实证研究述评[J].财经问题研究,2003(8).

王建军,张利庠.企业要真正成为技术创新主体[J].技术经济与管理研究,2001(5).

王天骄.论技术转化成本与中国科技体制改革[J].生产力研究,2014(2).

王黎明,王宁.人才集聚、科技创新与经济高质量增长的交互效应——基于省级面板数据VAR模型的实证分析[J].河南师范大学学报(哲学社会科学版),2021(1).

王胜光,朱常海.中国国家高新区的30年建设与新时代发展——纪念国家高新区建设30周年.中国科学院院刊,2018(7).

王伟,王海斌.科技型组织人才集聚效应研究[J].大连理工大学学报(社会科学版),2019(4).

魏江林.探究科技金融的定义、内涵与实践[J].智库时代,2018(4).

武力.发挥新型举国体制优势 强化国家战略科技力量[N].中国纪检监察报,2020-12-24.

吴家睿. 新中国主要科技政策纪事：1949—1989[J]. 中国科技史料，1989(3).

西奥多·舒尔茨. 论人力资本投资[M]. 吴珠华，等译. 北京：北京经济学院出版社，1990.

习近平. 中共中央关于制定国民经济和社会发展第十四个五年规划和二〇三五年远景目标的建议，2020.

习近平. 努力成为世界主要科学中心和创新高地[J]. 求是，2021(3)

习近平：培育更多具有自主知识产权和核心竞争力的创新型企业，http://ip. people. com. cn/n1/2018/0309/c179663-29857192. html.

解佳龙，胡树华，王利军. 高新区发展阶段划分及演化路径研究[J]. 经济体制改革，2016(3).

萧鸣政，张相林. 高层次科技创新人才评价的问题与对策[J]. 第一资源，2012(3).

肖云忠. "八八战略"与浙江模式的转型发展[J]. 观察与思考，2018(8)

谢永琴. 产业集群理论与我国高新区发展研究[J]. 生产力研究，2004(10).

熊彼特. 经济发展理论[M]. 何畏，易家详，等译. 北京：商务印书馆，2009.

熊彼特. 资本主义、社会主义和民主[M]. 杨中秋，译. 北京：电子工业出版社，2013.

徐芳. 张换兆. 美国的大国创新战略布局及对我国的启示[J]. 全球科技经济瞭望，2016(9)：1-5.

徐坚成. 优化创业型创新人才发展环境的对策研究[J]. 科技管理研究，2012(3).

薛光明. 创新理论的发展与反思：一个理论综述[J]. 经济论，2017(12)：145-151.

许强，葛丽敏. 行业科技创新平台的虚拟组织运行模式研究[J]. 科技进步与对策，2009(2)：49－51.

薛昱，张文宇，杨媛，等. 基于匹配模型的科技创新人才评价[J]. 技术经济，2018(9).

学习强国平台. 国新办就《新能源汽车产业发展规划(2021—2035年)》情况举行吹风会[EB/OL]. https://www. xuexi. cn/lgpage/detail/index. html?id＝4232725921142513048amp；item_id＝4232725921142513048，2020-11-03/2021-05-15.

闫凌州，赵黎明. 府际关系影响下地方科技体制改革的二元异质性困境与思考[J]. 科技进步与对策，2014(3).

严中华.企业 R&D 机构建设与企业技术进步[J].科研管理,1994(3).

扬西蒂,莱温.制定战略:从商业生态系统出发[J].哈佛商业评论,2004(4):50-62,127.

杨雪,顾新,张省.基于知识网络的集群创新演化研究——以成都高新技术产业开发区为例[J].软科学.2014(4).

杨月坤,路楠.基于知识价值的创新型科技人才评价模型构建[J].领导科学,2019(2).

杨永春,李建新.地方化与全球化:我国西部典型高新开发区的发展转型——以成都高新区为例[J].江西师范大学学报(哲学社会科学版).2017(1).

杨亚琴.张江创新发展的思考——来自中国的案例[J].社会科学,2015(8).

杨洋.科技创新治理的历史演进与治理难题[J].科技中国,2021(4).

杨芝.科技人才集聚研究综述——基于人才集聚效应的视角[J].科技创业月刊,2014(6).

杨忠泰.从我国现行科技成果转化的障碍看技术创新主体企业化的必然性[J].科学技术与辩证法,1999(6).

佘惠敏,中国科技论文整体表现如何？最新报告来了[N].经济日报,2020-12-29.

余稳策,张雪妍,徐静.美国创新驱动战略及对我国的启示[J].亚太经济,2017(2).

于新东.浙江科技创新的市场化基因[N].浙江日报,2018-04-25.

约翰·伊特韦尔.新帕尔格雷夫经济学大辞典[M].北京:经济科学出版社,1996.

曾刚,王秋玉,曹贤忠.创新经济地理研究述评与展望[J].经济地理,2018(4).

曾刚,文嫮.上海浦东信息产业集群的建设[J].地理学报,2004(1).

张虎翼,邓文星,姚心仪,等.基于创新型制造企业的科技创新平台建设探析[J].管理现代化,2020(3).

张镧.湖北省科技体制改革评价及展望[J].科技进步与对策,2012(20).

张延,姜腾凯.哈耶克与熊彼特——两派奥地利学派经济周期理论介绍、对比与评价[J].经济学家,2018(7).

张树良,马建华.中国创新政策述评(Ⅱ)[J].科学观察,2009(2).

张俊芳.国家创新体系的效率及其影响因素研究[M].北京:经济科学出版社,2012.

张幸,钟坚.国内国际形势对广东经济增长的影响研究——基于双循环发展背景下[J].广东经济,2021(3).

张耀方.综合性国家科学中心的内涵、功能与管理机制[J].中国科技论坛,
　　2017(6).

张元钊.经济增长理论之争[J].中国社会科学报,2021-03-09.

赵昌文,陈春发,唐英凯.科技金融[M].北京:科学出版社,2009.

赵艳华,罗永泰.以集群化促进天津高新区发展策略研究[J].现代管理科学,
　　2009(5).

赵禹程,程文浩,俞乔.构建国家发展综合平台及高质量发展评价指标体系——
　　以经开区、高新区和国家级新区为例[J].科学管理研究,2020(5).

赵伟,包献华,屈宝强,等.创新型科技人才分类评价指标体系构建[J].科技进
　　步与对策,2013(16).

赵玉林.创新经济学(第2版)[M].北京:清华大学出版社,2017.

郑长江,谢富纪.我国国家创新系统国际化面临的问题与对策研究[J].科技进
　　步与对策,2011(1).

智瑞芝,袁瑞娟,肖秀丽.日本技术创新的发展动态及政策分析[J].现代日本
　　经济,2016(5).

钟敏.浅析国企作为"技术创新主体"的内涵及外部环境[J].技术经济,
　　2002(11).

中共中央国务院关于深化体制机制改革 加快实施创新驱动发展战略的若干
　　意见[N].人民日报,2015-03-24.

中共中央文献研究室.习近平关于科技创新论述摘编[M].北京:中央文献出
　　版社,2016.

中共中央国务院关于深化体制机制改革 加快实施创新驱动发展战略的若干
　　意见[N].人民日报,2015-03-24.

中国政府网.中共中央国务院印发《国家创新驱动发展战略纲要》[EB/OL].
　　[2018-08-03].http://www.gov.cn/xinwen/2016-05/19/content_5074
　　812.htm.

周元,王维才.我国高新区阶段发展的理论框架——兼论高新区"二次创业"
　　的能力评价[J].经济地理,2003(4).

周新,马丁.我国科技金融发展效率的影响因素——基于模糊集的定性比较
　　分析[J].科技管理研究,2021(6).

周钟,熊焰,张林刚.内蒙古企业创新主体地位评价[J].科学管理研究,2019(2).

朱芬,孔燕.创新型科技人才培养新思路——基于艺术和科学融合的视角[J].

科技管理研究,2021（5）.

朱国胜,吴永飞,王中福,祁小云.5G 标准必要专利研究［J］.科技与创新,
　　2019(4).

朱秋.面向 2035 年中国科技创新体制机制变迁［J］.中国科技论坛,2020(12).

朱效民.科技体制改革的"体"与"用"——兼谈科技体制改革的一点思路［J］.
　　自然辩证法研究,2012（7）.

朱杏珍.浅论人才集聚机制［J］.商业研究,2002(15).

后 记

　　随着我国日益强盛,科学技术从来没有像今天这样深刻影响着国家前途命运和人民生活福祉。科技创新战略研究也已经成为显学,对科技发展规律以及科技创新政策的思考越来越重要。本书是作者对国内外科技创新战略研究思考的多年所得,涵盖了科技创新战略的理论、政策实践、高新区案例以及浙江经验等内容,今天能在浙江大学出版社出版,是对当年在母校学习成果的汇报,为此深感荣幸。

　　此时,也不禁想起求是校园学习生活的点点滴滴,感谢浙大各位老师的谆谆教导,感谢同窗好友的关心照顾。中共浙江省委党校是我拓展学术视野,了解经济社会与科技创新发展的重要平台,感谢各位领导和老师一直以来对我成长的指点关照。当然,最感谢的是我的家人,他们的鼓励支持是我努力奋斗的最大动力。

　　由于时间仓促等原因,书中难免存在一些不当之处,敬请读者不吝指正。

作者:林赛燕

2021 年 6 月